A DESIGUALDADE NO MUNDO

Título original:
Global Inequality. A New Approach for the Age of Globalization

Copyright © 2016 by the President and Fellows of Harvard College
Esta edição foi publicada através de acordo celebrado com a Harvard University Press

AUTOR
Branko Milanovic

Direitos reservados para todos os países de língua portuguesa à exceção do Brasil

CONJUNTURA ACTUAL EDITORA
Sede: Rua Fernandes Tomás, 76-80, 3000-167 Coimbra
Delegação: Avenida Engenheiro Arantes e Oliveira, 11 – 3º C - 1900-221 Lisboa - Portugal
www.actualeditora.pt

TRADUÇÃO
Marta Pereira da Silva

REVISÃO
Inês Costa

CAPA
FBA, sobre capa original da Belknap Press
Design de capa: Jill Breitbarth
Foto do autor: R. Krstinic

PAGINAÇÃO
João Jegundo

IMPRESSÃO E ACABAMENTO
Papelmunde
outubro 2017

DEPÓSITO LEGAL
432631/17

Toda a reprodução desta obra, por fotocópia ou qualquer outro processo, sem prévia autorização
escrita do Editor, é ilícita e passível de procedimento judicial contra o infrator.

Biblioteca Nacional de Portugal – Catalogação na Publicação

MILANOVIC, Branko, 1953-

A desigualdade no mundo: uma nova abordagem para a era
da globalização. - (Fora de coleção)
ISBN 978-989-694-239-7

CDU   330

BRANKO MILANOVIC

A DESIGUALDADE NO MUNDO

ACTUAL

ÍNDICE

AGRADECIMENTOS 7

INTRODUÇÃO 13

1. A ascensão da classe média mundial e dos plutocratas mundiais 21

2. A desigualdade dentro dos países 57
   *Apresentação das ondas de Kuznets para explicar tendências de longo
   prazo em matéria de desigualdade*

3. A desigualdade entre países 127
   De Karl Marx a Frantz Fanon e seguidamente de volta a Marx?

4. A desigualdade no mundo neste século e no próximo 165

5. O que virá a seguir? 221
   *Dez breves reflexões sobre o futuro da desigualdade de rendimentos
   e da globalização*

NOTAS 249

REFERÊNCIAS 269

AGRADECIMENTOS

Este livro é o resultado de anos de trabalho sobre a desigualdade de rendimentos em geral e, mais especificamente, sobre a desigualdade de rendimentos a nível mundial. Agradecer a todos aqueles com quem aprendi durante um período tão alargado é impossível, pelo que me irei cingir à escrita deste livro. Como todos sabem, a parte mais difícil é decidir a estrutura de um livro. Assim que decidi começar pela reconfiguração dos rendimentos pessoais ao longo dos dois últimos séculos, ou seja, pelos efeitos da globalização na distribuição dos rendimentos no mundo, os restantes capítulos, à semelhança de um *puzzle*, rapidamente se encaixaram.

O segundo problema mais difícil na escrita de um livro é começar. O pavor da primeira frase. Seguindo o conselho do meu amigo Niels Planel, ele próprio um escritor de não-ficção, decidi dar um impulso ao início do livro indo uma semana para Bocas del Toro, no Panamá. Revelou-se uma excelente decisão. Após uma semana quase totalmente dedicada ao livro (com alguns mergulhos nas Caraíbas pelo meio), uma boa parte do texto estava concluída.

Foi muito agradável saber logo de início por Ian Malcolm da Harvard University Press que estavam interessados na publicação do livro. Houve igualmente, como acontece com frequência nestes casos, um elemento de serendipidade: encontrava-me por acaso em Londres nessa altura e acordámos todos os pormenores enquanto tomávamos café (ou terá sido chá?). O Ian deu importantes contributos enquanto editor. Analisou o texto com grande cuidado e curiosidade, tendo sempre em mente o melhor interesse do autor e sugerindo revisões com precisão e tato.

As suas sugestões melhoraram o livro e algumas alterações estruturais que propôs tornaram-no mais incisivo e fácil de ler.

Louise Robbins realizou um trabalho fantástico na revisão do texto. Fiquei extremamente agradado com o facto de termos rapidamente acordado uma abordagem exequível – na qual a voz do escritor ficaria inalterada, mas os erros seriam corrigidos e as incoerências apontadas e, por fim, retificadas. Estou profundamente agradecido a Louise por tornar o livro melhor. Foi um prazer trabalhar com ela.

Entre outras pessoas na Harvard University Press cujo apoio agradeço encontram-se Anne McGuire, que cuidadosamente verificou as referências, e Stephanie Vyce, que foi de grande ajuda ao rever as fontes e as citações que utilizei no livro.

Partes dos capítulos que abordam a distribuição dos rendimentos a nível mundial foram apresentadas em várias palestras e conferências e estou grato pelo *feedback* que recebi. Pelo material apresentado no Capítulo 2, em que redefino a hipótese de Kuznets e apresento o conceito de ondas de Kuznets, agradeço as excelentes observações por escrito recebidas de (por ordem alfabética) Guido Alfani, Bob Allen, Christoph Lakner, Peter Lindert, Leandro Prados de la Escosura e Walter Scheidel, bem como os comentários que recebi em seminários e conferências em que apresentei essa parte do livro: de Steve Broadberry, Ljubomir Madžar e Filip Novokmet em Belgrado; Leandro Prados de la Escosura, Francisco Goerlich, Facundo Alvaredo, Roy van der Weide e Peter Lanjouw em Valência; John Bonin na Universidade Wesleyan; Walter Scheidel, Peter Turchin e Peer Vries em Viena; e Joe Stiglitz e Suresh Naidu na cidade de Nova Iorque. Carla Yumatle foi de grande ajuda através das suas observações e debate sobre o trabalho de Frantz Fanon.

Agradeço a amigos que generosamente partilharam comigo as suas informações e responderam às minhas inúmeras perguntas: Leandro Prados de la Escosura e Carlos Álvarez Nogal, Peter Lindert e Jeffrey Williamson, Giovanni Vecchi e Andrea Brandolini, Jonathan Cribb, Guido Alfani, Walter Ryckbosch, Javier Rodríguez Weber, Christoph Lakner e Tony Atkinson, Luis Bértola, Jan Luiten van Zanden, Wenjie Zhang, Larry Mishel, Michael Clemens e Çağlar Özden. Gostaria de fazer um agradecimento especial a Ann Harrison e Peter Nolan, que foram excelentes revisores e cujas muitas sugestões acolhi atribuindo-lhes grande importância e tentando incluí-las no texto. Janet Gornick do Graduate Center da Universidade da Cidade de Nova Iorque e do Luxembourg Income Study, onde me sediei durante todo o período de escrita e produção deste livro, foi extremamente compreensiva e incentivou-me a continuar, mesmo em alturas em que fui acometido de algumas dúvidas.

A minha mulher, Michele de Nevers, e os nossos filhos, Nikola e Georgie, gostaram que escrevesse outro livro. Serviu-me de entretenimento e proporcionou-lhes mais tempo livre. Estou grato a Michele por graciosamente aceitar o nosso estilo de vida em permanente deslocação entre Nova Iorque e Washington D.C.

A DESIGUALDADE NO MUNDO

INTRODUÇÃO

Este é um livro sobre a desigualdade no mundo. Ao longo do texto, analiso a desigualdade de rendimentos e as questões políticas relacionadas com a desigualdade de uma perspetiva mundial. Contudo, uma vez que o mundo não está unido sob um único governo, não podemos deixar de analisar Estados-nação individuais. Pelo contrário, muitas questões mundiais ocorrem politicamente ao nível dos Estados-nação. Por conseguinte, uma maior abertura (intercâmbio comercial entre indivíduos de países diferentes) terá consequências políticas não a um nível mundial imaginário, mas em países reais onde vivem as pessoas que são afetadas pelo comércio. Em consequência da globalização, por exemplo, os trabalhadores chineses podem reivindicar direitos sindicais livres junto do seu governo e os trabalhadores norte-americanos proteções aduaneiras.

Embora as economias de Estados-nação individuais sejam importantes, e praticamente todas as ações políticas ocorram a este nível, a globalização é uma força cada vez maior que afeta tudo, desde o nível dos nossos rendimentos, as nossas perspetivas de emprego e a dimensão do nosso conhecimento e informação, até ao custo dos produtos que compramos diariamente e à disponibilidade de fruta fresca a meio do inverno. A globalização introduz igualmente novas regras do jogo através do processo emergente de governação mundial, seja através da Organização Mundial do Comércio, dos limites às emissões de CO_2 ou de medidas repressivas contra a evasão fiscal internacional.

Por conseguinte, é altura de analisar a desigualdade de rendimentos, não como um fenómeno exclusivamente nacional, como tem sido feito no último século, mas como um fenómeno mundial. Um dos motivos para o fazer é a simples curiosidade (uma característica muito apreciada por Adam Smith) – o nosso eterno interesse em saber como vivem as outras pessoas, fora do nosso país. Contudo, além da «mera» curiosidade, as informações sobre a vida e os rendimentos de outros podem servir igualmente um objetivo mais pragmático: ajudar-nos a avaliar o que comprar ou vender e onde, a aprender como fazer as coisas melhor e de forma mais eficiente, a tomar decisões sobre para onde migrar. Ou podemos usar o conhecimento adquirido sobre como as coisas são feitas noutro lado para renegociar o salário com o patrão, queixar-nos sobre demasiado fumo de cigarro ou pedir ao empregado uma caixa com as sobras (um hábito que se disseminou de país para país).

Um segundo motivo para analisar a desigualdade no mundo prende-se com o facto de, na atualidade, termos a capacidade de o fazer: sensivelmente ao longo da última década, os dados necessários para avaliar e comparar os níveis de rendimentos de todas as pessoas no mundo ficaram disponíveis pela primeira vez na história da humanidade.

O motivo mais importante, porém, e considero que o leitor o irá apreciar, é que o estudo da desigualdade no mundo ao longo dos dois últimos séculos, e especialmente durante os últimos 25 anos, permite-nos constatar como o mundo mudou, muitas vezes de formas fundamentais. As mudanças verificadas em termos de desigualdade no mundo refletem a ascensão, estagnação e declínio económico (e frequentemente político) dos países, as alterações nos níveis de desigualdade dentro dos países e as transições de um sistema social ou regime político para outro. A ascensão da Europa Ocidental e da América do Norte na sequência da Revolução Industrial deixou a sua marca na desigualdade no mundo, intensificando-a. Mais recentemente, o crescimento rápido de vários países asiáticos tem tido um impacto igualmente significativo, empurrando a desigualdade no mundo novamente para níveis inferiores. E os graus de desigualdade nacionais, quer aumentando em Inglaterra durante o início do período industrial ou na China e nos Estados Unidos da América (EUA) nas décadas recentes, também tiveram implicações mundiais. Ler sobre desigualdade no mundo não é menos do que ler sobre história económica do mundo.

Este livro inicia-se com a descrição e análise das alterações mais significativas em termos de distribuição de rendimentos ocorridas a nível mundial desde 1988, utilizando dados recolhidos de inquéritos a agregados familiares. O ano de 1988 constitui um ponto de partida conveniente, pois coincide praticamente com a queda do Muro de Berlim e com a reintegração das economias então comunistas no sistema económico mundial. Este acontecimento foi precedido, em apenas alguns anos, por uma reintegração semelhante da China. Estas duas mudanças políticas não estão dissociadas da maior disponibilidade de inquéritos aos agregados familiares, que constituem a principal fonte de onde podemos recolher informações sobre alterações à desigualdade no mundo. O Capítulo 1 documenta em particular (1) a ascensão daquilo a que se pode chamar a «classe média mundial», estando a maior parte situada na China e noutros países da «Ásia renascida», (2) a estagnação dos grupos no mundo rico que se encontram numa boa situação financeira a nível mundial, mas que, a nível nacional, se inserem na classe média ou média baixa e (3) o surgimento de uma plutocracia mundial. Estes três fenómenos marcantes do último quarto de século desencadearam várias questões políticas importantes sobre o futuro da democracia, assunto que abordo no Capítulo 4. Contudo, antes de pensarmos sobre o futuro, regressamos ao passado para compreender como é que a desigualdade no mundo evoluiu a longo prazo.

A desigualdade no mundo, ou seja, a desigualdade de rendimentos entre os cidadãos do mundo, pode ser formalmente considerada como a soma de todas as desigualdades nacionais, acrescida da soma de todas as disparidades em termos de rendimentos médios entre países. A primeira componente diz respeito à desigualdade de rendimentos entre norte-americanos ricos e pobres, mexicanos ricos e pobres, etc. A segunda componente aborda as disparidades de rendimentos entre os EUA e o México, Espanha e Marrocos, e assim por diante, para todos os países do mundo. No Capítulo 2, analisamos desigualdades dentro dos países e, no Capítulo 3, desigualdades entre países.

No Capítulo 2, recorro a dados históricos de longo prazo sobre a desigualdade de rendimentos, remontando nalguns casos à Idade Média, para reformular a hipótese de Kuznets, o instrumento de trabalho da economia da desigualdade. Esta hipótese, formulada pelo economista Simon Kuznets, vencedor do Prémio Nobel na década de 1950, afirma que à medida que os países se industrializam e os rendimentos médios crescem, a desigualdade irá primeiramente aumentar e depois diminuir, resultando numa curva invertida em forma de «U» quando traçamos o nível de desigualdade em comparação com os rendimentos. A hipótese de Kuznets foi recentemente considerada imprecisa devido à sua incapacidade de explicar um novo fenómeno que se verifica nos EUA e noutros países ricos: a desigualdade de rendimentos, que estivera a diminuir ao longo de grande parte do século XX, entrou recentemente numa trajetória ascendente. Este facto é difícil de conciliar com a hipótese de Kuznets na sua definição original: o aumento da desigualdade no mundo rico não deveria ter ocorrido.

Por forma a explicar o recente aumento da desigualdade, bem como as mudanças verificadas no passado nesta matéria, remontando ao período anterior à Revolução Industrial, introduzo o conceito de ondas ou ciclos de Kuznets. As ondas de Kuznets, além de explicarem de forma satisfatória o mais recente período de desigualdade crescente, podem igualmente ser utilizadas para prever o rumo futuro da desigualdade em países ricos como os EUA ou em países de rendimentos médios como a China ou o Brasil. Faço uma distinção entre ciclos de Kuznets, consoante se apliquem a países com rendimentos estagnados (antes da Revolução Industrial) ou a países com rendimentos médios em crescimento constante (a era moderna). Distingo ainda dois tipos de forças que diminuem a desigualdade: forças «malignas» (guerras, catástrofes naturais, epidemias) e forças benignas (educação mais amplamente acessível, maiores transferências sociais, tributação progressiva). Destaco também o papel das guerras, que nalguns casos podem ser provocadas por uma elevada desigualdade a nível nacional, por insuficiente procura agregada e pela busca por novas fontes de lucro que exigem o controlo sobre outros países. As guerras podem conduzir a reduções da desigualdade mas também, infelizmente, e sobretudo, a reduções dos rendimentos médios.

O Capítulo 3 incide nas diferenças a nível de rendimentos médios entre países. Neste âmbito, enfrentamos a situação interessante de que agora, pela primeira vez desde a Revolução Industrial há dois séculos, a desigualdade no mundo não está a ser impulsionada por disparidades crescentes entre países. Com os aumentos dos rendimentos médios em países asiáticos, as disparidades entre países têm, na verdade, vindo a diminuir. Se esta tendência de convergência económica prosseguir, não só irá conduzir a uma redução da desigualdade no mundo, como também atribuirá, indiretamente, uma relevância relativamente maior às desigualdades dentro

INTRODUÇÃO | 17

dos países. Dentro de sensivelmente 50 anos, poderemos regressar à situação que existia no início do século XIX, quando a maior parte da desigualdade no mundo se devia a diferenças nos rendimentos dos britânicos ricos e pobres, russos ricos e pobres ou chineses ricos e pobres, e não tanto ao facto de os rendimentos médios no Ocidente serem superiores aos rendimentos médios na Ásia. Um mundo desses seria muito familiar para qualquer leitor de Karl Marx e, na verdade, para qualquer leitor da literatura europeia canónica do século XIX. Mas ainda não estamos nesse ponto. O nosso mundo é, ainda hoje, um mundo em que o local onde nascemos ou vivemos tem uma enorme influência, talvez determinando até dois terços dos rendimentos que recebemos durante a nossa vida. Chamo «renda de cidadania» à vantagem de que beneficiam as pessoas que nascem em países ricos. Abordo no final do Capítulo 3 a sua importância, as suas implicações em termos de filosofia política e a sua consequência direta: pressão para migrar de um país para outro na busca de maiores rendimentos.

Após termos analisado as componentes individuais da desigualdade no mundo, podemos voltar a examiná-la no seu conjunto. No Capítulo 4, abordo a provável evolução da desigualdade no mundo neste século e no próximo. Evito as projeções aparentemente exatas de desigualdade no mundo, porque são, na realidade, enganosas: sabemos que até as projeções mais elementares sobre o PIB *per capita* dos países na maior parte das vezes não valem o papel em que são escritas. Julgo ser preferível tentar isolar as forças principais (convergência de rendimentos e ondas de Kuznets) que estão hoje a impulsionar os rendimentos dos países e das pessoas e ver aonde nos poderão conduzir no futuro. Contudo, não podemos esquecer-nos de que, quando fazemos estas previsões, entramos muitas vezes no campo da especulação.

Enquanto escrevia o Capítulo 4, voltei a alguns dos livros populares dos anos 1970 e 1980 que tentavam prever o futuro extrapolando a partir das tendências da altura. Fiquei impressionado com o quanto eram limitados no tempo, como se estivessem aprisionados não só no espaço (o local ou país onde foram escritos), mas sobretudo no tempo.

No final de *Em Busca do Tempo Perdido*, Proust maravilha-se com o facto de as pessoas idosas parecerem tocar, com as suas próprias personagens, épocas muito diferentes durante as quais viveram. Ou como escreve Nirad Chaudhuri no segundo volume da sua bela autobiografia (*Thy Hand, Great Anarch!**), não é impossível uma pessoa ter assistido, durante o seu tempo de vida, tanto ao auge como ao nadir de uma civilização – a glória romana no tempo de Marco Aurélio e o momento em que o Fórum foi abandonado e se tornou pasto de ovelhas. Talvez com a idade adquiramos alguma sabedoria e a capacidade de comparar épocas diferentes, o que nos permitirá ver melhor o futuro. Contudo, essa sabedoria não se me afigurou evidente nos escritos dos autores importantes de há 30 ou 40 anos. Pareceu-me que alguns dos que escreveram há um século ou mais se revelaram mais proféticos relativamente aos nossos dilemas de hoje do que aqueles temporalmente muito mais próximos de nós. Será que se deve ao facto de o mundo se ter alterado drasticamente em finais da década de 1980, com a ascensão da China (que nenhum dos autores dos anos 1970 previu) e o fim do comunismo (que, de igual forma, ninguém concebeu)? Podemos excluir acontecimentos inesperados semelhantes nas próximas décadas? Não me parece. Contudo, espero, apesar de estar longe de ter certezas, que esta sabedoria de que falam Proust e Chaudhuri e que se adquire com a idade possa ser mais evidente para o leitor deste livro daqui a 30 ou 40 anos.

Termino o Capítulo 4 com uma discussão sobre três dilemas políticos importantes com que nos deparamos atualmente: (1) Como irá a China lidar com as crescentes expectativas de participação e de democracia da sua população? (2) Como irão os países ricos gerir várias possíveis décadas de nenhum crescimento da sua classe média? e (3) Irá a ascensão dos 1 por cento de topo a nível nacional e mundial conduzir a regimes políticos de plutocracia ou, na tentativa de apaziguar os «vencidos» da globalização, de populismo?

No último capítulo, revejo os pontos principais do livro, extraindo as suas lições essenciais e fazendo propostas que entendo serem fundamentais para a redução das desigualdades nacionais e no mundo neste século e no próximo. No que se refere a desigualdades a nível nacional, defendo que nos concentremos muito mais na equalização dos recursos (detenção de capital e nível de educação) do que na tributação dos rendimentos atuais. Em termos de desigualdade no mundo, defendo um crescimento mais rápido dos países mais pobres (uma posição pouco controversa) e

---

* *A tua mão, grande anarca!* [N. da T.]

menores obstáculos à migração (algo mais controverso). O capítulo está dividido em dez reflexões sobre a globalização e a desigualdade que são mais especulativas e, ao contrário do resto do livro, se baseiam mais em opiniões do que em dados específicos.

Talvez a melhor forma de compreender a organização do livro e de apreciar a sua simetria seja através de um diagrama dos seus principais capítulos (Figura I.1).

Como o leitor facilmente poderá verificar (se pegar numa versão impressa do livro ou observar o número total de palavras numa versão eletrónica), trata-se de uma obra relativamente curta. Inclui bastantes gráficos, mas espero que sejam fáceis de compreender e que ajudem o leitor a visualizar os pontos principais. É um livro que, no meu entender, pode ser lido com idêntico agrado e facilidade por especialistas e por membros do público em geral, quer estejam mais ou menos bem informados (mesmo que seja improvável que alguém considere incluir-se nesta última categoria).

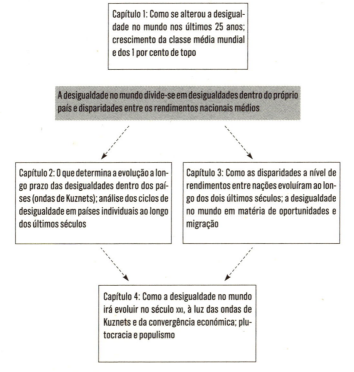

FIGURA I.1 Diagrama de *A Desigualdade no Mundo*

Devo uma explicação ao leitor sobre a utilização dos pronomes neste livro. Alterno com frequência entre o plural *nós* e o singular *eu*. De um modo geral, utilizo *nós* no sentido habitual que os escritores lhe atribuem – sempre que considero estar a apresentar uma ideia partilhada por uma percentagem significativa de economistas, cientistas sociais, leitores de revistas ou qualquer que seja o caso. Obviamente, nem todos os que incluo num «nós» específico terão realmente essa opinião. Estou ciente da minha atribuição de opiniões a grandes grupos de pessoas e da natureza fluida dos próprios grupos. Contudo, procuro distinguir este *nós* do *eu* que utilizo quando quero salientar que algumas opiniões, decisões, ideias e termos são meus. Por conseguinte, para dar um exemplo, «nós» (ou seja, economistas que trabalham no domínio da desigualdade) podemos considerar que a hipótese de Kuznets foi desacreditada pela sua incapacidade de prever a recente ascensão da desigualdade de rendimentos nos países ricos, mas «eu» tentei redefini-la e reformulá-la neste livro de forma que, no futuro, «nós» possamos mudar a nossa opinião sobre a utilidade da hipótese. No entanto, há ainda um longo caminho a percorrer antes de este «eu» se tornar «nós».

Ofereço agora ao leitor o dever – ou o prazer – de dar o primeiro passo no caminho rumo ao estudo da desigualdade no mundo e talvez, em última análise, à governação mundial e ao *mundo como um só*.

1

A ASCENSÃO DA CLASSE MÉDIA MUNDIAL E DOS PLUTOCRATAS MUNDIAIS

> As relações entre países abrangem o globo inteiro de tal forma que quase se pode dizer que o mundo não passa de uma única cidade onde é realizada uma feira permanente que disponibiliza todos os bens, de modo que, através do dinheiro, tudo o que é produzido pela terra, animais e indústria humana podem ser adquiridos e apreciados por qualquer pessoa na sua própria casa.
>
> – Geminiano Montanari (1683)

Quem ganhou com a globalização?

Os ganhos da globalização não estão distribuídos de modo igual.

A Figura 1.1 mostra este fenómeno de forma contundente. Ao contrastar os ganhos percentuais dos rendimentos com os rendimentos originais, conseguimos ver que grupos de rendimentos ganharam mais nas últimas décadas. O eixo horizontal mostra os percentis da distribuição dos rendimentos a nível mundial, desde as pessoas mais pobres do mundo, à esquerda, até às mais ricas (os «1 por cento de topo a nível mundial»), no extremo direito. (As pessoas são classificadas pelos rendimentos *per capita* líquidos por agregado familiar, expresso em dólares de paridade de poder de compra; para pormenores sobre como são efetuadas as comparações de rendimentos entre países, ver o Excurso 1.1.) ([1]) O eixo vertical mostra o crescimento cumulativo dos rendimentos reais (rendimentos ajustados à inflação e às diferenças nos níveis de preços entre os países) entre 1988 e 2008. Este período de 20 anos coincide quase exatamente com os anos desde a queda do Muro de Berlim até à crise financeira mundial. Abrange o período a que se pode chamar de «elevada globalização», uma era que trouxe para o âmbito da economia mundial interdependente primeiro a China, com uma população de mais de mil milhões de pessoas, e depois as economias de planeamento central da União Soviética e da Europa de Leste, com cerca de 500 milhões de pessoas. Até a Índia pode ser incluída, uma vez que, com as reformas efetuadas no início da década de 1990, a economia do país passou a estar mais estreitamente integrada no resto do mundo. Este período também testemunhou a revolução nas comunicações, que permitiu às empresas relocalizarem fábricas para países distantes onde podiam lucrar com mão de obra barata sem abdicar do controlo. Houve, portanto, uma dupla coincidência, com a abertura dos mercados «periféricos» e os países centrais a poderem contratar mão de obra desses países periféricos *in situ*. Em muitos aspetos, os anos que precederam a crise financeira foram os mais globalizados da história da humanidade ([2]).

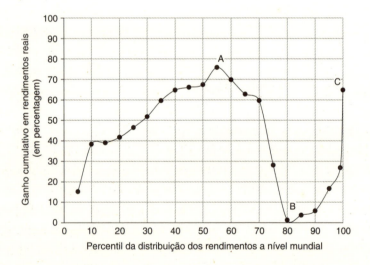

FIGURA 1.1 Ganho relativo em rendimentos reais *per capita* por nível de rendimentos mundiais, 1988–2008

Este gráfico mostra o ganho relativo (percentagem) em rendimentos reais de agregados familiares *per capita* (medido em dólares internacionais de 2005) entre 1988 e 2008, em pontos diferentes da distribuição dos rendimentos a nível mundial (desde o percentil mundial mais pobre, no 5, até ao percentil mundial mais rico, no 100). Os ganhos reais de rendimentos foram maiores em pessoas próximas do 50.º percentil da distribuição dos rendimentos a nível mundial (a mediana, no ponto A) e entre os mais ricos (os 1% de topo, no ponto C). Foram menores entre as pessoas próximas do 80.º percentil a nível mundial (ponto B), a maioria integrada na classe média baixa do mundo rico. Fonte dos dados: Lakner e Milanovic (2015).

EXCURSO 1.1 De onde vêm os dados sobre as distribuições de rendimentos a nível mundial?

Não existe nenhum inquérito mundial aos agregados familiares sobre rendimentos individuais. A única forma de criar uma distribuição dos rendimentos a nível mundial é combinar o maior número possível de inquéritos nacionais aos agregados familiares. Estes inquéritos selecionam uma amostra aleatória de agregados familiares e elaboram uma série de perguntas sobre dados demográficos (idade, género e outras características dos inquiridos) e localização (onde vive o agregado familiar, incluindo qual a província, se é numa área rural ou urbana, etc.) e, mais importante para os nossos objetivos, perguntas sobre as fontes e montantes dos rendimentos e o consumo do agregado familiar. Os dados sobre rendimentos incluem salários, rendimentos de trabalho independente, rendimentos de propriedade de bens (juros, dividendos, arrendamento de propriedades), rendimentos provenientes de produção para consumo próprio do agregado (muito comum em economias mais pobres e de menor liquidez, em que os agregados produzem os próprios alimentos), transferências sociais (pensões pagas pelo Estado, subsídios de desemprego) e deduções ao rendimento, como os impostos diretos. Os dados sobre o consumo abrangem o dinheiro gasto em tudo, desde alimentação e habitação até serviços de entretenimento e restauração.

Os inquéritos aos agregados familiares são a única fonte de informação individualizada e pormenorizada sobre os rendimentos e as despesas que abrangem toda a distribuição, dos muito pobres aos muito ricos. Pelo contrário, os dados de fontes fiscais, como os registos de impostos, geralmente incluem apenas os agregados de pessoas em melhores condições, ou seja, aquelas que pagam impostos sobre o rendimento. Existem muitos agregados familiares deste tipo nos EUA, mas muito poucos na Índia. Portanto, os dados fiscais não podem ser usados para gerar informação sobre a distribuição de rendimentos a nível mundial.

A dimensão dos inquéritos aos agregados familiares varia. Alguns são grandes porque o país é grande: o inquérito do Indian National Sample Survey, o instituto nacional de estatística indiano, inclui mais de 100 mil agregados familiares, ou mais de meio milhão de indivíduos; o Current Population Survey, o estudo da população dos EUA, inclui mais de 200 mil indivíduos. Muitos inquéritos são pequenos, abrangem cerca de 10 mil a 15 mil pessoas. Os dados recolhidos pelos inquéritos, embora nunca sejam facilmente disponibilizados, tornaram-se recentemente mais acessíveis para os investigadores. Por exemplo, nas décadas de 1970 e 1980, além de só relativamente poucos países realizarem inquéritos, era muito raro os investigadores terem acesso aos «microdados» (ou seja, dados de agregados familiares individuais, analisados de forma anónima para preservar a confidencialidade). As distribuições de rendimentos eram estimadas recorrendo aos «fractis» publicados pelo Estado sobre os titulares dos rendimentos (por exemplo, tantos agregados familiares com rendimentos entre $x e $y). Mais recentemente, com a maior abertura dos gabinetes de estatística e uma melhoria no tratamento de grandes conjuntos de dados, quase todos os dados estão disponíveis ao nível micro. Isto apresenta vantagens significativas para os investigadores: podem redefinir os rendimentos ou o consumo de maneira a serem comparáveis entre países ou produzir medidas de desigualdade baseadas em agregados familiares, indivíduos ou nas designadas «unidades equivalentes» (efetuando ajustamentos decorrentes do facto de maiores agregados familiares terem acesso a algumas economias de escala, ou seja, não precisam de um aumento proporcional dos rendimentos para estarem numa situação tão favorável como agregados mais pequenos). Nenhum destes ajustamentos é possível sem o acesso a microdados.

As principais fontes destes microdados são o Luxembourg Income Study (LIS), que inclui dados de inquéritos harmonizados (ou seja, definições de variáveis de rendimentos que são estabelecidas de forma a permitir a melhor comparação possível entre países), sobretudo de países ricos; o Banco Mundial, que abrange um vasto número de países e disponibiliza alguns dados de inquéritos a investigadores externos, enquanto outros dados só estão disponíveis para a equipa do Banco Mundial; a Base de Dados Socioeconómicos para a América

Latina e as Caraíbas (SEDLAC), localizada na Universidade de la Plata, em Buenos Aires; e a rede de investigação económica Economic Research Forum (ERF), localizada no Cairo, que inclui inquéritos do Médio Oriente. Todas estas fontes podem ser facilmente encontradas na Internet, mas é frequente que o acesso aos microdados seja limitado a usos não comerciais e a investigadores *bona fide*, ou que seja difícil devido à necessidade de se saber fazer o *download* de bases de dados enormes e aplicar programas estatísticos. Além disso, para vários países (por exemplo, Índia, Indonésia e Tailândia), embora os dados possam ser acedidos diretamente a partir de gabinetes de estatística, esse processo requer a obtenção de uma autorização e longos períodos de espera. Portanto, embora o acesso aos dados esteja a tornar-se muito melhor, continua a não ser fácil. Também é importante ter consciência de que, mesmo que todos os dados se tornassem de repente facilmente acessíveis, fatores como o mero tamanho dos ficheiros, as definições complicadas das variáveis e as questões de comparabilidade significam que os dados sobre a distribuição dos rendimentos nunca seriam tão simples de utilizar como estatísticas mais agregadas como o Produto Nacional Bruto.

Se cada país realizasse estes inquéritos anualmente, poderíamos, através da sua recolha, obter estimativas anuais da distribuição dos rendimentos a nível mundial. No entanto, só os países ricos e de rendimentos médios é que realizam inquéritos anuais regulares e, mesmo nesses países, os inquéritos anuais ainda são uma novidade. E em muitos países pobres, especialmente em África, os inquéritos aos agregados familiares são realizados a intervalos irregulares, em média a cada três ou quatro anos. Há também inúmeros países que realizam inquéritos a intervalos muito longos, porque não têm financiamento nem capacidade técnica neste domínio ou porque se encontram em guerra, civil ou internacional. É por esta razão que os dados mundiais só podem ser reunidos com intervalos de aproximadamente cinco anos (como no presente capítulo) e se centram num ano, o chamado «ano de referência», que inclui inquéritos desse ano e de um ou dois anos adjacentes.

Os inquéritos aos agregados familiares a nível nacional representam a primeira componente de base para determinar a distribuição dos rendimentos a nível mundial. A segunda componente é a conversão desses dados de rendimentos ou de consumo das moedas locais para uma moeda mundial que, em princípio, deve representar o mesmo poder de compra em todo o lado. Porque é isto importante? Porque, para avaliar os rendimentos das pessoas e torná-los comparáveis, temos de ter em conta o facto de os níveis de preços diferirem entre países. Portanto, para expressar o verdadeiro nível de vida das pessoas que residem em diferentes contextos (países), além de precisarmos de converter esses rendimentos numa única moeda, também temos de considerar que os países mais pobres têm geralmente níveis de preços mais baixos. Dito de uma forma mais simples, custa menos alcançar um determinado nível de vida num país mais pobre do que num país mais rico: dez dólares dão para comprar mais comida na Índia do que na Noruega. Esta segunda componente de base fundamenta-se num exercício chamado «Projeto de Comparação Internacional» (*International Comparison Project* – ICP) que é levado a cabo a intervalos irregulares (os últimos três foram realizados em 1993, 2005 e 2011) e cujo objetivo é reunir dados de preços em todos os países do mundo e usar esses dados para calcular os níveis de preços dos países.

O ICP é o exercício empírico mais extenso levado a cabo em economia. Os seus produtos finais são as chamadas taxas de câmbio PPP (paridade de poder de compra). A taxa de câmbio PPP é a taxa de câmbio entre, digamos, o dólar norte-americano e a rupia indiana, de maneira que, com essa taxa de câmbio, a pessoa possa comprar a mesma quantidade de bens e serviços na Índia e nos EUA. Tomemos como exemplo os resultados para 2011. A taxa de câmbio do mercado era de 46 rupias indianas para 1 dólar norte-americano. Mas a taxa de câmbio PPP estimada era de 15 rupias por dólar. Por outras palavras, se vivesse na Índia, precisava apenas de 15 rupias para comprar a mesma quantidade de bens e serviços que uma pessoa a viver nos EUA podia comprar com 1 dólar. A razão por que precisaria apenas de 15 rupias (e não de 46) é porque o nível de preços na Índia é inferior; podemos dizer que é cerca de um terço (15/46) do nível de preços dos EUA.

É através da aplicação destas taxas de câmbio PPP aos rendimentos indicados nos inquéritos aos agregados familiares nacionais que os rendimentos são convertidos em dólares PPP (ou internacionais) e podem ser comparáveis entre países. Esta conversão permite-nos então calcular a distribuição dos rendimentos a nível mundial. Podemos ver, consequentemente, que essa distribuição é impossível de calcular sem realizar dois exercícios empíricos gigantescos: centenas de inquéritos aos agregados familiares nacionais e dados de preços individuais que são agregados aos índices de preços nacionais.

No entanto, esses exercícios imensos têm os seus problemas. No que se refere aos inquéritos aos agregados familiares, o problema mais importante é a inclusão imperfeita de pessoas de ambos os extremos da distribuição de rendimentos: os muito pobres e os muito ricos. Os muito pobres são omitidos porque os inquéritos escolhem agregados familiares aleatoriamente de acordo com o local de residência. Os sem-abrigo e as populações institucionalizadas (soldados, reclusos e alunos ou trabalhadores que vivem em dormitórios) não são, portanto, incluídos, e essas pessoas são geralmente pobres. No outro extremo da escala, os ricos tendem a «subdeclarar» os rendimentos (sobretudo os rendimentos de propriedade) e, mais alarmante para os investigadores que analisam os dados sobre rendimentos, por vezes recusam-se completamente a participar nos inquéritos. O efeito dessas recusas na determinação da distribuição de rendimentos é difícil de provar diretamente (porque obviamente não se sabe qual é o rendimento de um agregado familiar que se recusou a ser entrevistado), mas pode ser calculado a partir do local onde vivem os que se recusam a participar. Estima-se que a desigualdade de rendimentos nos EUA possa estar subestimada até 10 por cento devido à tal não participação (Mistiaen e Ravallion 2006).

Estes problemas são semelhantes ou ainda mais graves noutros países e refletem-se em duas discrepâncias entre inquéritos a agregados familiares e macrodados: primeiro, os rendimentos e o consumo comunicados nos inquéritos aos agregados familiares não correspondem plenamente aos rendimentos e consumo privados dos agregados calculados a partir das contas nacionais (ou seja, dos cálculos do PIB) e, segundo, ocorrem discrepâncias estatísticas (chamadas erros e omissões) nos dados sobre a balança de pagamentos, devido, entre outros fatores, a fundos transferidos para paraísos fiscais (ver Zucman 2013, 2015), o que, por motivos óbvios, é pouco provável que seja comunicado nos inquéritos. É, portanto, seguro afirmar que os inquéritos aos agregados familiares subestimam o número de pessoas que são pobres (independentemente da definição de pobreza) e também o número de ricos e os seus rendimentos. Lakner e Milanovic (2013) tentam fazer um ajustamento para o segundo caso a nível mundial, mas esse ajustamento, embora útil, contém um grande nível de arbitrariedade devido ao simples facto de não sabermos praticamente nada sobre as pessoas que simplesmente se recusam a participar nos estudos.

O Projeto de Comparação Internacional também apresenta vários problemas. O mais conhecido, para o qual não há solução teórica, é o compromisso entre (a) a «uniformidade» dos cabazes de bens e serviços que são usados para medir os preços em diferentes países e (b) a representatividade desses cabazes. Para medir as diferenças de níveis de preços, gostaríamos idealmente de incluir os mesmos bens nos «cabazes» em todos os países. Mas, se fizermos os cabazes exatamente iguais, perdemos a representatividade, porque os bens essenciais não são os mesmos em todos os países. Podíamos construir uma identidade para os cabazes comparando os preços do vinho, do pão e da carne de vaca em todos os países, por exemplo, mas essa comparação teria pouco significado em países nos quais estes produtos não são abundantemente consumidos (por exemplo, onde as pessoas consumem mais cerveja, arroz e peixe).

É difícil encontrar a melhor solução para este problema e, por vezes, o ICP parece errar numa direção para depois compensar excessivamente errando na direção oposta. Esta situação cria demasiada variabilidade nos níveis de preços estimados (ver a excelente discussão de Deaton [2005] e Deaton e Aten [2014]). Esta variabilidade ficou especialmente evidente para os países asiáticos nos últimos dois exercícios do ICP, em 2005 e 2011. Quando os níveis de preços chineses ou indianos comparados com o nível de preços nos EUA variam em 20 ou 30 pontos percentuais entre diferentes exercícios do ICP, esse facto produz rendimentos PPP muito mais elevados ou muito mais reduzidos para esses países e, consequentemente, grandes variações nas estimativas da desigualdade no mundo. Felizmente, para os nossos objetivos, tal volatilidade afeta muito mais os níveis estimados de desigualdade no mundo do que as alterações na desigualdade (ascendentes ou descendentes) ao longo do tempo.

Os dados apresentados neste capítulo provêm de mais de 600 inquéritos a agregados familiares que abrangem cerca de 120 países e mais de 90 por cento da população mundial, ao longo do período entre 1988 e 2011. (A maior parte dos dados está disponível no meu *website*: https://www.gc.cuny.edu/ Page-Elements/Academics-Research-Centers-Initiatives/Centers-and-Insti-tutes/Luxembourg-Income-Study-Center/Branko-Milanovic,-Senior-Scholar/ Datasets.) No período mais recente, depois do ano 2000, todos os dados de inquéritos a agregados familiares estão disponíveis a nível micro (o nível de agregados familiares individuais) com a grande exceção da China, que ainda não publica microdados. Todos os rendimentos são expressos em dólares PPP de 2005 (ou internacionais) obtidos a partir do ICP de 2005, salvo indicação em contrário. Lakner e Milanovic (2013) facultam uma discussão pormenori-zada sobre os inquéritos a agregados familiares e PPP utilizados.

Contudo, os ganhos, talvez de uma forma já expectável num processo com tal complexidade, foram distribuídos de forma desigual, com algumas pessoas a não obterem qualquer ganho. Na Figura 1.1 concentramo-nos em três pontos de interesse, nos quais o crescimento dos rendimentos foi o mais elevado ou o mais reduzido. São identificados como A, B e C. O ponto A refere-se sensivelmente à mediana da distribuição dos rendimentos a nível mundial (a mediana divide a distribuição em duas partes iguais, cada uma contendo 50 por cento da população; uma metade está numa situação melhor e a outra metade numa situação pior em relação às pessoas situadas no rendimento médio). As pessoas no ponto A tiveram o maior crescimento em termos de rendimentos reais: cerca de 80 por cento durante o período de 20 anos. No entanto, o crescimento foi elevado não só para aqueles situados perto da mediana, mas também para uma ampla faixa de pessoas, compreendida entre o 40.º percentil mundial e o 60.º. Isto representa, obviamente, um quinto da população mundial.

Quem são as pessoas que fazem parte deste grupo, os beneficiários evidentes da globalização? Em nove de cada dez casos, são pessoas das economias asiáticas emergentes, predominantemente da China, mas também da Índia, Tailândia, Vietname e Indonésia. Não são as pessoas mais ricas desses países, porque estas situam-se mais acima na distribuição dos rendimentos a nível mundial (ou seja, mais à direita no gráfico). São as pessoas situadas a meio das distribuições nos seus próprios países e, como acabámos de ver, também no mundo. Seguem-se alguns exemplos do incrível crescimento cumulativo experienciado por estes grupos de rendimento médio. Os dois decis medianos (quinto e sexto) na China urbana e na China rural multiplicaram o rendimento *per capita* real por 3 e cerca de 2,2, respetivamente, entre 1988 e 2008. No que se refere à Indonésia, os rendimentos urbanos medianos quase duplicaram e os rendimentos rurais aumentaram 80 por cento ([3]). No Vietname e na Tailândia (onde a população não se divide em rural e urbana), os rendimentos reais em torno da mediana mais do que duplicaram ([4]). Estes grupos foram os principais «vencedores» da globalização entre 1988 e 2008. Por conveniência, chamamos-lhes «a classe média mundial emergente» – todavia, como explicarei adiante, uma vez que continuam a ser relativamente pobres comparados com as classes médias ocidentais, não se deve atribuir ao termo o mesmo estatuto de classe média (em termos de rendimentos e educação) que costumamos associar à classe média dos países ricos.

Passemos agora ao ponto B. A primeira coisa a notar é que fica à direita do ponto A, o que significa que as pessoas no ponto B são mais ricas do que as pessoas no ponto A. Mas também reparamos que o valor do eixo vertical no ponto B é quase zero, o que indica a ausência de qualquer crescimento dos rendimentos reais ao longo de 20 anos. Quem são as pessoas neste grupo? São quase todas oriundas das economias ricas da OCDE (Organização de Cooperação e de Desenvolvimento Económicos) ([5]). Se ignorarmos aquelas que pertencem a membros relativamente recentes da OCDE (vários países da Europa de Leste, o Chile e o México), cerca de três quartos das pessoas deste grupo são cidadãs dos países «velhos ricos» da Europa Ocidental, da América do Norte, da Oceânia (as três áreas são por vezes representadas pelo acrónimo WENAO) e do Japão. Da mesma forma que a China domina no ponto A, os EUA, o Japão e a Alemanha dominam no ponto B. As pessoas do ponto B pertencem geralmente às metades mais baixas das distribuições de rendimentos dos seus países. Situam-se nos últimos cinco decis na Alemanha, que, entre 1988 e 2008, apenas conseguiram obter um crescimento cumulativo de 0 a 7 por cento; na parte inferior da distribuição de rendimentos nos EUA, que obteve um crescimento real entre 21 e 23 por cento; e nos decis mais baixos no Japão, que obtiveram um decréscimo no rendimento real ou um crescimento em termos gerais de 3 a 4 por cento. Para efeitos de simplificação, estas pessoas podem ser apelidadas de «classe média baixa do mundo rico». E não são certamente os vencedores da globalização.

Foi simplesmente através do contraste dos grupos nestes dois pontos que estabelecemos empiricamente algo que muitas pessoas sentiam e era amplamente discutido na literatura económica, assim como em fóruns públicos. Também salientámos uma das questões essenciais do atual processo de globalização: as trajetórias económicas divergentes das pessoas no velho mundo rico *versus* as na Ásia emergente. Em suma: os grandes vencedores foram os pobres e as classes médias asiáticas; os grandes vencidos foram as classes médias baixas do mundo rico.

Esta afirmação arrojada pode não surpreender muitas pessoas nos dias de hoje, mas teria sido certamente surpreendente para muitos, se tivesse sido feita no final da década de 1980. Os políticos do Ocidente que lutaram por uma maior confiança nos mercados nas suas economias e no mundo depois da revolução Reagan-Thatcher não esperariam que uma muito exultada globalização falhasse em trazer benefícios palpáveis para a maioria dos seus cidadãos – ou seja, precisamente aqueles a quem estavam a tentar convencer das vantagens das políticas neoliberais, comparadas com regimes de assistência social mais protecionistas.

Mas tal afirmação teria parecido ainda mais surpreendente para aqueles, incluindo o economista vencedor de Prémio Nobel Gunnar Myrdal, que temeram no final da década de 1960 que as massas asiáticas, que ascendiam a muitos milhões e mal conseguiam sobreviver com os seus rendimentos, ficassem confinadas a uma pobreza perpétua. Toda uma literatura das décadas de 1950 e 1960 (como *The Population Bomb* [*A Bomba Populacional*] [1968] de Paul Ehrlich) tinha como principal tema o perigo que o crescimento da população representava para o desenvolvimento económico no Terceiro Mundo. A experiência asiática do último quarto do século XX contradisse na totalidade tais advertências alarmantes. Ao invés de «Drama Asiático»*, o título do livro de Myrdal, ouvimos falar atualmente do «Milagre do Leste Asiático», do «Sonho Chinês» e da «Índia Cintilante», expressões cunhadas para se equipararem ao «Sonho Americano» e ao «*Wirtschaftswunder*» (milagre económico) alemão.

Refiro este exemplo aqui, muito no início do livro, para sublinhar as dificuldades inerentes a uma previsão de longo prazo do desenvolvimento económico, sobretudo à escala mundial. O número de variáveis que podem mudar, e que mudam de facto, o papel das pessoas na história («livre-arbítrio») e a influência de guerras e catástrofes naturais são tão significativos que até previsões de tendências gerais feitas pelas melhores mentes de uma geração raramente estão corretas. Devemos estar cientes dessa dificuldade quando, no Capítulo 4, discutirmos a provável evolução económica e política do mundo neste século e no próximo.

O contraste entre o destino das duas classes médias ilustra uma das questões políticas fundamentais dos dias de hoje: são os ganhos da classe média asiática decorrentes das perdas da classe média baixa do mundo rico? Ou, dizendo-o de outra forma, será a estagnação dos rendimentos (e dos salários, sendo que os salários representam a maior parte dos rendimentos

---

* No original, «Asian Drama». [*N. da T.*]

da classe média e da classe média baixa) no Ocidente um resultado do sucesso da classe média asiática? Se esta onda de globalização está a impedir o aumento dos rendimentos das classes médias do mundo rico, qual será o resultado da próxima onda, que envolve países ainda mais pobres e mais populosos como o Bangladeche, a Birmânia e a Etiópia?

Vamos voltar à Figura 1.1 e analisar o ponto C. A sua interpretação é simples: trata-se das pessoas que são mundialmente muito ricas (os 1 por cento de topo a nível mundial) e cujos rendimentos reais aumentaram substancialmente entre 1988 e 2008. São também as vencedoras da globalização, quase tanto (e como veremos a seguir, em termos absolutos ainda mais) como as classes médias asiáticas. As pessoas que pertencem aos 1 por cento de topo a nível mundial são esmagadoramente de economias ricas. Os EUA dominam aqui: metade das pessoas nos 1 por cento de topo a nível mundial são norte-americanas. (Isto significa que cerca de 12 por cento dos norte-americanos pertencem aos 1 por cento de topo a nível mundial.) [6] As restantes são quase inteiramente da Europa Ocidental, do Japão e da Oceânia. Dos que restam, Brasil, África do Sul e Rússia contribuem 1 por cento cada com as suas populações. Chamamos aos que pertencem ao grupo C os «plutocratas mundiais».

A comparação dos grupos B e C permite-nos abordar outra clivagem importante. Vimos que o grupo B, com ganhos iguais a zero ou insignificantes decorrentes da globalização, é constituído sobretudo pela classe média baixa e pelos segmentos mais pobres das populações dos países ricos. Em contraste, o grupo C – vencedor da globalização – é constituído pelas classes mais ricas desses mesmos países. Uma dedução óbvia é que as disparidades de rendimentos entre o topo e a base aumentaram no mundo rico, e que a globalização favoreceu aqueles dos países ricos que já viviam bem. Também isto não é inteiramente surpreendente, uma vez que é assaz reconhecido que as desigualdades dentro dos próprios países do mundo rico aumentaram durante os últimos 25 a 30 anos [7]. Este é o tema que iremos abordar no Capítulo 2. Mas o que é importante e enriquecedor, num sentido epistemológico, é constatar que estes efeitos são observáveis também quando olhamos para o mundo na sua totalidade.

A Figura 1.1 apresenta apenas uma imagem aproximada dos vencedores e vencidos da globalização. Existem muitas formas adicionais de analisar estes dados: podíamos examinar com muito mais pormenor o eixo horizontal (dividindo a população mundial em «fractis» menores de, digamos, 1 por cento), podíamos analisar como determinados grupos de rendimentos (como os 10 por cento das pessoas mais pobres na China *versus* os 10 por cento mais pobres na Argentina) se saíram ao longo dos mesmos 20 anos ou podíamos definir os ganhos de rendimentos em dólares de taxa de câmbio padrão em vez de os ajustarmos de acordo com os diferentes níveis de preços nos diferentes países. No entanto, independentemente de quaisquer ajustamentos que façamos, a forma essencial dos ganhos e perdas aqui demonstrada não se altera: aparece sempre como uma curva em S deitada (ou o que algumas pessoas chamam de «curva elefante», porque se parece com um elefante de tromba levantada). Os ganhos percentuais são sempre mais acentuados entre as classes médias de economias emergentes e os 1 por cento de topo a nível mundial; são sempre mais fracos nas pessoas situadas entre o 75.º e o 90.º percentil da distribuição dos rendimentos a nível mundial, ou, por outras palavras, nas classes médias e médias baixas nos países da OCDE ([8]).

Esta forma, com um fosso nos percentis dos relativamente abonados, é muito invulgar no caso de países individuais. Normalmente, estes gráficos, designados «curvas de incidência do crescimento», aumentam mais ou menos continuamente, indicando que os ricos ganharam mais do que os pobres, ou, de modo inverso, baixam continuamente, demonstrando o contrário. Uma curva em S deitada mostra que as mudanças nos rendimentos foram de tal ordem que os ricos e a classe média beneficiaram mais do que o grupo situado entre ambos. No que respeita a um país individual, estas mudanças são pouco prováveis, porque implicariam que políticas económicas ou mudanças tecnológicas tivessem sido «calibradas» de maneira a beneficiar os 1 ou 5 por cento de topo, a ir contra os interesses daqueles que se situam imediatamente abaixo e, seguidamente, a beneficiar os que estão por baixo destes. Não é muito provável que se deem tais descontinuidades, dado que as novas tecnologias ou as novas políticas económicas ajudam ou limitam vários grupos de rendimentos. Por exemplo, é pouco provável que uma política que corte taxas de impostos marginais para os 5 por cento do topo seja acompanhada de outra política que aumente os impostos àqueles que se situam mesmo abaixo do nível dos 5 por cento do topo. Neste caso, porém, não se trata de uma distribuição única por país, mas de uma distribuição a nível mundial, produto de vários fatores: (a) as diferenças nas taxas de crescimento dos países (ou, para ser mais específico, a taxa de crescimento mais rápida da China em comparação com a dos EUA), (b) as posições originais dos países na distribuição dos rendimentos a nível mundial em 1988 (quando a China era muito mais pobre do que os EUA) e, finalmente, (c) as alterações nas distribuições dos rendimentos dos próprios países, afetadas não apenas pelas políticas internas, mas também pela globalização (principalmente pelo facto de a China exportar produtos baratos para os EUA). Estes fatores explicam como são possíveis estas curvas com formas tão invulgares, como a curva em S deitada. Como prevemos que seja a forma da curva da incidência mundial nos próximos 30 anos? Abordaremos esta questão no Capítulo 4.

Uma ressalva muito importante em relação à interpretação dos «vencedores» e «vencidos» e ao significado da curva em S deitada é que, até agora, só lidámos com ganhos relativos na distribuição dos rendimentos a nível mundial. O eixo vertical na Figura 1.1 mostra a mudança cumulativa da percentagem de rendimentos reais entre 1988 e 2008. Como seriam os resultados se, em vez da mudança *relativa* (ganho percentual), considerássemos a mudança *absoluta* (número de dólares ganhos)? Como veremos, esta alteração de abordagem modifica os resultados de forma bastante significativa.

Ganhos absolutos dos rendimentos ao longo da distribuição dos rendimentos a nível mundial

Vamos supor que pegamos em todo o aumento dos rendimentos mundiais entre 1988 e 2008 e o consideramos 100. A Figura 1.2 mostra que 44 por cento do ganho absoluto foi para os 5 por cento mais ricos a nível mundial, com quase 1/5 do aumento total a ser recebido pelos 1 por cento de topo ([9]). Pelo contrário, aqueles que denominámos como os principais beneficiários da atual era da globalização, a «classe média mundial emergente», só receberam (por «vintil») entre 2 e 4 por cento do aumento do bolo mundial, ou no total cerca de 12–13 por cento.

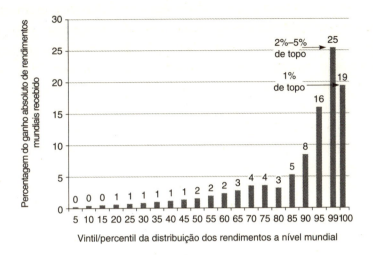

FIGURA 1.2 Percentagem do ganho absoluto em rendimentos reais *per capita*, por nível de rendimento mundial, 1988–2008

Este gráfico mostra a percentagem do ganho total absoluto em rendimentos reais de agregados familiares *per capita* (medido em dólares internacionais de 2005) entre 1988 e 2008 recebido por grupos em pontos diferentes da distribuição dos rendimentos a nível mundial. Assumimos o aumento dos rendimentos reais totais a nível mundial como 100 e calculamos a quantidade que foi recebida por diferentes «vintis» (grupos de 5% da população) ou percentis da distribuição dos rendimentos a nível mundial. O gráfico mostra que os ganhos absolutos foram sobretudo para os 5% mais ricos da população mundial. Os 1% de topo receberam 19% do aumento dos rendimentos totais a nível mundial. Fonte dos dados: Lakner e Milanovic (2015).

Como é isto possível e de que forma esta distribuição de ganhos absolutos invalida a nossa afirmação anterior em relação aos vencedores e vencidos? É possível simplesmente devido às enormes disparidades dos rendimentos reais que se verificam entre o topo, a mediana e a base da distribuição dos rendimentos a nível mundial. Em 2008, o rendimento médio líquido disponível *per capita* (após dedução de impostos) dos 1 por cento de topo a nível mundial situava-se ligeiramente acima de 71 mil dólares anuais, o rendimento mediano rondava os 1400 dólares e as pessoas situadas no decil mundial mais pobre tinham um rendimento anual inferior a 450 dólares (todos os valores estão expressos em dólares internacionais de 2005). Ao analisarmos estes valores, constatamos imediatamente que o que é apenas um arredondamento para os rendimentos de topo equivale ao rendimento anual total dos pobres! Assim, é evidente que um ganho percentual muito pequeno no topo, ou próximo do topo, irá representar uma parte enorme do ganho absoluto no geral. Suponhamos, por exemplo, que o rendimento dos 1 por cento mais ricos aumenta apenas 1 por cento, ou 710 dólares. Contudo, esse valor representa metade do rendimento total das pessoas que se encontram na mediana a nível mundial. É por isso que tanto os grandes ganhos relativos no topo (os rendimentos dos 1 por cento de topo aumentaram 2/3 entre 1988 e 2008) como os ganhos quase inexistentes entre as classes médias baixas do mundo rico (cujos rendimentos aumentaram apenas 1 por cento), quando traduzidos em ganhos absolutos, parecem tão impressionantes comparados com os ganhos absolutos da classe média mundial emergente. É apenas uma excelente ilustração de como a distribuição dos rendimentos a nível mundial é incrivelmente desigual.

Será que esta distribuição injusta dos ganhos absolutos nos leva a rever a conclusão anterior em relação aos vencedores e vencidos? Não. Pelo contrário, nalguns aspetos salienta o que concluímos para os 1 ou 5 por cento mais ricos, porque os seus ganhos percentuais consideráveis parecem ainda mais impressionantes quando os analisamos em quantidades absolutas. (Para mais informação sobre cálculos absolutos *versus* relativos, ver Excurso 1.2) Também não nos leva a rever a nossa conclusão para as classes médias baixas do mundo rico, porque, tal como a maioria de nós, olham primeiro para os seus ganhos percentuais (que foram mínimos) e, quando comparam a sua posição com a de outros, é provável que a comparem com os ganhos percentuais reais realizados pelo topo. Portanto, a estagnação dos seus rendimentos é muito real. E, por fim, também não afeta a nossa conclusão sobre o sucesso das classes médias asiáticas, porque elas também vão provavelmente considerar primeiro os ganhos relativos. Contudo, a introdução de uma medida absoluta permite-nos analisar os mesmos dados de um ângulo diferente e entender melhor as imensas diferenças a nível de rendimentos que existem no mundo atual. Além disso, salienta um ponto importante: não devemos associar as classes médias das economias de mercado emergentes (pessoas com rendimentos aproximadamente entre 1000 e menos de 2000 dóla-res anuais) com as classes médias mais baixas do mundo rico (pessoas com rendimentos de aproximadamente 5000 a 10 000 dólares anuais; os valores são todos apresentados em dólares internacionais de 2005).

EXCURSO 1.2 Cálculos absolutos *versus* relativos da desigualdade de rendimentos

Para além de salientar as enormes disparidades de rendimentos no mundo, a comparação de ganhos relativos e absolutos dos rendimentos possui um outro valor relacionado com a discussão de décadas sobre os cálculos relativos *versus* absolutos em estudos de distribuição dos rendimentos. Quase todos os nossos cálculos são relativos, no sentido em que se os rendimentos de todos aumentarem na mesma percentagem, a desigualdade permanece inalterada. Mas um aumento percentual para todos corresponde a ganhos absolutos que podem ser extremamente desiguais: uma pessoa que parte com um rendimento 100 vezes superior também terá ganhos absolutos 100 vezes superiores. Então, porque são melhores os cálculos relativos?

Em primeiro lugar, os cálculos de rendimentos relativos são conservadores porque não revelam alterações na desigualdade em casos em que os cálculos absolutos mostrariam um aumento (quando todos os rendimentos aumentam na mesma percentagem) ou uma diminuição (quando todos diminuem na mesma percentagem). No que respeita à desigualdade, um tema de considerável importância moral e política, e por vezes bastante controverso, não queremos errar no sentido de o tornar ainda mais controverso. Deve optar-se pelo conservadorismo (em termos de cálculo, não necessariamente em termos de política).

Em segundo lugar, uma das desvantagens dos cálculos absolutos é que, inevitavelmente, aumentam com qualquer subida da média: quando os rendimentos aumentam, a distância absoluta entre os ricos, a classe média e os pobres torna-se maior, mesmo que as disparidades relativas permaneçam idênticas. Pensemos na distribuição como sendo um balão. À medida que o balão expande, a distância absoluta entre os pontos do balão aumenta. O foco nas distâncias absolutas apresenta a desvantagem de que praticamente todos os aumentos na média (enchimento do balão) podem ser considerados a favor da desigualdade. Podemos perder a precisão com que atualmente conseguimos distinguir entre episódios de crescimento a favor dos pobres e a favor dos ricos. Com um critério de desigualdade absoluta, seria difícil argumentar que os EUA entraram num período de desigualdade crescente depois da década de 1980 (um tema que abordamos no Capítulo 2). Uma vez que o crescimento na década de 1960 foi acentuado, é muito provável que as disparidades absolutas também tenham aumentado na altura. Então, podemos dizer que a desigualdade nos EUA começou a aumentar em 1945, ou até anteriormente, e não parou desde essa altura? No entanto, como é evidente, estes diferentes períodos não foram iguais no que respeita à desigualdade.

Em terceiro lugar, a desigualdade e o aumento dos rendimentos são duas manifestações do mesmo fenómeno. Mais uma vez, este ponto torna-se mais evidente em estudos de desigualdade mundial, nos quais as alterações na desigualdade total entre os cidadãos do mundo dependem fundamentalmente das taxas de crescimento dos diferentes países. Para os mais dados à matemática, pode ser mais fácil ver esta semelhança fundamental entre desigualdade e crescimento se considerarmos o rendimento médio como o primeiro momento de uma distribuição e a desigualdade como o segundo momento de uma distribuição (a variância). O crescimento é simplesmente o aumento relativo no primeiro momento e a desigualdade é o aumento relativo no segundo momento. Os cálculos que usamos para avaliar o sucesso ou fracasso do desenvolvimento económico (mudança relativa do PIB *per capita*) devem estar relacionados com os cálculos que usamos para avaliar o sucesso ou fracasso na distribuição dos recursos (mudança relativa num cálculo de desigualdade). O foco nos aspetos absolutos do crescimento, assim como da desigualdade, levar-nos-ia a concluir quase sempre que o crescimento nos países ricos, embora pequeno em termos percentuais, seria maior do que o crescimento em países pobres, embora enorme. Se os EUA crescessem 0,1 por cento *per capita* anualmente, esse crescimento iria aumentar o PIB absoluto *per capita* de cada norte-americano em cerca de 500 dólares, o que é superior ao PIB *per capita* de muitos países africanos. Devíamos então considerar que o Congo, em qualquer ano, só é mais bem-sucedido do que os EUA se duplicar o rendimento *per capita* — um feito que nenhuma comunidade humana conseguiu alcançar na história documentada? Então, a lógica da relatividade que se aplica ao crescimento também se deve aplicar à desigualdade.

> Um argumento final é que um aumento relativo dos rendimentos está correlacionado com os ganhos de utilidade, se considerarmos que as funções de utilidade pessoal são logarítmicas nos rendimentos – que, para uma pessoa com rendimentos de 10 000 dólares experimentar o mesmo aumento no bem-estar que uma pessoa com rendimentos de 1000 dólares, o ganho absoluto dos rendimentos deve ser dez vezes maior. Por outras palavras, um dólar adicional vai trazer menos utilidade, ou parecer menos importante, a uma pessoa rica do que a uma pessoa pobre. Se considerarmos que este é um pressuposto razoável, também podemos interpretar os dados presentes na curva de incidência do crescimento como mudanças na utilidade: um aumento de rendimentos de 80 por cento em torno da mediana mundial acrescenta mais à utilidade das pessoas que aí se situam do que um aumento de 5 a 10 por cento dos rendimentos reais acrescenta à utilidade das classes médias baixas dos países ricos (mesmo que os ganhos absolutos destes em termos de dólares sejam maiores). Neste mesmo caminho, chegamos à conclusão de que as mudanças relativas de rendimentos são uma métrica mais razoável do que as mudanças absolutas de rendimentos.

A comparação entre a Figura 1.1 (ganhos relativos de rendimentos) e a Figura 1.2 (ganhos absolutos de rendimentos) realça uma característica que iremos encontrar com frequência quando analisarmos as mudanças trazidas pela globalização: será muito raro conseguirmos indicar uma mudança que produza unicamente efeitos positivos ou negativos, ou que seja inteiramente inequívoca quanto aos seus efeitos para todas as pessoas ou em todas as suas manifestações. Neste caso, vemos que os ganhos de rendimentos muito maiores para as classes médias das economias de mercado emergentes nem sempre se traduzem em maiores ganhos absolutos. Devido à sua própria natureza, os movimentos económicos drásticos afetam vários países e grupos de formas diferentes, de maneira que mesmo uma alteração que possa ser interpretada como extremamente positiva pode ser prejudicial para determinadas pessoas e grupos.

É esta natureza ambivalente da globalização que procuro destacar neste livro. O leitor tem de estar sempre consciente de que a globalização é uma força tanto para o bem como para o mal. Idealmente, o leitor, mesmo quando se deparar com alguns aspetos aparentemente «bons», deve atentar nas vicissitudes dos efeitos «maus» que possam estar inerentes (aplica-se o oposto quando se deparar com efeitos «maus»). A nossa capacidade de compreender e incluir todas as coisas «boas» e todas as coisas «más» e de lhes atribuir um peso subjetivo irá, em última análise, determinar a nossa opinião sobre a globalização. Mas é precisamente esta ambivalência, juntamente com o facto de os nossos sistemas pessoais de atribuição de valor serem necessariamente diferentes – não só porque podemos acreditar em coisas diferentes, mas porque nós próprios ou as pessoas de quem gostamos podemos ser afetados positiva ou negativamente pela globalização –, que irá tornar a unanimidade acerca dos efeitos da globalização algo eternamente inatingível.

Os efeitos da crise financeira

Até agora, discutimos as mudanças entre 1998 e 2008 porque são as que melhor representam os efeitos da «elevada globalização» e porque os nossos dados relativos a esse período foram bem organizados e estruturados de forma a facilitarem o mais possível a comparação. Contudo, estão agora disponíveis novos dados e informações relativos ao período entre 2008 e 2011. Na maior parte dos aspetos, este último curto período – que sucede à crise financeira – é uma continuação e até uma aceleração das tendências da globalização já descritas; no entanto, dá continuidade a essas tendências aplicando uma certa mudança.

Uma tendência que se tornou ainda mais forte no período 2008–2011 foi a do crescimento da classe média mundial, alimentada durante estes três anos, como nos 20 anos anteriores, pelas elevadas taxas de crescimento na China. Entre 2008 e 2011, o rendimento urbano médio na China duplicou e os rendimentos rurais aumentaram 80 por cento, colocando a curva de incidência do crescimento mundial em redor do ponto mediano substancialmente acima do mesmo ponto no período 1988–2008. Portanto, o crescimento da classe média mundial tornou-se ainda mais visível e enraizado (ver Figura 1.3).

Por outro lado, a ausência de crescimento no mundo rico não significou apenas a continuação da estagnação dos rendimentos das classes médias baixas nestes países, mas também a propagação da estagnação em direção ao topo. Também aí não se verificou crescimento e é por isso que o ponto C permaneceu onde se encontrava em 2008 (comparar Figuras 1.1 e 1.3) ([10]).

O efeito da crise financeira na distribuição dos rendimentos a nível mundial não é surpreendente. O que não é evidente é até que ponto esta crise, frequentemente referida como uma crise financeira mundial, significa uma quebra na história económica mundial. Primeiro, há que notar que até o termo «mundial» é erróneo porque o abrandamento (ou a recessão) afetou, no início, apenas as economias ricas. Teria sido mais corretamente denominada uma recessão entre as economias atlânticas. Segundo, a evolução a longo prazo dos rendimentos ao nível dos países, ou seja, o reequilíbrio da atividade económica a favor da Ásia e afastando-se da Europa e da América do Norte, não foi interrompida, sendo, pelo contrário, reforçada pela crise. Portanto, a crise não representou uma quebra nesta tendência, mas sim o oposto: reforçou uma tendência já existente. Em terceiro lugar, o reequilíbrio tem uma contrapartida na distribuição de rendimentos pessoais a nível mundial, que é a de ter alterado o formato dessa distribuição, antes fortemente marcada em dois extremos (muitas pessoas com rendimentos muito baixos, praticamente ninguém no meio e, por fim, mais pessoas com níveis de rendimento muito elevados), estando agora mais completa no meio, de tal forma que a distribuição dos rendimentos a nível mundial começa agora a assemelhar-se à distribuição de um único país. Estamos, evidentemente, ainda muito longe desse ponto, mas estamos certamente mais perto em 2011 (ou atualmente) do que estávamos em 1988. Também esta tendência foi meramente reforçada durante a crise.

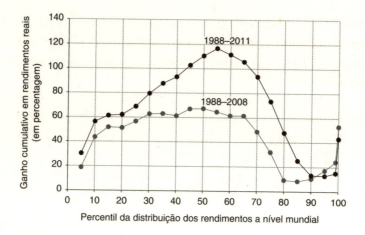

FIGURA 1.3 Ganho relativo em rendimentos reais *per capita* por nível de rendimento mundial, 1988-2008 e 1988-2011

Este gráfico mostra o ganho relativo (percentagem) em rendimentos reais dos agregados familiares *per capita* (medido em dólares internacionais de 2011) em pontos diferentes da distribuição dos rendimentos a nível mundial para dois períodos temporais diferentes: 1988-2008 (reproduzindo o gráfico da Figura 1.1, excetuando que agora usamos dólares internacionais de 2011 em vez de 2005) e 1988-2011. Vemos a continuação de ganhos muito fortes no centro da distribuição dos rendimentos a nível mundial, mas um abrandamento nos ganhos entre os 1% de topo a nível mundial. Fonte dos dados: Lakner e Milanovic (2015) e dados do autor.

A Figura 1.4, que mostra a distribuição da população mundial de acordo com o nível de rendimentos em 1988 e 2011, ilustra muito claramente a emergência da classe média mundial e a diminuição (nivelamento) da forma, composta por dois picos, da distribuição dos rendimentos a nível mundial. O que é interessante, porém, é que grande parte da distribuição da população mundial ainda continua a ser caracterizada por «um vazio no meio», de acordo com o rendimento médio (ou PIB *per capita*) do país onde as pessoas vivem, conforme se pode ver na Figura 1.5. O contraste entre os dois valores salienta o facto de que, embora a Índia, a Indonésia e, a uma escala menor, a China continuem a ser países pobres, à luz dos rendimentos médios, as distribuições dos rendimentos nestes países são suficientemente abrangentes e desviadas para a direita expressando que um número significativo dos seus cidadãos está agora a preencher esse espaço, o vazio no meio que anteriormente existia entre os dois picos.

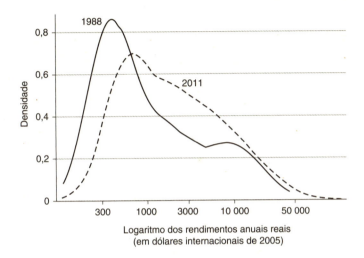

FIGURA 1.4 Distribuição da população mundial por rendimentos reais *per capita*, 1988 e 2011

Este gráfico mostra a distribuição da população mundial de acordo com os rendimentos reais dos agregados familiares *per capita* (medidos em dólares internacionais) em 1988 e 2011, com base em inquéritos aos agregados familiares. A área abaixo de cada curva é igual ao total da população mundial, respetivamente, em 1988 e 2011. Entre 1988 e 2011, houve uma expansão na proporção de pessoas com rendimentos situados no meio (a «classe média mundial»). O gráfico mostra que esta classe média mundial ainda continua a ser relativamente pobre de acordo com os padrões ocidentais. Fonte dos dados: Lakner e Milanovic (2015) e dados do autor.

A evolução dos rendimentos na China é mais uma vez emblemática das mudanças a nível mundial, talvez porque o aumento tenha sido mais rápido do que em qualquer outro país e envolveu o maior número de pessoas. Segundo os dados dos inquéritos aos agregados familiares de 2011, o rendimento médio na China urbana, pela primeira vez, igualou e até ultrapassou os rendimentos médios em vários Estados-Membros da União Europeia (UE). A China urbana tem agora um rendimento médio mais elevado (em termos de PPP) do que a Roménia, a Letónia ou a Lituânia. Em 2013, o PIB *per capita* da China ainda era inferior ao dos membros mais pobres da UE (Roménia e Bulgária), mas a diferença era inferior a 30 por cento e, com as taxas de crescimento atualmente expectáveis, na altura em que o leitor estiver a ler o presente livro, o PIB *per capita* da China terá, sem dúvida, alcançado o nível do dos países mais pobres da UE [11]. Esta é uma mudança histórica, pois embora a Roménia, a Bulgária e os Balcãs tenham sido a parte mais pobre da Europa desde a Idade Média, os seus rendimentos *per capita* no final do século XIX eram duas vezes superiores aos da China [12]. Além disso, uma vez que podemos esperar que a China continue a apresentar um crescimento mais rápido do que os principais países da UE, mesmo que a taxa de crescimento abrande, o seu rendimento médio vai alcançar a média da UE nas próximas três décadas [13]. Este facto seria, num período historicamente muito curto, uma inversão de destinos impressionante, ou então um regresso a um padrão de distribuição característico da atividade económica no espaço eurasiático há vários séculos: os rendimentos *per capita* podem voltar a ser mais elevados em duas regiões costeiras, uma virada para o Atlântico (Europa Ocidental) e outra virada para o Pacífico (China), sendo inferiores no interior da Eurásia. A excecionalidade da Europa peninsular terá terminado [14].

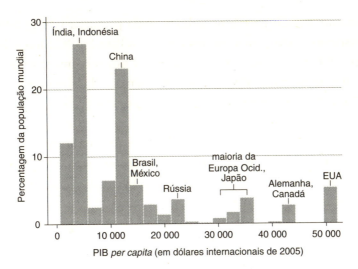

FIGURA 1.5 Distribuição da população mundial por PIB real *per capita* do país de residência (ano 2013)

Este gráfico mostra como a população mundial estaria distribuída se atribuíssemos às pessoas a média de rendimentos do seu país (PIB *per capita*) em vez do verdadeiro rendimento *per capita* (como na Figura 1.4). As legendas mostram países selecionados. Vemos que há relativamente poucas pessoas a viver em países com níveis de rendimento «médios». Fonte dos dados: calculados a partir da base de dados dos Indicadores do Desenvolvimento Mundial do Banco Mundial (http://data.worldbank.org/data-catalog/world-development-indicators, versão de setembro de 2014).

Outra forma de analisar a mudança verificada nos rendimentos ao longo das últimas décadas é comparar o rendimento médio das pessoas na parte mais baixa da distribuição de rendimentos nos EUA com o das pessoas que estão relativamente bem na vida na China urbana (Figura 1.6). Registe-se que, uma vez que praticamente todos os EUA são urbanizados, estamos *de facto* a comparar os EUA urbanos com a China urbana. A recuperação efetuada entre 1988 e 2011 é bastante evidente. A disparidade em termos de rendimentos reais diminuiu de mais de 6,5 para 1 para apenas 1,3 para 1. (Esta recuperação poderia ser ilustrada recorrendo a outras secções da distribuição nos EUA e na China, mas é mais evidente neste exemplo porque os dois níveis de rendimentos estão a tornar-se semelhantes. Se recorrêssemos a secções mais elevadas da distribuição nos EUA, as disparidades continuariam a ser muito grandes.) Também não há dúvida de que esta diminuição das disparidades em termos de rendimentos dos agregados familiares *per capita* corresponde a uma diminuição na disparidade em termos de salários reais.

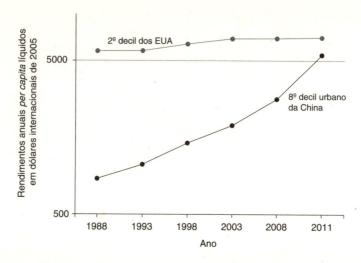

FIGURA 1.6 Convergência de rendimentos chineses e norte-americanos, 1988–2011

Este gráfico mostra a diferença em termos de rendimentos anuais *per capita* líquidos reais dos agregados familiares (em dólares internacionais de 2005) entre 1988 e 2011 para pessoas no segundo decil dos EUA e no oitavo decil urbano da China (com base em dados de inquéritos aos agregados familiares). O eixo vertical é apresentado em escala logarítmica. Embora o segundo decil dos EUA (apesar de ser relativamente pobre pelos padrões norte-americanos) estivesse numa situação mais favorável do que o oitavo decil urbano da China em 2011, a disparidade entre os dois tem vindo a diminuir. Fonte dos dados: dados do autor.

Os 1 por cento de topo a nível mundial

Vimos que, embora os 1 por cento de topo a nível mundial tenham tido um desempenho muito forte entre 1988 e 2008, a sua situação piorou entre 2008 e 2011. O motivo é simples: a maioria das pessoas no 1 por cento de topo a nível mundial pertence às partes mais elevadas das distribuições de rendimentos dos países ricos (por exemplo, 12 por cento dos norte-americanos mais ricos fazem parte do 1 por cento de topo a nível mundial), e o crescimento dos seus rendimentos abrandou ou caiu para metade com a crise financeira. Este abrandamento pode parecer surpreendente à primeira vista, tendo em conta o enorme aumento do interesse, conhecimento e preocupação com os rendimentos de topo no mundo rico, sobretudo nos EUA. No entanto, o contraste entre o enorme interesse nos rendimentos de topo e o abrandamento simultâneo do seu crescimento é explicado em parte pelo facto de que, embora a maioria dos rendimentos nos países ricos tenha diminuído durante a crise, os rendimentos de topo mantiveram-se estáveis ou diminuíram menos. Embora permanecer estável possa parecer «bom» (ou talvez até «injusto» do ponto de vista das outras pessoas nos países ricos), não foi suficientemente bom para os 1 por cento de topo a nível mundial conseguirem manter a posição elevada em comparação com a mediana mundial registada antes da crise. Tal deveu-se simplesmente ao facto de a mediana e a média do rendimento mundial continuarem a crescer.

Outra razão para o contraste entre o recente crescimento lento no seio dos 1 por cento de topo a nível mundial e a preocupação popular com a desigualdade é que o crescimento no topo foi muito mais concentrado entre os super-ricos do que alguma vez tinha sido. De facto, se nos quisermos concentrar naqueles que continuaram a ganhar durante a crise, não nos devemos focar nos 1 por cento de topo a nível mundial (de que fazem parte cerca de 70 milhões de pessoas, mais ou menos o equivalente à população de França) mas num grupo muito mais restrito de indivíduos extremamente abastados. Há, evidentemente, muito menos indivíduos destes e não são incluídos em inquéritos aos agregados familiares ([15]). Vamos analisá-los muito brevemente na próxima secção, recorrendo a uma fonte de dados completamente diferente, a lista dos multimilionários da revista *Forbes*. A lista inclui em 2013 e 2014 cerca de 1500 indivíduos que, juntamente com as suas famílias, representam um centésimo de um centésimo de um por cento da população mundial (sim, é 1 por cento de 1 por cento de 1 por cento).

Voltemos primeiro aos 1 por cento de topo a nível mundial conforme representados nos inquéritos aos agregados familiares. A Figura 1.7 mostra os países que têm mais de 1 por cento da população nos 1 por cento de topo a nível mundial. Já vimos que os EUA estão muito bem representados, com 12 por cento da população situada nos 1 por cento de topo a nível mundial e responsáveis por cerca de metade de todas as pessoas inseridas nessa categoria. Outras economias avançadas, como o Japão, a França e o Reino Unido, têm entre 3 e 7 por cento das respetivas populações nos 1 por cento de topo a nível mundial, enquanto a Alemanha tem apenas 2 por cento. O Brasil, a Rússia e a África do Sul, cujos 1 por cento de topo se encontram também nos 1 por cento de topo a nível mundial, não são exibidos no gráfico. O mesmo não acontece com a China e a Índia, que têm menos de 1 por cento das suas populações nos 1 por cento de topo a nível mundial. Esta categoria é, portanto, fortemente dominada pelos países «velhos ricos»: o percurso ascendente da China na distribuição dos rendimentos a nível mundial ainda não se disseminou, em números suficientes, até ao topo [16].

A parcela de rendimentos dos 1 por cento de topo a nível mundial em 2008 era de 15,7 por cento. Este número representa a sua percentagem nos rendimentos disponíveis *a nível mundial*, que pode ser comparada com as percentagens dos 1 por cento de topo *a nível nacional* indicadas na base de dados dos rendimentos de topo a nível mundial (*World Top Incomes Database* – WTID). Contudo, há que ter em atenção que os rendimentos indicados na WTID representam valores antes de transferências e impostos e correspondem a unidades fiscais, enquanto os rendimentos que aqui se discutem são calculados depois de impostos e correspondem a indivíduos [17]. (Os dados fiscais não podem ser usados para calcular a parcela dos 1 por cento de topo a nível mundial porque só estão disponíveis num subgrupo relativamente pequeno de países.) A maior diferença entre as duas fontes de dados é o uso dos rendimentos de mercado, ou seja, os rendimentos antes de transferências e de impostos, pela WTID, em vez dos rendimentos disponíveis, ou seja, após dedução de impostos, que são os rendimentos usados nos inquéritos aos agregados familiares. A parcela dos 1 por cento de topo será sempre maior em termos de rendimentos de mercado do que de rendimentos disponíveis, porque a redistribuição pelo Estado reduz a desigualdade. Por exemplo, a redistribuição via transferências governamentais e impostos diretos nos EUA em 2010 reduziu a parcela dos 1 por cento de topo de 9,4 por cento do rendimento de mercado total (ou rendimento «pré-fisco») para menos de 7 por cento do rendimento disponível total ([18]). (Deve também referir-se que as pessoas que se encontram nos 1 por cento de topo de acordo com os rendimentos pré-fisco não são necessariamente as mesmas que se encontram nos 1 por cento de topo de acordo com os rendimentos disponíveis, ou seja pós-fisco.) Utilizando os EUA como termo de comparação, podemos dizer que a parcela dos 1 por cento de topo a nível mundial em termos de rendimento mundial é mais do dobro da parcela dos 1 por cento de topo no rendimento total dos EUA (15,7 contra menos de 7). Este facto confere-nos uma visão resumida do quanto é elevada a concentração de rendimentos a nível mundial. Uma outra visão, mais centrada, pode retirar-se da lista anual de multimilionários da revista *Forbes*.

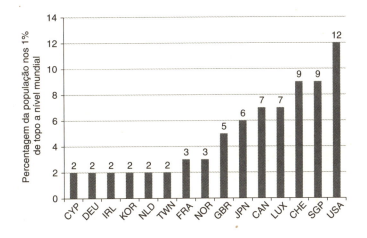

FIGURA 1.7 Percentagem da população nacional nos 1% de topo a nível mundial (ano 2008)

Este gráfico mostra os países que têm mais de 1% da população nos 1% de topo a nível mundial. Vemos que 12% dos norte-americanos mais ricos se incluem nos 1% de topo a nível mundial. Abreviaturas dos países: CAN Canadá, CHE Suíça, CYP Chipre, DEU Alemanha, FRA França, GBR Reino Unido, IRL Irlanda, JPN Japão, KOR Coreia do Sul, LUX Luxemburgo, NLD Holanda, NOR Noruega, SGP Singapura, TWN Taiwan, USA Estados Unidos. Fonte dos dados: Lakner e Milanovic (2013).

Registe-se, no entanto, que, quando discutimos a lista de multimilionários da revista *Forbes*, estamos a dar um passo metodológico importante: em vez de analisarmos, como fizemos até aqui, os rendimentos ou o consumo, que são variáveis de fluxo anual, estamos a analisar a riqueza, que é uma variável de existências (ou seja, medida num momento específico) e é resultado da acumulação de poupanças, rendibilidades sobre o investimento e heranças ao longo dos anos. A desigualdade em termos de riqueza é maior do que a desigualdade de rendimentos ou de consumo em quase todos os países. Não só existem grupos ínfimos de pessoas extremamente ricas – um fenómeno que iremos analisar na próxima secção – como, mesmo nos países desenvolvidos (como os EUA ou a Alemanha, por exemplo), entre um quarto e um terço da população possui uma riqueza líquida negativa ou zero [19]. No entanto, muito poucas pessoas nestes países tem rendimentos zero e ninguém faz zero consumo. Portanto, pode ver-se, mesmo a um nível intuitivo, que a riqueza é distribuída de forma muito mais desigual do que os rendimentos ou o consumo e que as comparações entre desigualdade em termos de riqueza e desigualdade de rendimentos têm de ser feitas de forma muito cautelosa [20]. É pelo facto de os dados sobre a riqueza dos super-ricos serem de melhor qualidade (e em certa medida mais reveladores) do que os dados sobre os rendimentos dos 1 por cento de topo que usamos dados sobre a riqueza em vez de dados sobre os rendimentos ou o consumo para melhor entender a posição dos super-ricos [21].

Para vermos a diferença entre as distribuições de rendimentos e de riqueza a nível mundial, consideremos o Quadro 1.1, que mostra as estimativas das parcelas de rendimentos e riqueza dos 1 por cento de topo a nível mundial. Para os rendimentos, temos três estimativas: primeiro, a conservadora, baseada apenas em inquéritos aos agregados familiares, que (conforme discutido no Excurso 1.1) tendem a excluir as pessoas mais ricas e, consequentemente, subestimam a parcela dos 1 por cento de topo; segundo, uma estimativa que inclui um ajustamento que procura corrigir este problema; e, terceiro, uma estimativa que inclui uma correção adicional da riqueza mundial oculta (bens mantidos em paraísos fiscais) [22]. Para a terceira estimativa, pressupomos uma rendibilidade bastante elevada (6 por cento) dos bens ocultos e que todos estes bens pertencem aos 1 por cento de topo a nível mundial [23]. A parcela dos rendimentos dos

1 por cento de pessoas mais ricas em 2010 aumenta de 15,7 por cento, no primeiro cenário, para 28 por cento quando efetuamos um ajustamento de modo a ter em conta os rendimentos de topo subestimados nos inquéritos e para 29 por cento quando fazemos um ajustamento adicional para os rendimentos provenientes de riqueza oculta. Contudo, todas estas estimativas de parcelas de rendimentos ficam aquém da estimativa da parcela de riqueza dos 1 por cento de topo a nível mundial elaborada pelo Credit Suisse Research Institute em 2013, que era de 46 por cento. Entre, sensivelmente, os anos 2000 e 2010, a parcela dos rendimentos mundiais dos 1 por cento de topo permaneceu constante ou aumentou ligeiramente, enquanto a sua parcela da riqueza mundial aumentou (Quadro 1.1).

Há, portanto, uma divergência na evolução das concentrações de rendimentos e de riqueza. Segundo o Credit Suisse Research Institute (2014), a crescente concentração de riqueza deve-se ao forte desempenho dos mercados bolsistas mundiais depois de 2010 e às supostas maiores taxas de rendibilidade recebidas pelos ricos. A divergência entre as concentrações de rendimentos e de riqueza para os 1 por cento de topo é coerente com o cenário de ganhos significativos de rendimentos realizados pelos que se situam a meio da distribuição dos rendimentos a nível mundial durante os últimos 30 anos. Os rendimentos crescentes deste grupo aplicaram uma espécie de travão ao crescimento da parcela de rendimentos dos 1 por cento de topo. No entanto, é muito provável que as pessoas situadas na média mundial, que ainda são pobres, quase não possuam ativos. Consequentemente, o crescimento dos seus ativos deve ter sido muito pequeno e não pode ter produzido qualquer efeito compensatório para as quantias crescentes de riqueza e, consequentemente, para a parcela de riqueza dos 1 por cento de topo.

Quadro 1.1 Parcelas dos 1 por cento de topo a nível mundial nos rendimentos e na riqueza mundiais

Estimativa da parcela de rendimentos ou de riqueza	Por volta de 2000	Por volta de 2010
Parcela dos 1% de topo nos rendimentos mundiais com base unicamente em inquéritos aos agregados familiares[a]	14,5	15,7
Parcela dos 1% de topo nos rendimentos mundiais com base em inquéritos e ajustamentos para compensar a não declaração[a]	29	28
Parcela dos 1% de topo nos rendimentos mundiais com base em inquéritos e ajustamentos para compensar a não declaração e em ajustamentos para compensar a ocultação de riqueza[b]	--	29
Parcela dos 1% de topo na riqueza mundial[c]	32	46

Nota: Os 1% de topo da riqueza referem-se aos 1% de indivíduos adultos mais ricos.
[a] Retirado de Lakner e Milanovic (2013); metodologia de imputação explicada no artigo.
[b] Dados adicionais de Zucman (2013).
[c] Para 2000, de Davies et al. (2011, 244); para 2013, do Credit Suisse Research Institute (2013, 10, quadro 1).

Os verdadeiros plutocratas mundiais: os multimilionários

Em 2013, de acordo com a lista de multimilionários da revista *Forbes*, havia 1426 indivíduos no mundo cujo património líquido era igual ou superior a mil milhões de dólares ([24]). Este grupo pequeno e seleto, juntamente com os seus familiares, representa um centésimo de um centésimo de 1 por cento da população mundial. O seu património total está estimado em 5,4 biliões de dólares. Segundo um relatório de 2013 do Credit Suisse (p. 5, quadro 1), a riqueza do mundo está estimada em 241 biliões de dólares. O que significa que este grupo incrivelmente ínfimo de indivíduos e as suas famílias controlam cerca de 2 por cento da riqueza mundial ou, dito de outra forma, o dobro de toda a riqueza existente em África.

EXCURSO 1.3 O que são mil milhões?

É muito difícil compreender o que um número como mil milhões realmente significa. Mil milhões de dólares estão tão distantes da experiência habitual de praticamente todas as pessoas do mundo que a mera quantidade que implicam não é facilmente compreendida – para além de ser, de facto, um montante muito grande. Pode ajudar pensar no assunto da seguinte maneira. Vamos supor que uma fada-madrinha lhe dá um dólar a cada segundo. Quanto tempo iria demorar até ter recebido 1 milhão de dólares e depois mil milhões? Para o primeiro, precisaria de 11,4 dias; para o segundo, de quase 32 anos. Ou vejamos da perspetiva do consumidor. Suponhamos que herdou 1 milhão ou mil milhões de dólares e que gasta mil dólares por dia. Demoraria menos de três anos a gastar a herança no primeiro caso e mais de 2700 anos (ou seja, o tempo que nos separa da *Ilíada* de Homero) a gastá-la no segundo caso. Ou pense no problema que os barões da droga enfrentam. Para transportar 1 milhão em notas de 100 dólares é preciso uma pasta de dimensões médias. Para transportar mil milhões em notas do mesmo valor seriam precisas mil pastas iguais. Mesmo que se recorresse a uma mala grande com rodas, seriam precisas umas 500. E comprar 500 malas iria atrair atenções que certamente preferiria evitar.

Quanto é que a riqueza dos super-ricos mudou durante a globalização? As listas anuais da revista *Forbes* dão-nos uma boa média aproximada para responder a essa questão. É importante notar, porém, que nestas listas o limite é um nível absoluto de riqueza que gradualmente diminui em termos reais se houver inflação. Portanto, um aumento registado no número de tais indivíduos é, em parte, faccioso, devido simplesmente à redução do limite real. Metodologicamente, este «limiar de riqueza» é idêntico ao limiar de pobreza: em princípio, gostaríamos de determinar o limiar de pobreza (ou riqueza) em termos reais e depois verificar se o número de indivíduos, ou a parte que representam na população total, aumentou ou diminuiu. É na verdade o que fazemos normalmente para os limiares de pobreza. Aqui, temos de fazer o mesmo para o limiar de riqueza. De modo a determinar o limiar de riqueza em termos reais, usamos o índice de preços no consumidor (IPC) dos EUA. Muito convenientemente, revela que o limiar de riqueza de mil milhões de dólares em 1987, quando a *Forbes* começou a publicar as suas listas de riqueza mundial, é equivalente em termos reais a um limiar de riqueza de 2 mil milhões de dólares em 2013 (tendo o índice de preços nos EUA exatamente duplicado ao longo deste período). Para efeitos de simplificação, vamos designar as pessoas acima desse nível real constante (mil milhões de dólares a preços de 1987) de hiperabastados ou hiper-ricos.

Até 1992, a revista *Forbes* publicou duas listas separadas: uma com os 400 norte-americanos mais ricos (que começou em 1982) e outra com os multimilionários a nível mundial (começou em 1987). Em 1987, havia 49 multimilionários nos EUA e 96 no resto do mundo (portanto, no total eram 145). A *Forbes* não calculou a sua riqueza combinada, mas pode ser estimada em 450 mil milhões de dólares ([25]). Estes dois valores (145 pessoas hiper-ricas e 450 mil milhões de dólares) de 1987 são os que vamos utilizar para comparar com o valor da riqueza e o número de multimilionários (ou seja, pessoas com um património líquido superior a 2 mil milhões de dólares) em 2013. Convenientemente, estas duas datas (1987 e 2013) englobam praticamente o mesmo período para o qual possuímos dados de inquéritos aos agregados familiares (1988 a 2011) e, portanto, permitem-nos analisar o que aconteceu, tanto em termos de rendimentos como de riqueza.

Em 2013, o número de multimilionários era de 735 e a respetiva riqueza total era de 4,5 biliões de dólares (o equivalente a 2,25 biliões de dólares a preços de 1987). Portanto, tanto o número dos hiper-ricos como a sua riqueza real combinada expandiram-se por um fator de 5 (2,25 biliões de dólares contra 0,45 biliões de dólares). Uma implicação óbvia deste cálculo aproximado é que a riqueza *per capita* dos multimilionários aumentou em termos reais. A riqueza média dos hiper-ricos era de cerca de 3 mil milhões de dólares (a preços dos EUA em 1987), tanto em 1987 como em 2013. Há simplesmente muitos mais hiper-ricos agora do que havia no final da década de 1980.

Entretanto, o PIB mundial real aumentou 2,25 vezes, o que é significativamente menos do que o aumento na riqueza real dos hiper-ricos. Em resultado, a percentagem dos indivíduos hiper-ricos expressa em termos de PIB mundial mais do que duplicou, de menos de 3 por cento para mais de 6 por cento (Figura 1.8) ([26]).

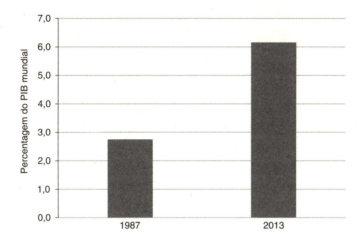

FIGURA 1.8 Riqueza dos indivíduos hiper-ricos relativamente ao PIB mundial, 1987 e 2013

Este gráfico mostra a riqueza total dos indivíduos hiper-ricos como parte do PIB mundial. Os hiper-ricos são definidos como pessoas com um património líquido superior a mil milhões de dólares a preços dos EUA de 1987 (o equivalente a 2 mil milhões de dólares em preços dos EUA de 2013). Vemos que a riqueza aumentou de 1987 para 2013, relativamente ao PIB mundial. Fonte dos dados: cálculos do autor a partir de várias listas da revista *Forbes*.

Estes valores dão-nos uma visão razoavelmente sólida do crescimento da plutocracia mundial: as suas posições, embora ínfimas, aumentaram cinco vezes e a sua riqueza total, medida em termos de PIB mundial, mais do que duplicou. Este crescimento, juntamente com a expansão da classe média mundial emergente, é o desenvolvimento mais significativo da era da elevada globalização, que teve início no final da década de 1980. O que estes dois desenvolvimentos – um que pode ser considerado esperançoso e o outro talvez ameaçador – podem implicar para as décadas vindouras será explorado no Capítulo 4. Primeiro, no entanto, temos de analisar uma questão que até agora ainda foi pouco mencionada: as desigualdades de rendimentos dentro dos países e a sua evolução a longo prazo. É esse o tema do Capítulo 2. No que se refere à desigualdade no mundo, as desigualdades dentro dos países desempenham, de facto, um papel, mas é atualmente um papel secundário porque a influência que têm na desigualdade no mundo é menor do que a influência de taxas de crescimento diferenciais de países pobres, de rendimento médio e ricos. Contudo, como iremos ver no Capítulo 3, este papel mais secundário da desigualdade dentro dos países nem sempre foi a realidade e no futuro pode voltar a mudar. Além disso, até agora, focámo-nos intencionalmente apenas nas mudanças de magnitudes mundiais. No entanto, as desigualdades nacionais continuam a ser a forma mais importante de desigualdade do ponto de vista político. O nosso mundo está organizado politicamente em Estados-nação e são as desigualdades dentro das nações que as pessoas debatem com mais frequência, sobre as quais discordam mais veementemente e cujos movimentos a longo prazo suscitam várias teorias. No próximo capítulo, vou debater as desigualdades dentro dos países e propor uma teoria alternativa relativamente à sua evolução a longo prazo que é mais completa e satisfatória, quanto a mim, do que as teorias existentes.

2

A DESIGUALDADE DENTRO DOS PAÍSES

*Apresentação das ondas de Kuznets para explicar
tendências de longo prazo em matéria de desigualdade*

As longas oscilações da desigualdade de rendimentos têm de ser entendidas como parte de um processo mais alargado de crescimento económico
e de ser inter-relacionadas com movimentos similares noutros elementos.
– Simon Kuznets

As origens da insatisfação com a hipótese de Kuznets

A insatisfação com a hipótese de Kuznets – a ideia de que a desigualdade é reduzida em níveis de rendimento muito baixos, depois aumenta à
medida que a economia se desenvolve e acaba por voltar a cair em níveis
de rendimento elevados – não é nova, mas desenvolvimentos recentes
parecem ter-lhe desferido o golpe de misericórdia. Enquanto desilusões
anteriores tiveram muito que ver com a incapacidade de observar um
aumento da desigualdade nos dados transversais, ou seja, quando se
passa de países muito pobres para aqueles ligeiramente menos pobres,
ou com o não encontrar tais aumentos na experiência histórica de países
individuais, o verdadeiro golpe foi desferido por um problema mais grave
sobre o qual os dados são muito claros: o recente aumento da desigualdade de rendimentos no mundo rico. A parte de tendência descendente
da curva de Kuznets, que sinalizava a desigualdade descendente nos países ricos, parecia portar-se como previsto por Kuznets até à década de

1980. Desde então, contrariamente às expectativas, desapareceu e transformou-se numa curva com tendência ascendente. O aumento indiscutível da desigualdade nos EUA, no Reino Unido e até em países bastante equitativos como a Suécia e a Alemanha é simplesmente incompatível com a hipótese de Kuznets ([1]).

O que manteve a hipótese de Kuznets viva apesar desta insatisfação foi a falta de uma explicação alternativa coerente para o recente aumento da desigualdade em países avançados. Um desses candidatos era o conceito de uma competição entre educação e o que é conhecido por evolução tecnológica favorável a quem tem qualificações elevadas (ou seja, mudança tecnológica que favorece trabalhadores altamente qualificados), conforme proposto por Tinbergen (1975) e mais recentemente reformulado por Goldin e Katz (2010). No entanto, não se trata de uma teoria nem de uma hipótese, mas simplesmente de uma explicação de um fenómeno que observamos: os salários dos trabalhadores mais qualificados aumentaram mais do que os salários dos trabalhadores menos qualificados. Não existe um argumento teórico que nos diga em que condições podemos esperar que a corrida seja ganha pela tecnologia (aumentando assim a desigualdade) e em que condições pela educação (diminuindo assim a desigualdade). Na formulação original de Tinbergen, contudo, a competição deveria ter sido ganha pela educação, havendo cada vez mais pessoas mais qualificadas à medida que os países ficavam mais ricos e, portanto, as qualificações iriam anular os efeitos da mudança tecnológica. Era por isto que Tinbergen esperava que a diferença na remuneração com base nas qualificações passasse para zero ([2]). Contudo, também neste caso, aconteceu exatamente o oposto: a diferença na remuneração com base nas qualificações teve um forte aumento nos países mais avançados durante os últimos 20 anos. Há também que notar que a teoria de Tinbergen, como a de Kuznets, defende que a desigualdade deveria diminuir com o desenvolvimento – uma conclusão que é sem dúvida contrariada pelos factos.

Foi *O Capital no Século XXI*, de Thomas Piketty, um livro de extraordinária amplitude e influência, que apresentou uma teoria que afastou com eficácia a de Kuznets. O problema era como explicar tanto a diminuição da desigualdade nos países ricos no período de 1918 a 1980 como o seu subsequente aumento. Piketty argumentou que a diminuição foi um acontecimento especial e invulgar impelido pelas forças políticas das guerras,

A DESIGUALDADE DENTRO DOS PAÍSES | 59

pelos impostos para financiá-las, pela ideologia e movimentos socialistas e pela convergência económica (que manteve a taxa de crescimento
dos salários acima da taxa de crescimento dos rendimentos provenientes
da propriedade). A prática capitalista «normal», em que vivemos atualmente, resulta, na perspetiva de Piketty, numa crescente desigualdade,
como acontecia no período que antecedeu a Primeira Guerra Mundial.
Esta teoria explica, portanto, ambas as porções da curva de Kuznets
– que, segundo Piketty, tem uma forma em U, ao contrário do U invertido que Kuznets argumentava.

Mas pode a abordagem de Piketty explicar as alterações ocorridas em
termos de desigualdade no período pré-industrial? Considere a Figura
2.1, que representa os níveis de desigualdade (medidos por coeficientes de Gini) ([3]) para os últimos dois ou três séculos nos EUA e no Reino
Unido, os dois países que são o exemplo máximo do desenvolvimento
capitalista e onde existe maior abundância de dados. Se observarmos o
período entre 1850 e 1980, os resultados são praticamente consistentes
com a curva em forma de U invertido que a teoria de Kuznets previa
(tanto quanto quaisquer dados empíricos se podem aproximar da teoria).
O problema da abordagem de Kuznets é que não consegue explicar a crescente desigualdade registada depois de 1980. Pelo contrário, as ideias de
Piketty explicam a trajetória da desigualdade nos EUA e no Reino Unido
ao longo de um período de quase 100 anos, desde o início do século XX
ao início do século XXI, mas, se alargarmos a nossa análise mais para o
passado, para os séculos XVIII e XIX, podemos verificar um aumento na
desigualdade que a teoria de Piketty não explica. Pode talvez dizer-se que
a desigualdade durante esse período seguiu o padrão usual de aumento
com o desenvolvimento capitalista (similar ao que se passa nos dias de
hoje), mas essa explicação subentende que a desigualdade num sistema
capitalista aumenta inevitavelmente, a menos que travada por guerras,
outras calamidades ou ação política, uma afirmação que está manifestamente em discordância com a realidade: houve períodos de diminuição
da desigualdade impelidos por forças económicas que tiveram lugar sob
o capitalismo. Mesmo tecnicamente, a desigualdade (quer calculada pelas
parcelas de rendimentos de topo ou por coeficientes de Gini) é, ao contrário do PIB *per capita*, delimitada a partir de cima e não pode continuar a
aumentar para sempre. De uma forma mais realista (não apenas porque

o coeficiente de Gini varia em valor de 0 a 1), está delimitada por cima por fatores como a complexidade das sociedades modernas, as normas sociais, os grandes sistemas de transferências sociais financiadas pelos impostos e a ameaça de revoltas. Portanto, dizer que a desigualdade tem sempre de aumentar sob o jugo do capitalismo, como alguns comentadores de Piketty afirmaram em tom de elogio ou crítica (Varoufakis 2014; Mankiw 2015), não faz grande sentido e está factualmente incorreto ([4]). Mas Piketty deixa por explicar que forças vão travar o aumento da desigualdade sob o capitalismo para além das guerras ou da agitação política.

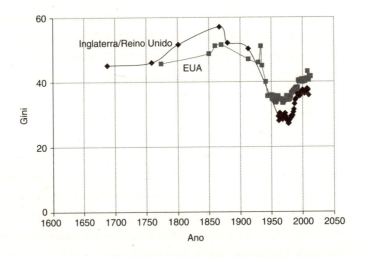

FIGURA 2.1 Desigualdade em Inglaterra/Reino Unido e EUA do século XVII ao século XXI

Este gráfico mostra a evolução a longo prazo do Gini, uma medida para calcular a desigualdade de rendimentos que vai de 0 = igualdade total a 100 = desigualdade total, em Inglaterra (Reino Unido no século XX) e nos EUA. Fonte dos dados: Ver fontes elencadas para as Figuras 2.10 e 2.11.

Concluindo, as três teorias mais influentes para a desigualdade de rendimentos têm todas, à primeira vista, problemas na explicação de factos modernos. O problema de Kuznets e Tinbergen é com o período mais recente e o de Piketty com o período que antecede o século XX.

Ondas de Kuznets: uma definição

O objetivo deste capítulo é propor uma extensão da hipótese de Kuznets a que chamo onda ou ciclo de Kuznets (os termos serão usados de forma intermutável) e que acredito ter potencial para explicar, em termos gerais, as mudanças ocorridas na desigualdade no período que antecedeu a Revolução Industrial, no período subsequente até à revolução Reagan-Thatcher e no período mais recente. Irei argumentar que a era moderna a nível histórico, os últimos 500 anos, é caracterizada por ondas de Kuznets de aumentos e diminuições alternadas da desigualdade.

Antes da Revolução Industrial, quando o rendimento médio estava estagnado, não havia qualquer relação entre o nível de rendimento médio e o nível de desigualdade. Salários e desigualdade aumentavam ou diminuíam devido a eventos idiossincráticos como epidemias, novas descobertas (das Américas ou de novas rotas comerciais entre a Europa e a Ásia), invasões e guerras. Se a desigualdade diminuía quando o rendimento médio e os salários aumentavam e os pobres alcançavam condições ligeiramente melhores, o controlo malthusiano era acionado: a população aumentava até níveis insustentáveis e acabaria por diminuir (à medida que o rendimento médio *per capita* descia) devido a taxas de mortalidade mais elevadas entre os pobres. Esta situação empurrava os pobres de volta para o nível de subsistência e aumentava a desigualdade para o seu nível anterior (mais elevado). No caso de guerras, quando o rendimento médio de uma sociedade é muito baixo, há apenas duas possibilidades: ou a maior parte dos custos é suportada pelos ricos e a desigualdade diminui, ou o rendimento dos pobres cai abaixo do nível de subsistência e a população diminui. Não é excessivo presumir que, independentemente do nível de exploração dos governantes e do quanto são indiferentes ao destino dos pobres, muito poucas sociedades podiam suportar a segunda solução. Além disso, é uma política contraproducente, uma vez que o decréscimo da população significa uma redução no número de homens fisicamente aptos a serem recrutados para a vida militar. É por isto que a primeira solução seria preferível e porque se constata que as guerras nas sociedades pré-industriais conduziram frequentemente a uma redução na desigualdade [5].

Em suma, para o período que antecedeu a Revolução Industrial, defendo que a desigualdade se moveu em ondas de Kuznets de forma ondulada em redor de um nível de rendimento médio basicamente fixo. As ondas de Kuznets estão relacionadas mas não são idênticas às ondas malthusianas. Num ciclo malthusiano, um rendimento médio mais elevado e uma menor desigualdade (com os salários reais a aumentarem) desencadeiam um aumento populacional entre os pobres que, por sua vez, leva à redução dos seus salários, aumenta a desigualdade e trava mais crescimento populacional. Ao contrário dos ciclos malthusianos, porém, os ciclos de Kuznets podem ser movidos por fatores não demográficos, como um crescimento modesto ou um influxo de ouro, que, numa primeira instância, aumenta a disparidade entre proprietários de terra e comerciantes, por um lado, e trabalhadores por outro, mas depois reduz a desigualdade à medida que a mão de obra se torna mais escassa. Os ciclos de Kuznets podem ser caracterizados enquanto conceito mais abrangente que inclui os ciclos malthusianos em casos especiais em que a «ação» que leva a desigualdade a aumentar ou diminuir tem lugar quase exclusivamente através da mudança no denominador (população).

Com a Revolução Industrial e o aumento sustentado do rendimento médio, a situação muda e os salários aumentam de uma forma geral em simultâneo com o rendimento (ou, durante a Idade de Ouro do Capitalismo, ainda mais depressa). Há duas implicações importantes da Revolução Industrial para o comportamento da desigualdade dos rendimentos.

Em primeiro lugar, agora a desigualdade pode aumentar mais do que anteriormente porque um rendimento total mais elevado permite que uma parte da população desfrute de rendimentos muito mais elevados sem colocar as restantes abaixo do ponto de inanição. Um rendimento total mais elevado confere simplesmente mais «espaço» para o aumento da desigualdade, partindo do princípio de que todos têm de ter pelo menos um rendimento de subsistência. Esta ideia sublinha a «fronteira de possibilidade de desigualdade» conforme definida por Milanovic, Lindert e Williamson (2011): quando o rendimento médio se encontra apenas ligeiramente acima da subsistência e nós «precisamos» que a população não diminua, então o excedente acima da subsistência tem de ser pequeno e, mesmo que retido inteiramente pela elite, não pode resultar numa enorme desigualdade (medida transversalmente em toda a população). Isto porque, exceto uma elite insignificante, todos terão os mesmos rendimentos.

Mas, à medida que o rendimento médio aumenta, o excedente acima do nível de subsistência também aumenta e a desigualdade possível ou viável torna-se maior. A fronteira de possibilidade de desigualdade é um espaço de níveis de *viabilidade máxima* de desigualdade (medidos pelo coeficiente de Gini) obtido para valores diferentes de rendimento médio. A fronteira é côncava: a viabilidade máxima de desigualdade aumenta com o rendimento médio, mas a um nível decrescente. A Figura 2.2 mostra a relação: para um rendimento médio igual à subsistência, o coeficiente de Gini máximo é 0. Depois aumenta gradualmente, à medida que o rendimento médio ultrapassa o nível da subsistência e, quando o excede em 15-20 vezes, o coeficiente de Gini máximo fica perto de 1 (ou de 100, se expresso em percentagem) ([6]).

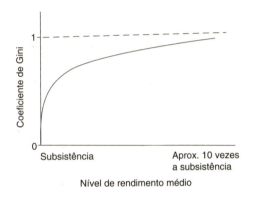

FIGURA 2.2 Fronteira de possibilidade de desigualdade: o espaço de máxima viabilidade de coeficientes de Gini enquanto função do nível de rendimento médio

Este gráfico mostra a máxima desigualdade viável (medida pelo coeficiente de Gini) para vários níveis de rendimento médio *per capita*. A máxima desigualdade viável define-se como a desigualdade máxima sob a condição de ninguém ter um rendimento abaixo da subsistência.

Em segundo lugar, depois da Revolução Industrial, a desigualdade e o rendimento médio entraram numa relação anteriormente inexistente, quando o rendimento médio era fixo. Defendo que uma mudança estrutural (passagem para um setor de produção muito mais diversificado) e a urbanização, juntamente com as linhas propostas por Kuznets, aumentaram a desigualdade desde a altura da Revolução Industrial até atingir um pico nos países ricos que teve lugar no final do século XIX ou início do século XX.

Seguidamente, mais uma vez como proposto por Kuznets, a desigualdade diminuiu à medida que a oferta de trabalho mais qualificado e a procura de redistribuição aumentaram, e a rendibilidade do capital (que esteve sempre intimamente associada a uma desigualdade mais elevada) diminuiu ([7]). Tratou-se de um mecanismo «benigno» (resultante de forças económicas e demográficas) que reduziu a desigualdade. Mas houve também um mecanismo «maligno» (constituído por guerras e revoluções) que fez diminuir a desigualdade nos países ricos depois da Primeira Guerra Mundial. Defendo que é a inter-relação destes dois mecanismos (maligno e benigno) que explica a parte descendente da primeira onda de Kuznets, o declínio da desigualdade que se verificou em todo o mundo rico durante a maior parte do século XX e que frequentemente é referida como o Grande Nivelamento*. O movimento descendente foi desencadeado por um mecanismo maligno (a Primeira Guerra Mundial) que, em si, como veremos mais à frente neste capítulo, foi o produto de grandes desigualdades nacionais. A queda continuou depois graças às forças económicas e sociais desencadeadas pela guerra. A combinação de forças malignas e benignas, ou de guerra e apoio social – as duas formas pelas quais a desigualdade pode ser diminuída nas sociedades modernas –, vai desempenhar um papel importante na nossa explicação das mudanças em termos de desigualdade ocorridas no passado, mas também as que ocorrerão no futuro ([8]).

As forças que fizeram diminuir a desigualdade depois da Primeira Guerra Mundial chegaram ao fim na década de 1980, o período aproximado em que datamos o início da segunda curva de Kuznets para os países ricos (ou seja, para sociedades pós-industriais). Os anos 1980 introduziram uma nova (segunda) revolução tecnológica, caracterizada por mudanças impressionantes nas tecnologias de informação, pela globalização e pela crescente importância de empregos heterogéneos no setor dos serviços. Esta revolução, como a Revolução Industrial do início do século

---

* No original, *Great Leveling*. [N. da T.]

XIX, alargou as disparidades de rendimentos. O aumento da desigualdade aconteceu, em parte, porque as novas tecnologias recompensaram bastante o trabalho altamente qualificado, aumentaram a parcela e a rendibilidade do capital e abriram cada vez mais as economias dos países ricos à concorrência da China e da Índia (com os efeitos que vimos no Capítulo 1). A estrutura da procura, e consequentemente dos empregos, mudou em direção aos serviços que, por sua vez, eram compostos por trabalhadores menos qualificados e mais mal pagos. Por outro lado, alguns empregos no setor dos serviços, como os serviços financeiros, eram extremamente bem pagos. Esta situação alargou a distribuição de salários e, em última análise, de rendimentos ([9]).

Além disso, políticas a favor dos ricos reforçaram estas tendências. Podiam considerar-se tais políticas exógenas à revolução tecnológica, mas seria errado. As novas políticas que começaram no início dos anos 1980 não foram motivadas pela insatisfação com o desempenho do Estado-Providência (que era a lógica original e aparente) nem pelo processo da globalização, inerente à revolução da informação. Se o descontentamento com um Estado-Providência hipertrofiado tivesse sido o motivo para reduzir os níveis de impostos nos rendimentos elevados e para taxar menos o rendimento do capital do que o rendimento do trabalho (num regresso ao período anterior à Revolução Francesa), então a dimensão do Estado teria sido reduzida e o processo acabaria por ficar concluído assim que a dimensão do «Estado» tivesse sido suficientemente limitada. Mas nenhuma destas duas situações se verificou. A dimensão do Estado-Providência, apesar de ter sido alvo de muitas críticas durante a era Reagan-Thatcher, e também mais tarde durante as eras *New Labour* ou *New Democrat* de Tony Blair e Bill Clinton, não mudou substancialmente ([10]). As políticas tributárias, contudo, permaneceram instituídas, por necessidade económica. Na era das tecnologias da informação e da globalização, é simplesmente mais difícil tributar capital móvel que, com a informação livremente acessível e o alcance mundial dos bancos e bolsas de valores, pode facilmente mudar de uma jurisdição para outra ([11]). Numa inversão da máxima bem conhecida de Karl Marx de que «os proletários não têm pátria», pode dizer-se que, na presente era, o capital e os capitalistas não têm pátria. Por conseguinte, o capital tornou-se muito mais difícil de controlar e tributar. Este facto exacerbou o aumento da desigualdade.

É apresentada no Quadro 2.1 uma síntese das forças malignas e benignas que diminuem a desigualdade em sociedades pré-industriais, industriais e pós-industriais. A principal diferença entre os dois tipos de forças é que as forças benignas são escassas em sociedades com um rendimento médio estagnado. Só nas economias em crescimento é que as forças de maior escolaridade, maior participação política e uma população envelhecida que exige proteção social exercem uma pressão descendente na desigualdade de rendimentos. Por outras palavras, não é por acaso que as sociedades com rendimentos mais elevados (e crescentes) são as que apresentam níveis mais elevados de educação, mais direitos políticos e também passaram pela transição demográfica. Entre as forças benignas, também incluo a mudança tecnológica favorável a quem tem baixas qualificações. Irei voltar a este tema no final do capítulo, mas esta força é algo que, quanto a mim, ainda não foi suficientemente explorado e pode ser promissor para o futuro. Por razões históricas, estamos habituados a pensar na evolução tecnológica como sendo impelida pelo capital, personificada em máquinas e a complementar trabalho altamente qualificado (e assim a aumentar a diferença salarial com base nas qualificações) e/ou a substituir trabalho pouco qualificado e, portanto, produzindo o mesmo efeito de aumento da disparidade dos salários. Não podemos excluir a possibilidade de alguns tipos de evolução tecnológica poderem melhorar a produtividade do trabalho pouco qualificado e, desta forma, favorecer os pobres. Contudo, têm sido difíceis de identificar.

QUADRO 2.1 Forças malignas e benignas que reduzem a desigualdade

Tipo de sociedade	Forças malignas	Forças benignas
Sociedades com rendimento médio estagnado	Eventos idiossincráticos Guerras (através da destruição) Conflitos civis (desmoronamento do Estado) Epidemias	
Sociedades com rendimento médio crescente	Guerras (através da destruição e do aumento de impostos) Conflitos civis (desmoronamento do Estado)	Pressão social através da política (socialismo, sindicatos) Educação disseminada População envelhecida (procura de proteção social) Mudança tecnológica que favorece trabalhadores pouco qualificados

No que toca a forças malignas, porém, há mais parecenças entre sociedades pré-industriais e modernas, porque a guerra e os conflitos civis desempenham um papel tanto nas economias estagnadas como nas economias em expansão. O efeito das guerras na desigualdade nas sociedades pré-industriais talvez tenha variado, dependendo se foram guerras de conquista, como as levadas a cabo pelo Império Romano no seu apogeu, que levaram a um aumento da desigualdade, através da criação do trabalho servil, ou guerras que resultaram em desmoronamentos do Estado e, consequentemente, reduziram a desigualdade. Por outras palavras, nas economias pré-industriais, as guerras podiam ser a favor ou contra a desigualdade. Nos tempos modernos, devido à mobilização em massa, à destruição de propriedade e à tributação progressiva, as guerras são (ou têm sido até agora) redutoras da desigualdade. Porém, como a natureza da guerra muda, e à medida que as guerras afetam menos pessoas devido à formação de exércitos profissionais, os efeitos futuros das guerras na desigualdade também poderão mudar.

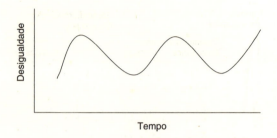

FIGURA 2.3 Padrão expectável de mudanças na desigualdade ao longo do tempo, a partir do período pré-industrial até ao pós-industrial

Este gráfico ilustra ciclos regulares de desigualdade a decorrerem ao longo do tempo.

Outra força maligna, a doença, tem sido mais importante em economias estagnadas do que em economias em expansão. As enormes epidemias que destruíram tantas vidas nas sociedades pré-industriais e, portanto, levaram frequentemente a aumentos dos salários reais e a diminuições da desigualdade estiveram, felizmente, ausentes em sociedades mais desenvolvidas. Surtos de doenças como o VIH/SIDA e o ébola não apresentaram um efeito demonstrativo na redução da desigualdade nos países ricos.

De forma altamente estilizada, o que esperamos encontrar quando consideramos a desigualdade ao longo do tempo é um padrão cíclico, como mostrado na Figura 2.3.

No entanto, quando comparamos as mudanças da desigualdade com o rendimento *per capita* (em que o rendimento é realmente um indicador de mudanças estruturais como a industrialização ou a migração de pessoas de áreas rurais para áreas urbanas), esperamos encontrar um padrão como o apresentado na Figura 2.4 ([12]).

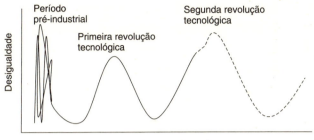

FIGURA 2.4 Padrão esperado de mudanças na desigualdade *versus* rendimento *per capita* a partir do período pré-industrial, passando pelo pós-industrial e a caminho do futuro (linha tracejada)

Este gráfico mostra que o padrão de ciclos regulares de desigualdade que decorrem ao longo do tempo (como apresentado na Figura 2.3) muda quando a desigualdade é comparada com o rendimento médio em vez do tempo. As mudanças na desigualdade *versus* o rendimento médio são irregulares nas sociedades pré-industriais, mas mudam para ciclos regulares nas sociedades industrial e pós-industrial.

Nos níveis de rendimentos baixos (digamos, abaixo de 1000 ou 2000 dólares anuais em dólares internacionais de 1990), haveria tanto aumentos como diminuições da desigualdade, enquanto o rendimento médio estaria estagnado, resultando numa imagem baralhada semelhante a um sinal de ruído ([13]). Mas com a primeira e segunda revoluções tecnológicas, esperaríamos encontrar uma imagem muito mais clara dos aumentos e depois das diminuições da desigualdade com a subida dos rendimentos.

Uma questão interessante a colocar é o que aconteceria se a taxa de crescimento desacelerasse e caísse para zero, e a economia ficasse estagnada, mas a um nível de rendimentos muito mais elevado do que nas economias pré-industriais estagnadas. Não é descabido que os ciclos de Kuznets continuassem a ocorrer num contexto em que o rendimento médio é fixo, produzindo um quadro similar ao que temos para as economias pré-industriais.

Na próxima secção, analiso o movimento das ondas de Kuznets antes da Revolução Industrial. Irei, de forma bastante convencional, estabelecer os meados do século XIX como a baliza entre os tempos pré-industriais e os tempos modernos (para as sociedades em que a Revolução Industrial ocorreu nessa altura) ([14]). Como em muitas obras similares sobre desigualdade que funcionam com um elevado grau de abstração, tenho de me basear em relativamente poucas provas. Mesmo assim, as provas são incomparavelmente mais abundantes do que na altura em que Kuznets escrevia, em 1955. Podemos traçar movimentos prováveis da desigualdade ao longo de vários séculos para uma dezena de países. Dedico-me agora à fundamentação empírica desta minha afirmação.

Desigualdade em sociedades com um rendimento médio estagnado

A Figura 2.5 mostra a desigualdade de rendimentos (aproximada de acordo com o rácio rendas da terra/salários) em Espanha ao longo de um período de quase seis séculos, conforme calculado em trabalhos de referência de dois economistas espanhóis, Carlos Álvarez-Nogal e Leandro Prados de la Escosura (2007, 2009 e 2013). O gráfico, que apresenta a desigualdade no eixo vertical contrastada ao longo do tempo no eixo horizontal, mostra as características habituais de uma curva de Kuznets: subidas e descidas alternadas da desigualdade. Os gráficos de Kuznets são frequentemente apresentados desta forma, com a desigualdade em contraste com o tempo (por exemplo, na Figura 2.1), mas apenas podem ser interpretados no contexto da hipótese de Kuznets desde que a passagem do tempo seja acompanhada de um aumento constante do rendimento *per capita* ou de outra mudança estrutural relevante. O aumento de rendimentos é o que normalmente esperamos na era moderna, quando a taxa de crescimento a longo prazo em economias avançadas durante o período de 1820 a 2010 foi de cerca de 1 a 1,5 por cento *per capita*, anualmente. Neste caso, não há grande diferença entre olhar para a evolução da desigualdade ao longo do tempo *versus* analisá-la em relação ao PIB *per capita*, uma vez que, a longo prazo, o tempo e os rendimentos evoluem em conjunto. (Mesmo assim, é preferível usar os rendimentos em vez de tempo, sendo um indicador muito melhor da transformação estrutural subjacente à hipótese de Kuznets.)

Portanto, quando usamos os resultados produzidos por Álvarez-Nogal e Prados de la Escosura para investigar a hipótese de Kuznets na sua formulação padrão, temos de contrastar a desigualdade com uma estimativa dos rendimentos reais. É o que é feito na Figura 2.6. A característica flagrante deste gráfico é a ausência de qualquer regularidade: a nossa medição da desigualdade sobe e desce, ou seja, oscila em redor de um número médio sem qualquer relação com o rendimento médio (PIB *per capita*). Esta falta de relação resulta do facto de os rendimentos terem estado essencialmente estagnados em Espanha durante os quase seis séculos abrangidos pelo estudo de Álvarez-Nogal e Prados de la Escosura [15]. Portanto, não é de surpreender que não exista uma relação entre a desigualdade de rendimentos e o rendimento médio ou, a esse propósito, qualquer parâmetro estrutural que possa ser associado aos rendimentos. As oscilações ascendentes e descendentes da desigualdade surgem apenas como muitos pontos difusos contra o panorama de um número mais ou menos constante no eixo horizontal.

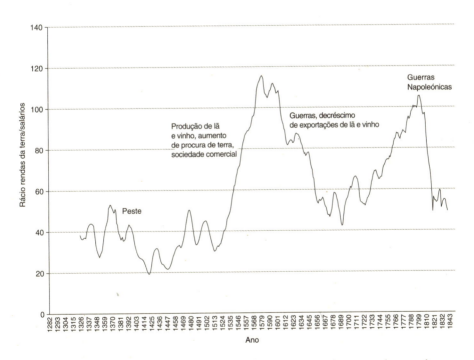

FIGURA 2.5 Desigualdade em Espanha (aproximadamente de acordo com o rácio rendas da terra/salários) ao longo do tempo, 1326–1842

O eixo vertical mostra a estimativa do rácio rendas da terra/salários; à medida que aumenta, a desigualdade sobe, porque os proprietários das terras ficam a ganhar em relação aos trabalhadores. Fonte dos dados: Álvarez-Nogal e Prados de la Escosura (2007, 2013).

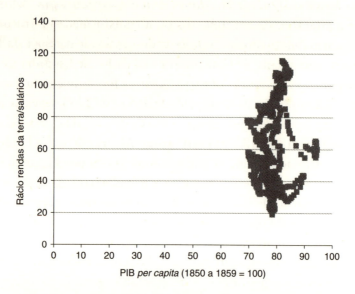

FIGURA 2.6 Desigualdade em Espanha (aproximadamente de acordo com o rácio rendas da terra/salários) em comparação com o PIB real *per capita*, 1326–1842

O eixo vertical mostra a estimativa do rácio rendas da terra/salários (da Figura 2.5); à medida que aumenta, a desigualdade sobe, porque os proprietários das terras ficam a ganhar em relação aos trabalhadores. O eixo horizontal mostra o PIB *per capita* estimado com o nível = 100 fixo para os anos 1850 a 1859. Fonte dos dados: Álvarez-Nogal e Prados de la Escosura (2007, 2013).

Esta situação corrobora a nossa hipótese de que, embora tenham ocorrido aumentos e diminuições da desigualdade durante o período que antecedeu a Revolução Industrial, não podem ser interpretados como tendo sido causados pelo aumento ou diminuição dos rendimentos ou, aproximando-me da formulação original de Kuznets, pelas leis «estruturais» do movimento. Por outras palavras, a hipótese dos ciclos de Kuznets, depois de reformulada para o período anterior à Revolução Industrial (ou para qualquer período de rendimentos estagnados) é muito diferente da hipótese de Kuznets formulada para o período moderno de crescimento sustentado em rendimentos médios.

O que leva a desigualdade a diminuir nas sociedades pré-industriais? Se não é a alteração de rendimentos ou a transformação estrutural que conduz a um aumento ou diminuição da desigualdade nas sociedades pré-industriais, então o que é? Uma análise aos dados de Espanha na Figura 2.5 pode dar-nos uma pista sobre quais são as forças que reduzem a desigualdade. A diminuição da desigualdade depois de 1350 deveu-se à peste. O segundo e mais prolongado movimento de descida da desigualdade que começou por volta de 1570 deveu-se, como Álvarez-Nogal e Prados de la Escosura (2007) defendem, às guerras combatidas por Espanha (contra os Países Baixos*, o Império Otomano e a Inglaterra) e à destruição das redes de exportação de lã e vinho causada pelas ditas guerras. Por fim, o terceiro período de diminuição da desigualdade, depois de 1800, está diretamente relacionado com as Guerras Napoleónicas (Leandro Prados de la Escosura, comunicação pessoal). Podemos encontrar os mesmos efeitos noutros casos históricos: a desigualdade geralmente decresce nas sociedades pré-industriais na sequência de cataclismos como pestes, guerras e revoluções.

Num trabalho recente, Guido Alfani (2014), que estudou cidades do norte de Itália do século XIV ao XVIII, encontra diminuições na desigualdade da riqueza por volta de 1350, durante a epidemia da peste negra, e passados três séculos, por volta de 1630, durante a última grande peste que afetou esta parte da Europa. Alfani e Ammannati apresentaram provas muito similares para os efeitos da peste no estado florentino: «a terrível pandemia [de 1348] parece estar na raiz de uma fase bastante longa do decréscimo da desigualdade que, nas cidades [da Toscana], durou até cerca de 1450» (2014, 22). Particularmente instrutivos para os nossos propósitos são os valores de Alfani, aqui reproduzidos na Figura 2.7, que mostram que o declínio da desigualdade ocorreu ao mesmo tempo que a peste de 1628–1631 [16]. O trabalho de Alfani sobre o impacto da

---

* No original, *Low Countries*. Esta designação é utilizada para referir territórios atualmente situados na Holanda, na Bélgica e no Luxemburgo. [*N. da T.*]

peste é importante porque conseguiu acompanhar a evolução anual dos bens de família antes, durante e depois da crise, ao longo de um período de 30 anos.

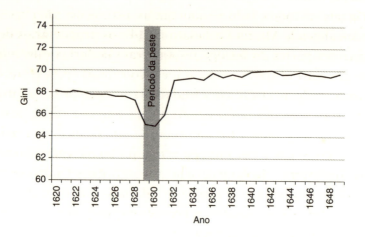

FIGURA 2.7 Desigualdade em termos de riqueza na cidade de Ivrea, norte da Itália, 1620–1650

Este gráfico mostra a desigualdade em termos de riqueza (medida em valores de Gini) numa cidade do norte de Itália afetada pela peste na Idade Média. A desigualdade diminuiu durante a peste. Fonte dos dados: adaptados com a permissão de Alfani, 2014.

O que faz com que a desigualdade diminua perante um evento catastrófico como a peste? A explicação mais comum, conforme proposta por Pamuk (2007) e Álvarez-Nogal e Prados de la Escosura (2007), é que os salários reais aumentam à medida que a mão de obra se torna mais escassa. Este aumento leva a um decréscimo do rácio rendas de terra/salários, como vimos no caso de Espanha (Figura 2.5). Do lado da riqueza, uma taxa de mortalidade elevada resulta na fragmentação da propriedade, incluindo entre grandes proprietários cuja terra é dividida entre os membros da família (Alfani 2010). Hülya Canbakal (2012) relaciona a diminuição da desigualdade em termos de riqueza na grande cidade otomana de Bursa (calculada a partir de registos sucessórios ao longo de vários séculos) com o período de «desmoronamento do Estado» entre

1580 e 1640, caracterizado por hiperinflação e instabilidade política. Conclui que existe uma «ligação positiva, embora moderada, entre a riqueza [média], a desigualdade e a população» (p. 15) ([17]).

Evidentemente, a reação à peste negra e o aumento dos salários não foram iguais em todo o lado e é aqui que as instituições são importantes. Conforme defende Mattia Fochesato (2014), os proprietários de terras em diferentes partes da Europa responderam de forma diferente a um choque de salários mais ou menos idêntico causado pela peste. No sul da Europa, onde as instituições feudais eram mais fortes, os proprietários de terras renegociaram os contratos de parceria rural, travaram a circulação de mão obra e fizeram tudo ao seu alcance para reduzirem salários, recorrendo a mecanismos exteriores ao mercado. No norte da Europa (Inglaterra e Holanda), onde as instituições feudais eram mais fracas, foi mais difícil travar aumentos salariais. A desigualdade medida pelo rácio renda de terras/salários provavelmente diminuiu em ambos os casos, mas não de forma idêntica ([18]).

Outro tipo de evento catastrófico que reduz a desigualdade é a guerra. Para as sociedades modernas, o argumento de que a guerra pode ser uma força para a igualdade, mesmo que indesejada, foi recentemente alvo de bastante atenção no livro *O Capital no Século XXI*, de Piketty. Este conceito já estava presente no trabalho anterior de Piketty sobre a desigualdade em França (2001a), que mostrava como a desigualdade foi afetada pela Primeira Guerra Mundial e o período de rescaldo que se lhe seguiu. A guerra reduz a desigualdade através da destruição física de capital e da inflação (gerando perdas reais para os credores), resultando numa descida a nível geral dos rendimentos obtidos da propriedade. David Ricardo, no seu famoso capítulo 31 dos *Princípios de Economia Política e de Tributação* (1817), propôs outro canal, que não foi muito explorado, através do qual a guerra reduz a desigualdade. Os gastos do Estado no esforço de guerra, financiado por impostos adicionais pagos pelos ricos, geram uma maior procura de mão de obra do que o padrão de consumo normal dos ricos. Portanto, uma dada quantia de dinheiro, agora nas mãos do Estado e não dos capitalistas, é usada para contratar mais pessoas, muitas como soldados, levando a um aumento geral da procura de mão de obra, aumentando salários e reduzindo a desigualdade.

Resumindo, na era pré-moderna, a desigualdade de rendimentos diminui quando se dão eventos catastróficos. Podem ser associados a aumentos transitórios do rendimento médio (como no caso de epidemias) ou ao desmoronamento do Estado, quando o rendimento médio desce (ver Excurso 2.1 sobre o Império Romano). Pode argumentar-se que a nova característica introduzida na era moderna é, como veremos mais adiante neste capítulo, uma diminuição da desigualdade quando o rendimento médio aumenta de forma constante.

O que faz aumentar a desigualdade nas sociedades pré-industriais? Wouter Ryckbosch (2014) apresenta estimativas de desigualdade para cidades dos Países Baixos entre 1400 e 1900. Os seus resultados estão ilustrados na Figura 2.8a. Os dados sobre desigualdade, baseados em rendas de habitação capitalizadas (que indicam desigualdade em termos de riqueza habitacional), mostram uma tendência geral, mesmo que fraca, para a subida até ao surgimento da Revolução Industrial. Contudo, depois de cerca de 1800, a desigualdade parece aumentar no geral. Este é, conforme mencionado anteriormente, um dos nossos (e, claro, de Kuznets) argumentos-chave: que a Revolução Industrial conferiu um impulso ascendente significativo à desigualdade. Nas economias em expansão da Europa Ocidental e nas suas ramificações (para utilizar a terminologia de Angus Maddison para a Europa Ocidental e as respetivas ex-colónias), o impulso ascendente continuou até a desigualdade atingir o auge entre o final do século XIX e o início da Primeira Guerra Mundial. Nos países que tiveram uma industrialização mais tardia, como o Brasil e a China, o auge poderá só ter sido atingido um século depois ou até atualmente.

Mas regressemos às sociedades pré-industriais. O que faz a desigualdade aumentar, quando o rendimento médio permanece mais ou menos constante? Se o rendimento médio se situar próximo da subsistência, há claramente muito pouco «espaço» para a desigualdade aumentar sem levar à perda de população (como vimos na análise sobre a fronteira de possibilidade de desigualdade). Contudo, a desigualdade pode aumentar se houver aumentos temporários (mesmo que reduzidos de acordo com os padrões atuais) do rendimento médio, como exemplificado com o caso de Espanha, quando a produção de lã aumentou no século XVI (Figura 2.5), ou com o caso das cidades do norte da Itália depois de 1500, durante o período da Revolução Comercial (Figura 2.8b). O movimento ascendente histórico da desigualdade descrito por Ryckbosch (2014) para os Países Baixos deu-se precisamente como aqui explicado através da ideia da fronteira de possibilidade de desigualdade. O crescimento da economia, ou mais exatamente das cidades, desde finais da Idade Média, estava associado à criação de excedentes para além da subsistência. (É complicado determinar a causa aqui: um cenário mais provável é que a existência de excedentes permitiu a criação de cidades, que depois viabilizaram mais aumentos de excedentes.) Esta situação produziu um aumento do rácio r/s (taxa de rendibilidade do capital/salários), com o excedente a ir parar às mãos dos capitalistas, gerando um aumento geral da desigualdade. Ryckbosch relaciona, assim, a distribuição dos rendimentos pessoais diretamente com os movimentos do rácio rendibilidade/salários. Como o rendimento médio está a aumentar, este movimento corresponde a um movimento para à direita, ao longo de uma determinada fronteira de possibilidade de desigualdade (ver Figura 2.2), permitindo um aumento da desigualdade.

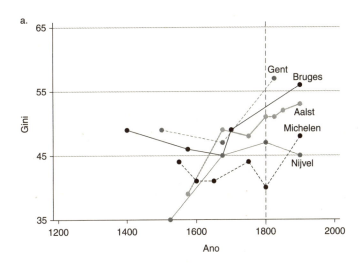

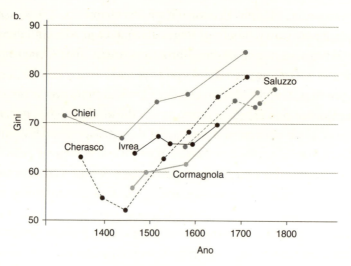

FIGURA 2.8 a. Desigualdade em termos de riqueza nos Países Baixos, 1400–1850. b. Desigualdade em termos de riqueza em cidades do norte de Itália, 1311–1772

Estes gráficos mostram a desigualdade em termos de riqueza (medida em valores de Gini) durante a Idade Média em cidades atualmente situadas nos Países Baixos e no norte de Itália. O ano de 1800 marca o início da Revolução Industrial. Fonte dos dados: a: Ryckbosch (2014); b: Alfani (2014).

EXCURSO 2.1 Declínio simultâneo dos rendimentos e da desigualdade: o Império Romano durante a sua queda

O enfraquecimento e dissolução do Império Romano Ocidental oferecem um caso instrutivo de um declínio dos rendimentos reais *per capita* que ocorre em simultâneo com um declínio da desigualdade de rendimentos. O nível de vida material entrou em declínio no final do reinado de Marco Aurélio (180), e esse declínio acelerou e generalizou-se no Ocidente quando a própria Roma foi saqueada em 410 e finalmente caiu às mãos dos Godos em 476. Na maioria das regiões da Europa Ocidental, os rendimentos médios diminuíram e as disparidades entre os rendimentos regionais foram reduzidas (Ward-Perkins 2005; Goldsworthy 2009; Jongman 2014). Estima-se que na altura da morte de Octávio, no ano 14, a Itália tivesse um rendimento médio 2,2 vezes o nível de subsistência, quase o dobro do Reino Unido; no ano 700, o rendimento médio em Itália era apenas 20 por cento acima da subsistência, enquanto na Grã-Bretanha se situava apenas 7 por cento acima ([19]).

A diminuição dos rendimentos médios regionais (e consequentemente do rendimento médio de todo o território controlado pelo Império Romano nos séculos I e II) significou que a desigualdade interpessoal também diminuiu. Estima-se que a desigualdade no Império Romano à data da morte de Octávio fosse de 40 pontos de Gini (Milanovic, Lindert e Williamson 2007, apêndice 2). Scheidel e Friesen (2009), usando tabelas sociais mais completas, estimaram cerca de 41 pontos de Gini por volta da segunda metade do século II ([20]). Contudo, na altura da queda de Roma, a desigualdade tinha diminuído para cerca de metade desse valor e, por volta do ano 700, pode ter atingido valores baixos como 15–16 pontos de Gini. A Figura 2.9 mostra o declínio da desigualdade em todo o território do antigo Império Romano durante os primeiros sete séculos da Era Comum. Quando os rendimentos eram tão baixos, havia simplesmente, como sugerido pela fronteira de possibilidade de desigualdade, muito pouco «espaço» para a existência de desigualdade; ou seja, havia menos pessoas capazes de receber rendimentos elevados sem levar outras à fome. Quando o rendimento médio é igual à subsistência, o único coeficiente de Gini compatível com a sobrevivência de todos é zero.

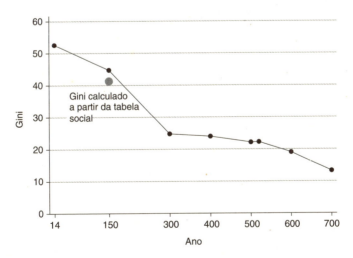

FIGURA 2.9 Estimativa da desigualdade interpessoal de rendimentos no território do Império Romano, 14–700 da Era Comum

> Este gráfico mostra a estimativa por cima da desigualdade de rendimentos (medida em valores de Gini) na Roma ancestral e nos estados que a sucederam. O ponto identificado como «Gini calculado a partir da tabela social» indica a estimativa real de desigualdade baseada numa tabela social pormenorizada de meados do século II. Fonte dos dados: gráfico de Milanovic (2010b); tabela social Gini de Scheidel e Friesen (2009).
>
> A história romana oferece um exemplo muito poderoso de simultaneidade de empobrecimento e redução da desigualdade. O nível mais elevado de desigualdade ocorreu provavelmente na altura em que os níveis de rendimentos eram também mais elevados. A subsequente redução sustentada dos rendimentos acabou por conduzir a uma equiparação de praticamente todas as pessoas numa situação comum de pobreza ([21]).

Resumindo, a desigualdade expande-se e contrai-se nas economias pré-industriais perante um rendimento médio, em geral, constante, motivado por eventos ocasionais ou exógenos como epidemias, descobertas ou guerras. Ausentes ficam as forças endógenas do desenvolvimento económico que na era moderna assumimos como sendo as forças que afetam a desigualdade.

Num artigo influente, van Zanden (1995) usou o termo «supercurva de Kuznets» para descrever o aumento da desigualdade que ocorreu durante a Revolução Comercial, com início por volta de 1500, sugerindo tratar-se de um precursor de uma curva de Kuznets. Apresento aqui um argumento similar, mas considero as duas épocas – a pré-industrial e a moderna – em conjunto, como um contínuo, fundamentando que as ondas de Kuznets ocorrem durante todo o período, embora motivadas por forças muito diferentes em alturas diferentes. Nos tempos pré-industriais, não havia forças sistemáticas: a mudança era motivada pelos infortúnios dos acidentes, desde eventos catastróficos até àqueles que aliviavam em parte os constrangimentos da subsistência, conduzindo a movimentos alternados de diminuições e aumentos da desigualdade de rendimentos e de riqueza. Apenas em sociedades com um aumento sustentado do rendimento médio, as forças económicas, na forma de rápidas mudanças tecnológicas e das suas «compensações da desigualdade» (educação generalizada, taxa de rendibilidade do capital reduzida, segurança social), começam a exercer efeitos sistemáticos na desigualdade. Na próxima secção vamos analisar alguns dados de longo prazo que demonstram as ondas de Kuznets nas sociedades modernas, que dividimos em industriais e pós-industriais, correspondendo, respetivamente, à primeira e à segunda revoluções tecnológicas.

Desigualdade em sociedades com um rendimento médio em crescimento constante

As sociedades com um rendimento médio em crescimento constante são fundamentalmente diferentes das sociedades estagnadas. Um aumento do rendimento médio abre «espaço» para um aumento da desigualdade, como sugerido pela fronteira de possibilidade de desigualdade. Isso não significa, como é óbvio, que uma desigualdade mais elevada seja inevitável, mas de facto possibilita-a (ao contrário das sociedades estagnadas, em que um aumento significativo da desigualdade só é possível se uma parte da população não sobreviver).

Mas a desigualdade aumentou? A hipótese de Kuznets é a nossa ferramenta essencial para responder a esta questão. Como afirmou Kuznets, é o movimento estrutural, a transferência do trabalho do setor agrícola de baixo rendimento e baixa desigualdade para o setor industrial de rendimentos mais elevados e maior desigualdade (e, simultaneamente, das áreas rurais para as urbanas), que aumenta a desigualdade de rendimentos. A Figura 2.1, que mostra estimativas da desigualdade para os EUA e Reino Unido/Inglaterra ao longo de um período de vários séculos, indica que a curva continuou a subir até ao final do século XIX ou início do século XX. Estão agora disponíveis séries de longo prazo similares também para outros países e que estão plenamente de acordo com a hipótese de Kuznets – até ao final da década de 1970.

Nas próximas cinco subsecções, revejo as evidências das mudanças ocorridas em termos de desigualdade a longo prazo para cerca de uma dúzia de países de todo o mundo, apresento em gráficos os dados que mostram estimativas da desigualdade de rendimentos contrastadas com o rendimento médio, precisamente as variáveis para as quais não conseguimos detetar uma relação na era pré-industrial. Consideramos em primeiro lugar as relações no que se refere aos EUA e ao Reino Unido, em que analisamos a desigualdade dos rendimentos disponíveis *per capita* (ou seja, os rendimentos após a dedução de taxas sociais e impostos diretos) *versus* o PIB *per capita*.

Ondas de Kuznets: EUA e Reino Unido. A desigualdade nos EUA aumentou entre a Independência (os dados das tabelas sociais são de 1774) e a Guerra Civil (dados de 1860) e depois continuou a aumentar até ao início do século XX, quando geralmente se considera que atingiu o seu auge. O ano exato é difícil de determinar. Segundo uma estimativa de Smolensky e Plotnick (1992), baseada em vários macrodados, a desigualdade nos EUA atingiu o seu pico em 1933, motivada pela maior taxa de desemprego de sempre e consequentes baixos rendimentos para muitas famílias (ver Figura 2.10) ([22]). Peter Lindert e Jeffrey Williamson, porém, contrapõem que a desigualdade nos EUA permaneceu num patamar elevado de cerca de 50 pontos de Gini, com ligeiras oscilações, desde o final do século XIX até à Grande Depressão (Williamson e Lindert 1980; Lindert e Williamson 2016). Não relatam quaisquer mudanças na desigualdade entre 1929 e 1933. O que parece evidente é que a desigualdade atingiu o pico ligeiramente acima dos 50 pontos de Gini, a um nível de rendimentos de 5000 dólares *per capita* (em dólares internacionais de 1990). Depois da Grande Depressão, a desigualdade nos EUA diminuiu de forma constante até ao final da Segunda Guerra Mundial. Note-se também o movimento para a esquerda da curva durante a Grande Depressão, logo após o final da Segunda Guerra Mundial, e novamente durante a Grande Recessão: estes movimentos refletem descidas no PIB real *per capita*.

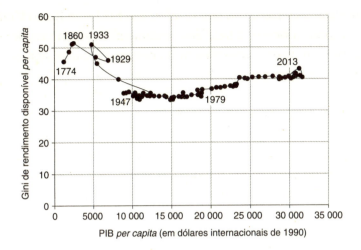

FIGURA 2.10 A relação entre a desigualdade de rendimentos e o rendimento médio (a relação de Kuznets) para os EUA, 1774-2013

Fonte dos dados: Ginis: 1774, 1850, 1860 e 1870 a partir de tabelas sociais criadas por Lindert e Williamson (2012); 1929 de Radner e Hinrichs (1974); 1931 e 1933 de Smolensky e Plotnick (1992); 1935 a 1950 de Goldsmith et al. (1954); depois de 1950, do gabinete de censos norte-americano US Census Bureau, *Income, poverty and health insurance coverage in the United States* [*Rendimento, Pobreza e Cobertura de Seguros de Saúde nos EUA*] (várias edições); dados de rendimento bruto ajustados para refletirem o rendimento disponível. PIB *per capita* de Maddison Project (2013).

A desigualdade permaneceu a um nível historicamente baixo de cerca de 35 pontos de Gini até ao ponto mais baixo, em 1979. Depois disso, aumentou constantemente, atingindo mais de 40 pontos de Gini na segunda década do século XXI. Durante a porção descendente da curva de Kuznets, desde a Grande Depressão até 1979, o PIB real *per capita* quase quadruplicou. A hipótese original de Kuznets é coerente com os dados até 1979, mas não explica o aumento da desigualdade e dos rendimentos que ocorreu durante os últimos 40 anos. O conceito de ondas de Kuznets, com as mudanças recentes motivadas pela segunda revolução tecnológica, interpreta este aumento da desigualdade desde os anos 1980.

Os elementos políticos e económicos subjacentes às mudanças dos últimos 100 anos – desde o *New Deal*, o poder do trabalho organizado e as elevadas taxas de impostos (na sequência da necessidade de financiar as duas guerras mundiais) até às recentes forças da globalização, impostos reduzidos e o enfraquecimento do poder negocial dos trabalhadores – são sobejamente conhecidos e não precisam de voltar a ser explicados. Contudo, é esta interligação entre, por um lado, estas forças económicas aparentemente determinantes e, por outro lado, forças políticas e sociais que determina o movimento das ondas de Kuznets. O aumento do rendimento médio que observamos é apenas um indicador das forças económicas em jogo; a alteração na desigualdade que observamos é produto tanto destas forças económicas como das decisões políticas [23]. O «economicismo» ingénuo que apenas observa as forças da oferta e da procura é insuficiente para explicar movimentos na distribuição de rendimentos. É também errado concentrarmo-nos exclusivamente nas instituições. As instituições e as políticas funcionam no âmbito do que é permitido pela economia: são, se quisermos usar este termo, «endógenas», ou seja, são em grande medida dependentes do nível de rendimentos e só podem variar dentro do que os rendimentos permitem. Saem desse enquadramento apenas em casos excecionais de «voluntarismo político» que sustenta que se pode dispensar as limitações económicas. Contudo, isto raramente acontece em sociedades capitalistas e ainda menos (ou nunca) em sociedades capitalistas *e* democráticas [24].

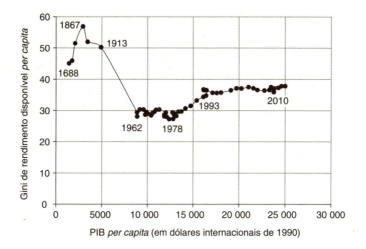

FIGURA 2.11 A relação entre desigualdade de rendimentos e rendimento médio (a relação de Kuznets) para o Reino Unido/Inglaterra, 1688–2010

Fonte dos dados: Ginis: para 1688, 1759, 1801 e 1867 a partir de tabelas sociais para Inglaterra/Reino Unido indicadas em Milanovic, Lindert e Williamson (2011); 1880 e 1913 de Lindert e Williamson (1983, quadro 2); de 1961 a 2010, dados oficiais do Reino Unido (rendimentos disponíveis *per capita*) gentilmente calculados e facultados por Jonathan Cribb, Institute for Fiscal Studies. PIB *per capita* de Maddison Project (2013).

Analisemos agora os dados britânicos (Figura 2.11). A forma do gráfico é incrivelmente similar à dos EUA. O pico da desigualdade aconteceu em 1867, com um valor de Gini de quase 60 (ou seja, 10 pontos mais alto do que na mesma altura nos EUA), segundo as tabelas sociais a partir das quais calculámos a distribuição de rendimentos ([25]). Note-se que a desigualdade no Reino Unido diminuiu, passando de drasticamente mais elevada do que nos EUA (e mais elevada do que no Brasil atualmente) para mais baixa do que nos EUA. Conforme afirmado há muitos anos por Lindert e Williamson (1985), por Polak e Williamson (1993) e, mais recentemente, por Williamson no seu livro *Trade and Poverty* [*Comércio e Pobreza*] (2011), a desigualdade nos EUA continuou a aumentar depois da desigualdade britânica ter atingido o seu auge devido à chegada de novos imigrantes em 1910, que fez com que os salários para empregos pouco qualificados se mantivessem relativamente baixos e com que a distribuição de salários nos EUA se alargasse, ou alongasse. Esta é a explicação de alongamento salarial para o aumento da desigualdade, contrastando com o que van Zanden (1995) apelidou de explicação clássica, que considera que uma parcela crescente de capital na distribuição funcional dos rendimentos conduz gradualmente a uma maior desigualdade interpessoal. Também iremos encontrar ecos destas duas explicações diferentes no recente aumento da desigualdade nos EUA: a maior parte do aumento até sensivelmente ao ano 2000 deveu-se ao alongamento dos salários, mas, desde 2000, pode ter sido igualmente motivado por um aumento da parcela dos rendimentos proveniente do capital.

A imigração e o alongamento dos salários explicam porque é que o auge da desigualdade nos EUA surgiu entre 1910 e 1933, enquanto geralmente se considera que a desigualdade britânica atingiu o seu auge mais cedo, nos últimos 25 anos do século XIX. As forças que levaram a desigualdade nos EUA a aumentar nos loucos anos 1920 foram, de muitas formas, similares às forças que a aumentaram em 1990: pressão descendente nos salários (devido à imigração e/ou à intensificação do comércio), mudanças tecnológicas favoráveis ao capital (taylorismo e a Internet), monopolização da economia (Standard Oil e grandes instituições bancárias), supressão ou interesse reduzido nos sindicatos e uma mudança na direção da plutocracia no governo.

Durante cerca de meio século antes da Primeira Guerra Mundial, deu-se uma descida gradual e modesta da desigualdade dos rendimentos britânicos. Calcula-se que, em 1913, o valor de Gini rondasse os 50 pontos, cerca de 10 pontos abaixo do seu pico de 1867. Estas estimativas são corroboradas pelo que sabemos sobre o movimento ascendente dos salários reais britânicos e a emergência da chamada aristocracia trabalhadora nas últimas décadas do século XIX (falaremos mais sobre este assunto no Capítulo 3) [26]. Infelizmente, o momento seguinte sobre o qual temos dados para a desigualdade britânica é quase meio século mais tarde (1962). O nível de desigualdade nessa altura tinha descido para metade, para menos de 30 pontos de Gini. Os efeitos das duas guerras mundiais, de impostos muito mais elevados e do rendimento reduzido do capital, conjugados com a força crescente dos sindicatos e com a expansão do Estado-Providência, estiveram por detrás desta redução impressionante na desigualdade. Depois da Segunda Guerra Mundial, numa evolução que quase replica passo a passo a experiência norte-americana, a desigualdade britânica diminuiu até 1978 e depois aumentou, ainda mais rapidamente do que nos EUA, para terminar num valor de Gini ligeiramente abaixo de 40 em 2010.

A semelhança entre os EUA e o Reino Unido estende-se além do tempo e da forma das mudanças na desigualdade. O pico da desigualdade foi atingido em níveis de rendimentos entre 3000 e 5000 dólares (em dólares internacionais de 1990); contudo, como acabámos de ver, os picos deram-se com um intervalo de 50 a 60 anos. Com o PIB *per capita* entre 10 000 e 15 000 dólares (ou 20 000 dólares no caso dos EUA), a desigualdade estava incrivelmente estável e reduzida. Todavia, não devemos ler nestes números uma regra geral sobre pontos de viragem na curva de Kuznets, que gerações anteriores de economistas tentaram, em vão, descobrir. Os EUA e o Reino Unido seguiram trajetórias de desigualdade muito similares porque se encontravam mais ou menos no mesmo nível de rendimentos, tinham uma organização política similar e estavam expostos às mesmas forças de concorrência internacional e guerras. Mas é animador constatarmos a mesma evolução na desigualdade em países com estruturas económicas e políticas similares. As três forças que vemos moldar, de um modo geral, a evolução da desigualdade, nomeadamente a tecnologia, a abertura (ou globalização) e a política (ou políticas), que vamos conjugar no acrónimo TAP, foram similares – indicando, por sua vez, que a política pode em grande medida ser considerada endógena, ou seja, responsiva às forças da mudança económica. Uma evolução similar das forças económicas e políticas produziu uma evolução similar da desigualdade de rendimentos.

Ondas de Kuznets: Espanha e Itália. No entanto, não podemos basear as nossas conclusões gerais em apenas dois exemplos, embora importantes. Felizmente, no período recente, houve uma expansão em termos de dados sobre a desigualdade a longo prazo. A partir do trabalho de Leandro Prados de la Escosura (2008), temos estimativas sobre a desigualdade espanhola para o período de 1850 a 1985; depois dessa data, recorremos a inquéritos aos agregados familiares espanhóis. Entre 1850 e a década de 1950 – um período que, embora «moderno», se assemelha em muitos aspetos à era pré-industrial espanhola, com oscilações acentuadas na desigualdade e muito pouco crescimento dos rendimentos reais –, encontramos de facto um padrão muito similar ao que vimos para os EUA e o Reino Unido (Figura 2.12). A desigualdade atingiu um pico em 1953, a um valor muito alto, excedendo os 50 pontos de Gini ([27]). A descida subsequente estendeu-se a meados dos anos 1980, quando o valor de Gini foi reduzido em mais de 20 pontos. Num espaço temporal de cerca de três décadas, durante o qual Espanha registou uma trajetória descendente da desigualdade, o PIB real *per capita* quadruplicou. A desigualdade estabilizou (ou aumentou ligeiramente) na última década do século XX e na primeira década do século XXI. Podemos ver facilmente a primeira curva de Kuznets em U invertido para o período entre 1850 e 1980, mas, depois disso, a porção ascendente de uma segunda curva de Kuznets não é tão aparente como nos EUA e no Reino Unido.

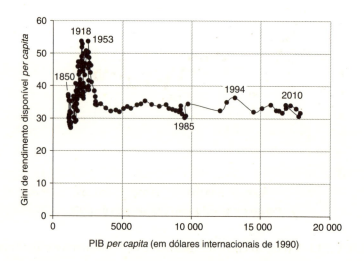

FIGURA 2.12 A relação entre desigualdade de rendimentos e rendimento médio (a relação de Kuznets) para Espanha, 1850–2010

Fonte dos dados: Ginis: 1850 a 1985 de Prados de la Escosura (2008); 1985 a 2010 do Luxembourg Income Study (http://www.lisdatacenter.org/) e toda a base de dados de Ginis (http://www.gc.cuny.edu/branko-milanovic). PIB *per capita* do Maddison Project (2013).

A relação entre desigualdade e rendimentos para Itália, com dados que começam na unificação em 1860–1861, mostra essencialmente uma tendência descendente contínua até aos anos 1980 (Figura 2.13) [28]. Como outras economias avançadas, Itália experienciou o Grande Nivelamento durante a maior parte do século XX. Como noutros locais, o ponto mais baixo da desigualdade ocorreu no início dos anos 1980, seguido de um ligeiro aumento a partir daí. No caso de Itália, podemos questionar se é possível detetar alguma influência do fascismo. Embora os valores de Gini só estejam disponíveis para 1921 (na véspera da tomada de posse de Mussolini), 1931 (o ponto alto do fascismo) e 1945 (o final da guerra), verificamos que não houve alteração no valor de Gini entre 1921 e 1931. Uma forte descida entre 1931 e 1945 tem como explicação mais provável, como nos outros países, o efeito da guerra e não o fascismo em si.

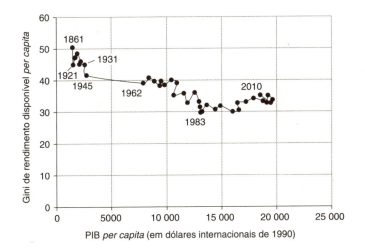

FIGURA 2.13 A relação entre desigualdade de rendimentos e rendimento médio (a relação de Kuznets) para Itália, 1861–2010

Fontes dos dados: Ginis: 1861 a 2008 de Brandolini e Vecchi (2011) e comunicação pessoal de ambos os autores; 2010 do Luxembourg Income Study (http://www.lisdatacenter.org/). PIB *per capita* do Maddison Project (2013).

Ondas de Kuznets: Alemanha e Holanda. Os dados para a Alemanha são fragmentários e menos consistentes ao longo do tempo do que os que temos para outros países (Figura 2.14). Há também um longo hiato entre 1931 e 1963, quando os dados para a desigualdade voltaram a estar disponíveis (para a Alemanha Ocidental). As fronteiras do país também mudaram várias vezes no período aqui abrangido. O gráfico mostra um aumento da desigualdade no início do século XX, mas o nível era substancialmente mais baixo do que no Reino Unido e nos EUA. Também podemos inferir um processo de equalização dos rendimentos a longo prazo, em consonância com a hipótese de Kuznets, comparando os valores de 1906 e de 1981 (uma queda de 6 pontos de Gini). Como noutros locais do mundo rico, houve um movimento ascendente de valores de Gini nos últimos 20 anos; este movimento não foi tão forte, porém, como nos países anglo-saxónicos.

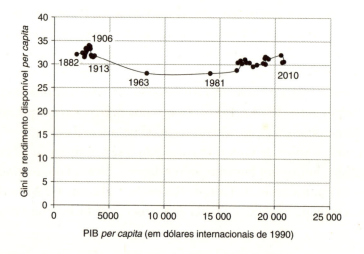

FIGURA 2.14 A relação entre desigualdade de rendimentos e rendimento médio (a relação de Kuznets) para a Alemanha, 1882–2010

Fontes dos dados: Ginis: 1882 a 1913 de Grant (2002); 1981 a 2010 de toda a base de dados de Ginis (http://www.gc.cuny.edu/branko-milanovic). PIB *per capita* do Maddison Project (2013).

Os dados para a Holanda remontam ao século XVI (Figura 2.15). Os três pontos de dados iniciais (1561, 1732 e 1808) foram obtidos a partir das distribuições das rendas de habitação, que se presume estarem relacionadas com os rendimentos. (A mesma abordagem foi usada para os dados do norte de Itália medieval e para os Países Baixos discutidos acima.) Estas distribuições foram geradas a partir dos impostos taxados sobre a habitação. Os dados mostram um aumento da desigualdade e dos rendimentos durante a Era Dourada neerlandesa, motivado pelos fatores delineados na explicação clássica de van Zanden (1995) – ou seja, uma mudança na distribuição funcional dos rendimentos no sentido dos proprietários e que se distancia dos trabalhadores. Tanto os rendimentos como a desigualdade diminuíram durante as Guerras Napoleónicas (como se pode verificar numa comparação dos pontos de dados para 1732 e 1808), como seria de esperar na sequência da nossa discussão sobre as forças malignas que levam a desigualdade a diminuir. Os dados para o século XX (a partir de inquéritos aos agregados familiares) ilustram a conhecida equiparação de rendimentos na Holanda, mais uma vez, como nos restantes países do Ocidente, um processo explicado pela agitação socialista, pelo pleno direito de voto, pela introdução do dia de trabalho de 8 horas e pelo aumento dos salários reais. Esta situação foi acompanhada por um aumento impressionante do rendimento médio (para o triplo entre 1914 e 1980). Como nos outros países que analisámos, a diminuição da desigualdade termina no início da década de 1980. Nessa altura, o valor de Gini tinha atingido o seu mínimo de 28 pontos. Depois disso, houve um aumento muito ligeiro, com o Gini a atingir um valor de 30 pontos antes da Grande Recessão. Tal como na Alemanha, a porção ascendente da segunda onda de Kuznets é de facto muito modesta.

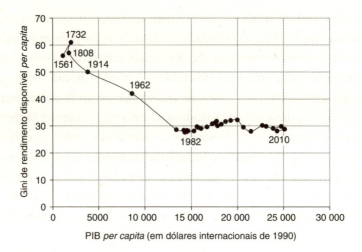

FIGURA 2.15 A relação entre desigualdade de rendimentos e rendimento médio (a relação de Kuznets) para a Holanda, 1561–2010

Fontes dos dados: Ginis: 1561 a 1914 de Soltow e van Zanden (1998); 1962 a 2010 de toda a base de dados de Ginis (http://www.gc.cuny.edu/branko-milanovic). PIB *per capita* do Maddison Project (2013).

Ondas de Kuznets: Brasil e Chile. Seguidamente, passamos para a América do Sul, onde temos dados a longo prazo para o Brasil e o Chile (Figuras 2.16 e 2.17). Estão disponíveis dois conjuntos de dados para o Brasil, um de Prados de la Escosura (2007; baseado na utilização do rácio Williamson para calcular coeficientes de Gini) [29] e outro de Bértola et al. (2009) (baseado em tabelas sociais). Embora os dois conjuntos de dados não mostrem exatamente o mesmo padrão de aumento da desigualdade em meados do século XIX e início do século XX, ambos mostram que houve um período de aumento da desigualdade até por volta de 1950, seguido de uma estabilização a um nível muito elevado. Nas décadas de 1970 e 1980, o Brasil foi provavelmente um dos dois países mais desiguais do mundo, sendo o outro a África do Sul. Houve uma diminuição constante na desigualdade desde finais da década de 1990. Os governos de Fernando Henrique Cardoso e Luiz Inácio Lula da Silva são tidos como os responsáveis por esta tendência invulgar, contra as tendências em praticamente todos os outros países do mundo (excluindo alguns países também da América Latina, como a Argentina e o México). Até este instante, a diminuição durou tempo suficiente, mais de uma década, de maneira que podemos interpretá-la como um desenvolvimento real e importante. Isto não significa que este desenvolvimento não possa ser invertido. Contudo, de um modo geral, o formato das mudanças em termos de desigualdade no Brasil ao longo dos últimos 150 anos, incluindo o período mais recente, é completamente compatível com a primeira onda de Kuznets. Além disso, as forças económicas que Kuznets tinha em mente – educação mais alargada, salários mínimos mais elevados, transferências sociais aumentadas – são precisamente as forças tidas como responsáveis por diminuir a desigualdade no Brasil (ver Gasparini, Cruces e Tornarolli 2001; Ferreira, Leite e Litchfield 2008).

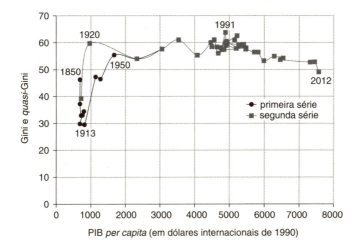

FIGURA 2.16 A relação entre desigualdade de rendimentos e rendimento médio (a relação de Kuznets) para o Brasil, 1850–2012

Este gráfico mostra a relação de Kuznets para o Brasil a partir de dois conjuntos diferentes de dados. A primeira série calcula Ginis a partir do rácio de Williamson (rendimento médio dividido pelo salário médio de trabalho pouco qualificado); tais estimativas chamam-se *quasi*-Ginis. Fontes dos dados: Ginis: 1850 a 1950 (primeira série) de Prados de la Escosura (2007); 1870 a 1920 (segunda série) de Bértola et al. (2009, quadro 4); 1960 a 2012, de toda a base de dados de Ginis (http://www.gc.cuny.edu/branko-milanovic). PIB *per capita* do Maddison Project (2013).

Os dados relativos ao Chile são muito interessantes. Foram desenvolvidos por Javier Rodríguez Weber (2014) através de uma aplicação inteligente de tabelas sociais. Utilizando um método que apelida de tabelas sociais dinâmicas, Rodríguez Weber criou tabelas sociais extremamente pormenorizadas com populações e rendimentos estimados para várias centenas de grupos sociais ou profissões para determinados anos preponderantes a nível económico ou político – para os quais os dados são mais abundantes e se encontram num ponto de viragem de diferentes fases políticas e económicas. Rodríguez Weber começa com dados muito completos sobre rendimentos e salários (incluindo salários para homens e mulheres) e depois deixa as fontes de rendimento destes grupos sociais aumentarem às taxas obtidas a partir dos macrodados gerais dos salários ou dos rendimentos. Por exemplo, se os rendimentos de um grupo forem compostos sobretudo por salários de trabalhadores pouco qualificados, Rodríguez Weber mostra a evolução dos rendimentos do grupo de acordo com o salário médio de um trabalhador da construção. A composição social é, portanto, mantida ao longo de um período de tempo, mas os rendimentos de vários grupos sociais podem variar a níveis diferentes, gerando alterações na desigualdade ao longo do tempo. Assim, obtemos uma perspetiva muito mais impressionante («dinâmica», anual) do que obteríamos de tabelas sociais individuais «estáticas» (apenas um ano). O Chile tem provavelmente um dos conjuntos de dados mais completos que pormenorizam a evolução da desigualdade a longo prazo.

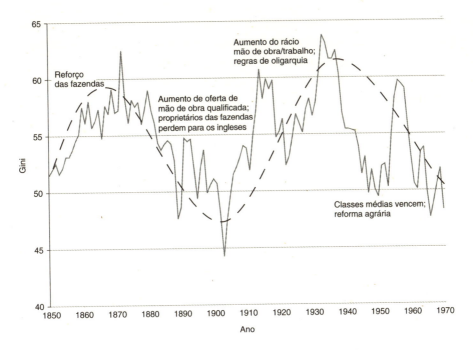

FIGURA 2.17 Desigualdade de rendimentos no Chile, 1850–1970

Este quadro mostra a evolução do coeficiente de Gini (que vai de 0 a 1, ou 100) ao longo do tempo no Chile. Os coeficientes de Gini são calculados a partir de tabelas sociais dinâmicas, que elencam rendimentos médios anuais e populações por classe social ou profissão. As características distintivas para cada período estão indicadas no gráfico. A linha tracejada mostra uma evolução estilizada (média) da desigualdade ao longo do período. Fonte dos dados: Rodríguez Weber (2014).

Os resultados de Rodríguez Weber para o período de 1850–1970 são apresentados na Figura 2.17. Ao longo do tempo, há uma clara sucessão das ondas de Kuznets. Contudo, estas alterações são explicadas por uma combinação de forças económicas e políticas (e esta é uma das grandes virtudes do trabalho de Rodríguez Weber). A primeira onda de Kuznets, de 1850 a 1903, é explicada, na sua porção ascendente, pelo estrangulamento político dos proprietários das fazendas, que conseguiram manter os trabalhadores agrícolas no nível de subsistência. A porção descendente da curva, de 1873 a 1903, foi causada pelas descidas dos rendimentos dos proprietários das fazendas, resultantes dos preços mais baixos do cobre, da compra de minas pelos capitalistas britânicos e, finalmente, por um maior rácio terra/mão de obra (que fez aumentar os salários) quando o Chile expandiu o seu território em dois terços depois de vencer a guerra contra o Peru e a Bolívia [30]. A segunda onda de Kuznets, de 1903 a 1970, mostra uma interação similar de fatores económicos e políticos, com a porção descendente a refletir os fatores políticos e sociais costumeiros: alargamento da educação, sindicatos fortes e aumento dos salários mínimos – todos os elementos comuns aos acontecimentos do Grande Nivelamento nas economias capitalistas avançadas, ao longo exatamente do mesmo período. (No Chile, os «apoios» destes acontecimentos foram a vitória da Frente Nacional de esquerda em 1938 e a ascensão ao poder de Salvador Allende em 1970.) [31]

Ondas de Kuznets: Japão. Na Ásia, temos dados a longo prazo apenas para o Japão e somente para o final do século XIX (Figura 2.18). Os dados mostram um forte aumento da desigualdade que durou cerca de 40 anos, com o pico a ocorrer mesmo antes da Segunda Guerra Mundial. A guerra reduziu drasticamente a desigualdade e, depois de 1945, o Japão, como todos os países desenvolvidos, entrou num longo período de relativa baixa desigualdade, de maneira que em 1962 (quando estão disponíveis dados mais regulares) o valor de Gini era de cerca de 35 pontos (o nível aproximado a que se tem mantido desde então) [32]. Encontra-se uns 20 pontos de Gini abaixo do pico que antecedeu a Segunda Guerra Mundial. A desigualdade máxima no Japão durante a primeira onda de Kuznets ocorre a um nível de rendimentos de 2300 dólares (em dólares internacionais de 1990), um valor não muito diferente do do Reino Unido e de Espanha.

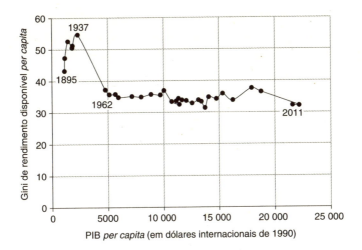

FIGURA 2.18 A relação entre desigualdade de rendimentos e rendimento médio (a relação de Kuznets) para o Japão, 1895–2011

Fontes dos dados: Ginis: 1895 a 1937 de Minami (1998, 2008); 1962 a 2011 de toda a base de dados de Ginis (http://www.gc.cuny.edu/branko-milanovic). PIB *per capita* do Maddison Project (2013).

A lógica das ondas de Kuznets. É a interação entre as forças económicas e políticas que aciona as ondas, ou ciclos, de Kuznets. Uma atenção limitada apenas às forças económicas «benignas» é insuficiente e ingénua. A desigualdade de rendimentos é, quase por definição, um resultado de lutas sociais e políticas, por vezes violentas. Estas lutas não se limitam ao «Terceiro Mundo» de ontem ou de hoje: basta lembrar a Comuna de Paris, extremamente sangrenta; as manifestações de Haymarket de 1886 em Chicago, que deram origem ao Dia Internacional do Trabalhador; ou as ríspidas respostas britânicas a várias greves de mineiros. Embora o trabalho tenha perdido em todos estes casos, e em muitos mais que podiam ser invocados de vários países, a pressão que acabaram por exercer revelou-se demasiado forte e resultou numa diminuição sustentada da desigualdade durante o que frequentemente se chama «o curto século XX» (desde a Primeira Guerra Mundial ao desmoronamento da União Soviética).

A maioria das batalhas políticas é travada pela distribuição de rendimentos. Mas devemos lembrar-nos de que as batalhas políticas acontecem em conjunturas económicas muito mais abrangentes, no âmbito de parâmetros estabelecidos por fatores como a existência ou não de globalização, a oferta de mão de obra qualificada, a abundância ou não de capital e a presença ou ausência de recursos facilmente exploráveis. Estes parâmetros não podem mudar da noite para o dia; e criam o contexto para as lutas políticas e sociais. As forças políticas que defendem uma maior desigualdade vão, obviamente, sentir-se incentivadas e ficar mais fortes quando as tendências económicas estão a seu favor – se a mão de obra se tornar mais abundante e as mudanças tecnológicas forem favoráveis ao capital ou a quem tem qualificações mais elevadas. Mas tal situação não garante a sua vitória.

Como é perfeitamente ilustrado na Europa e nos EUA durante o período após a Grande Depressão e a Segunda Guerra Mundial, a força dos sindicatos, o poder político dos partidos socialistas e comunistas e o exemplo e ameaça militar da União Soviética travaram políticas que favoreciam os ricos mediante a limitação do poder do capital [33]. No entanto, assim que estas limitações políticas se tornaram mais fracas ou desapareceram e os fatores económicos se tornaram mais favoráveis ao capital, incluindo a mudança tecnológica favorável às qualificações elevadas e a grande expansão da mão de obra mundial – que surgiu com a abertura da China e a queda do comunismo –, a situação inverteu-se e as economias avançadas entraram num período de crescimento da desigualdade, a segunda onda de Kuznets, que ainda está a decorrer.

O Quadro 2.2 sintetiza as características fundamentais da diminuição da primeira onda de Kuznets e da ascensão da segunda nas economias avançadas. Ao contrário da literatura anterior sobre a curva de Kuznets, não procuramos aqui descobrir a data comum ou o nível de rendimentos em que se deu o pico do ciclo. Devido à interação complexa entre forças políticas e económicas, as datas e os níveis de rendimentos diferem. No entanto, o formato das mudanças, ou ciclos, é similar. Em todos os países (exceto na Holanda), a desigualdade atingiu o seu auge por volta de 50–55 pontos de Gini; apenas na Holanda, o primeiro industrializador, o pico da desigualdade atingiu 60 pontos de Gini, o nível da desigualdade contemporânea na América Latina. Além disso, nenhum dos picos alguma vez foi muito baixo, chegando aos, digamos, 40 pontos de Gini, que é aproximadamente o nível atual dos EUA.

A porção descendente, medida desde o pico até ao nível mais baixo aproximado, durou mais tempo (mais uma vez, com a exceção da Holanda) em Itália e no Reino Unido, onde a tendência geral descendente durou mais de um século: em Itália, desde a unificação do país até ao início dos anos 1980; no Reino Unido, de 1867 até ao advento de Margaret Thatcher. Os EUA tiveram uma tendência descendente relativamente curta, de cerca de 50 anos (de 1933 a 1979). A tendência descendente mais curta foi em Espanha (cerca de 30 anos), porque este país tinha uma desigualdade atipicamente elevada em 1953. Esse nível, porém, era mais ou menos o mesmo que em 1918 e, com um cálculo diferente e igualmente plausível (colocando o pico da primeira onda por volta de 1918), poderíamos argumentar que a tendência descendente espanhola durou mais de 60 anos. Mas Espanha é também um caso muito interessante devido à ausência dos típicos efeitos das guerras (diminuição de desigualdade), uma vez que não participou em nenhuma das guerras mundiais (embora tenha vivido uma guerra civil, de 1936 a 1939). Além disso, a elevada desigualdade nos anos 1950 é atípica porque Espanha era governada por um regime quase fascista que mantinha a desigualdade, e, em certa medida, a estrutura social, da mesma forma que esta existira no mundo rico no início do século xx. Na verdade, a aparente atipicidade de Espanha ajuda a sublinhar os fatores-chave que foram cruciais para a redução da desigualdade noutros países desenvolvidos: guerras, pressão política da esquerda e políticas sociais.

QUADRO 2.2 Primeira e segunda ondas de Kuznets em economias avançadas

País	Pico da onda de Kuznets 1			Percurso da onda de Kuznets 1			Compromisso em termos de desigualdade de crescimento durante a tendência descendente			Onda de Kuznets 2 (porção ascendente; aumento de pontos de Gini até ao momento)
	Ano de desigualdade máxima	Nível de desigualdade máxima (pontos de Gini)	PIB per capita no ano de desigualdade máxima (dólares PPP)	Ano de desigualdade mínima	Nível de desigualdade mínima (pontos de Gini)	PIB per capita no ano de desigualdade mínima (dólares PPP)	N.º aproximado de anos de tendência descendente da onda de Kuznets 1	Descida de Gini (em pontos)	Aumento do PIB (n.º de vezes)	
EUA	1933	51	4800	1979	35	19 000	50	16	4	forte (+8)
Reino Unido	1867	57	3000	1978	27	13 000	110	30	>4	forte (+11)
Espanha	1953	55	2500	1985	31	10 000	30	24	4	modesto (+3)
Itália	1861	51	1500	1983	30	13 000	120	21	<9	forte (+5)
Japão	1937	55	2300	1981	31	14 000	45	24	6	modesto (+1)
Holanda	1732	61	2000	1982	28	14 000	250	33	7	modesto (+2)

Nota: PIB *per capita* em dólares internacionais de 1990, do Maddison Project (2013).
Fontes: Ver fontes elencadas para as Figuras 2.10–2.13, 2.15 e 2.18.

A DESIGUALDADE DENTRO DOS PAÍSES | 101

A diminuição da desigualdade coincidiu com um enorme aumento do rendimento real *per capita* em todos os países. O aumento foi maior em Itália (quase nove vezes mais) devido à longa duração da diminuição e do rápido crescimento em Itália no período após a Segunda Guerra Mundial. O rendimento médio da Holanda expandiu-se seis vezes mais, mas (deve ser relembrado) a desigualdade atingiu o auge quase um século antes em comparação com os outros países. As economias norte-americana, britânica e espanhola expandiram-se quatro vezes (de acordo com a medição do rendimento *per capita*), enquanto as desigualdades de rendimentos diminuíram entre 15 pontos de Gini (nos EUA) e 30 pontos de Gini (no Reino Unido). Em todos os países, houve de facto diminuições enormes da desigualdade, abatendo o seu nível, medido pelo coeficiente de Gini, em quase metade e na Holanda e no Reino Unido em mais de metade. O facto de o declínio da desigualdade coincidir com enormes aumentos do rendimento *per capita*, apesar das guerras em que todos os países aqui considerados estiveram envolvidos, mostra que, a longo prazo, o crescimento não exige um aumento de desigualdade. Os dados históricos não sustentam, sem dúvida, a hipótese de um compromisso entre os dois.

A Figura 2.19 ilustra estas relações. Tanto o crescimento como a desigualdade estão «normalizados»; o crescimento é indicado no eixo horizontal pela taxa de crescimento médio *per capita* por década e a desigualdade está representada no eixo vertical pela redução média de pontos de Gini por década ([34]). É impressionante que todos os países estejam alinhados quase numa linha reta, com os que tiveram um crescimento mais rápido tendo também maiores reduções da desigualdade. Não se pode levar em demasiada consideração esta analogia, uma vez que a duração da porção descendente da primeira onda de Kuznets foi muito diferente entre estes países: iria certamente ser irrealista, por exemplo, esperar que a Holanda tivesse tido uma taxa de crescimento muito elevada durante mais de dois séculos. O gráfico mostra também a posição relativamente forte dos EUA que, bastante contra o que se presume hoje em dia, experimentaram um crescimento muito elevado (mais de 30 por cento por década) e uma redução muito forte na desigualdade (mais de 3 pontos de Gini por década), simultaneamente.

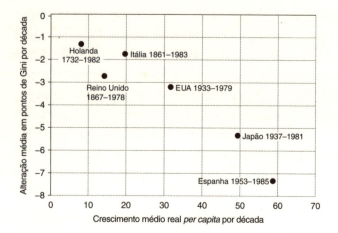

FIGURA 2.19 Relação entre a mudança na desigualdade e o crescimento durante a porção descendente da primeira onda de Kuznets

Este gráfico mostra a taxa de crescimento médio do PIB *per capita* por década durante o período do Grande Nivelamento no eixo horizontal e, no eixo vertical, a descida média em pontos de Gini por década, durante o mesmo período. Países com taxas de crescimento mais elevadas geralmente têm também maiores descidas na desigualdade. Fontes dos dados: ver fontes das Figuras 2.10–2.13, 2.15 e 2.18.

Mais interessante e revelador é a data do nível mais baixo da primeira onda de Kuznets e, consequentemente, a data de início da segunda onda. Em todos os países, o ponto mais baixo ocorreu em finais dos anos 1970 ou inícios de 1980. Os momentos diferem no máximo um par de anos e, desde então, no início dos anos 1980, todos os países aqui considerados tiveram níveis de rendimentos similares (exceto os EUA, que eram mais ricos) e o ponto de viragem, tanto em termos de tempo como de nível de rendimentos, ocorreu no mesmo ponto para todos. A tendência ascendente não foi, porém, igualmente forte em todo o lado. Os EUA, o Reino Unido e Itália mostram os sinais mais fortes da segunda onda de Kuznets, com os Ginis dos EUA e de Itália a aumentarem pelo menos 5 pontos e o Gini britânico mais de 10 pontos. A tendência ascendente da desigualdade é mais modesta em Espanha, na Alemanha, no Japão e na Holanda, onde podemos falar de um aumento máximo de um par de pontos de Gini. Porém, todos os Ginis dos países seguem claramente uma trajetória ascendente – e assim começa a segunda onda de Kuznets.

Este padrão é apresentado na Figura 2.20, complementar à Figura 2.19, com o crescimento e a desigualdade agora correlacionados positivamente, mas de uma forma muito particular que ilustra as diferenças nas experiências dos países. Os que se situam acima de uma linha imaginária ao longo da figura (Reino Unido, EUA e Itália) «precisaram» de um maior aumento da desigualdade para uma determinada taxa de crescimento em relação aos países que se situam abaixo dessa linha (Japão, Holanda e Espanha).

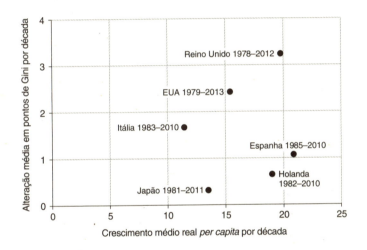

FIGURA 2.20 Relação entre a mudança na desigualdade e o crescimento durante a porção ascendente da segunda onda de Kuznets

Este gráfico mostra a taxa de crescimento médio do PIB *per capita* por década durante o período do recente aumento da desigualdade (com início por volta de 1980) no eixo horizontal e, no eixo vertical, o aumento médio em pontos de Gini por década, durante o mesmo período. Todos os países experimentaram aumentos da desigualdade e os com o maior aumento (Reino Unido, EUA e Itália) registaram maiores aumentos em pontos de Gini por unidade de crescimento. Fontes dos dados: ver fontes das Figuras 2.10–2.13, 2.15 e 2.18.

O que conduziu à tendência descendente da primeira onda de Kuznets?

A primeira onda de Kuznets nas sociedades tecnologicamente avançadas (ou seja, países com rendimentos médios em ascensão) durou do início da Revolução Industrial até aproximadamente aos anos 1980. Este longo período de cerca de 150 anos envolveu, como vimos, um aumento da desigualdade, com vários picos entre o final do século XIX e o início do século XX, e depois descidas mais ou menos contínuas durante os 70 ou 80 anos seguintes. Portanto, as porções ascendente e descendente parecem ter durado aproximadamente a mesma quantidade de tempo.

É a subsequente oscilação ascendente da desigualdade nos países ricos, que começou por volta de 1980, que é difícil de conciliar com a hipótese original de Kuznets de que a desigualdade diminuiria e ficaria num nível mais baixo, se os rendimentos se tornassem suficientemente elevados. É por esta razão que me parece mais apropriado falar de ciclos de Kuznets, ou ondas, e considerar a atual oscilação ascendente nos países avançados como o início da segunda onda de Kuznets. Tal como a primeira onda, é produto da inovação e mudança tecnológicas, da substituição do trabalho pelo capital (a «segunda era das máquinas») e da transferência do trabalho de um setor para outro. Na primeira onda de Kuznets, a transferência foi da agricultura (e portanto das áreas rurais) para a manufatura (áreas urbanas); na segunda, é da manufatura para os serviços. Conforme discutido anteriormente, esta segunda onda é também impelida por mudanças nas políticas económicas a favor dos ricos.

Embora os fatores que atualmente levam a desigualdade a aumentar no mundo avançado possam no geral ser bem compreendidos (mesmo que não haja um consenso sobre a sua importância relativa), é muito menos claro o que poderá fazer diminuir a desigualdade, como esperaríamos que acontecesse numa onda de Kuznets. Que forças poderia o próprio sistema acionar para limitar o aumento da desigualdade dos rendimentos e, em última análise, invertê-lo? Vamos abordar algumas dessas forças no final deste capítulo; e, de facto, no que respeita aos EUA (Capítulo 4), estou um pouco cético de que possam ser facilmente identificadas. No entanto, antes de olharmos para o futuro, é instrutivo olhar para o passado e identificar as razões pelas quais a primeira tendência ascendente da desigualdade terá chegado ao fim, pois este exercício pode conter implicações para a segunda onda.

Desigualdades internas e a Primeira Guerra Mundial. Há duas visões distintas sobre os motivos que levaram à diminuição da desigualdade no século xx. A tradicional, adotada de forma consensual até pelo próprio Kuznets, considera que foi o produto de várias forças económicas: um fim progressivo da transformação estrutural, em que a maioria da população se mudou para áreas urbanas e para a manufatura (consequentemente eliminando a disparidade rural/urbano que é um dos contributos importantes para a desigualdade); o aumento da escolaridade, que reduziu as diferenças no acesso à educação (uma explicação especialmente preferida por Tinbergen [1975] e Goldin e Katz [2010]); o envelhecimento da população e, portanto, uma maior procura de serviços sociais (segurança social, sistemas nacionais de saúde), que, por sua vez, exigiram mais impostos sobre os ricos; e, possivelmente, em pano de fundo, a necessidade de maior coesão social no contexto das guerras, incluindo a Guerra Fria, que significava que o financiamento das guerras devia recair principalmente sobre os ricos ([35]).

A segunda explicação, preferida por Piketty, não só no seu livro mais recente, *O Capital no Século XXI*, mas também num seu livro anterior *Les Hauts Revenus en France* [*Os Rendimentos Elevados em França*], publicado em 2001, é, ao contrário da teoria de Kuznets, em primeiro lugar uma teoria política. Segundo Piketty, as duas guerras mundiais não só levaram a um aumento de impostos, como também destruíram propriedade e reduziram grandes fortunas. Isto foi particularmente verdade em França, cenário que facultou um modelo para o seu trabalho mais recente ([36]). No seu livro sobre França, Piketty mostra que a concentração de capital diminuiu depois das guerras e que as maiores fortunas francesas nunca recuperaram: por volta do ano 2000, as propriedades de maior valor ainda valiam menos do que antes da Primeira Guerra Mundial ([37]). A menor concentração de riqueza conjugada com um rácio capital/produção menor (devido à destruição de capital) resultou numa redução de receitas do capital e na diminuição da desigualdade. Na história de Piketty, os choques da guerra, assim como o resultante «choque» dos partidos socialista e comunista que, graças à nova influência política, introduziram legislação em prol do trabalho, são apresentados como eventos exógenos, ou seja, como elementos políticos fora do domínio económico.

É sobre esta questão, o motivo da quebra do apogeu da desigualdade, que a interpretação aqui proposta difere de Piketty. Quanto a mim, o início da Primeira Guerra Mundial e a consequente redução da desigualdade devem ser «endogeneizados» nas condições económicas que antecederam a guerra; refiro-me em concreto ao importante papel que as desigualdades internas desempenharam no desencadear da guerra. Ao usar este argumento, remeto para uma interpretação anterior e, na minha opinião, mais convincente para o deflagrar da Primeira Guerra Mundial. Segundo esta interpretação, a guerra foi provocada por concorrência imperialista, enraizada nas condições económicas internas da altura: desigualdade muito elevada em termos de rendimentos e de riqueza, poupanças elevadas das classes altas, procura interna agregada insuficiente e a necessidade de os capitalistas encontrarem utilizações lucrativas para os excedentes de poupança fora dos seus países.

No início do século XX, encontrar uma solução de investimento externo para os excedentes de poupança significava ter o controlo físico de um lugar, e tornar tal investimento lucrativo exigia a exclusão de outros possíveis concorrentes, mesmo à custa de uma guerra. Permitam-me citar Keynes ([1936] 1964, 381–382), um autor que não vem exatamente à ideia quando pensamos em críticas ao imperialismo: «mas, para além disso [ditadores como causadores das guerras] (...) aparecem as causas económicas da guerra, ou seja, as pressões demográficas e a competição pelos mercados. Este segundo fator, que desempenhou papel determinante no século XIX, (...) talvez venha a fazê-lo de novo.»*

Esta «competição pelos mercados» levou à exploração de colónias ([38]). O sucesso económico exigia a criação de colónias, protetorados ou dependências e a introdução do que Paul Bairoch apelidou de contrato colonial. O contrato colonial era definido pelos seguintes elementos: as colónias apenas podiam negociar com a metrópole, com bens transportados em navios da metrópole, e as colónias não podiam fabricar bens (Bairoch

---

* A tradução da citação foi retirada da obra *Teoria Geral do Emprego, do Juro e da Moeda* (tradução de Manuel Resende), Lisboa: Relógio D'Água, 2010. [*N. da T.*]

1997, 2:665–669; ver também Milanovic 2002b). A luta por colónias em África foi alimentada pelos interesses dos capitalistas europeus (ver Wesseling 1996). Uma luta similar, quase igualmente brutal, por novos territórios aconteceu na Sibéria, onde a Rússia se expandiu para leste, e nas Américas, onde os EUA se expandiram para oeste e anexaram territórios mexicanos e para sul para reforçarem o controlo político. O Gana, o Sudão, o Vietname, a Argélia, as Filipinas, a Califórnia e a Sibéria pertencem todos ao mesmo processo. Na terminologia adequada introduzida por McGuire e Olson (1996), as colónias eram governadas por bandidos «itinerantes» e não «estacionários».

As linhas gerais do argumento que aqui apresento não são novas. Colocá-las no contexto das ondas de Kuznets é que é novo. Na viragem do século XX, o argumento da ligação do colonialismo à má distribuição dos rendimentos internos foi feito por John Hobson no seu livro *Imperialism: A Study* [*Imperialismo: Um Estudo*] ([1902] 1965). Foi seguido por trabalhos de Rosa Luxemburgo em 1913 (*The Accumulation of Capital* [*A Acumulação de Capital*]) e de Vladimir I. Lenine em 1916 (*O Imperialismo – Fase Superior do Capitalismo*). Como Hobson formula, «não é o progresso industrial que exige a abertura a novos mercados e áreas de investimento, mas a *má distribuição do poder de consumo* [destaque meu] que impede a absorção de bens e capital dentro de um país» (p. 85). Há toda uma tradição de vincular a má distribuição dos rendimentos internos à expansão no estrangeiro que remonta a Marx, embora Marx não tenha desenvolvido este tema tão aprofundadamente como Hobson, Luxemburgo e Lenine ([39]). O objetivo deste livro não é discutir esta visão e compará-la com outras, mas salientar que, nesta leitura das causas que levaram à Primeira Guerra Mundial, as questões internas e sobretudo a grande desigualdade têm uma importância fundamental ([40]). A Grande Guerra não surgiu do nada, nem foi consequência de uma má leitura que indivíduos fizeram de algum evento; foi provocada por fatores estruturais muito mais profundos, de entre os quais a «má distribuição interna do poder de consumo» talvez seja o mais importante ([41]). Vou ser bastante claro, porque é um ponto importante: as forças malignas que quebraram o primeiro ciclo de Kuznets e conduziram as desigualdades do mundo rico por um caminho descendente nos 70 anos seguintes estavam contidas na elevada desigualdade interna insustentável que antes existia.

Enquanto apoio indireto da hipótese de que os fatores internos foram cruciais para o início da guerra, gostaria de referir o livro *O Horror da Guerra* (1999) de Niall Ferguson, que retrata a guerra na frente ocidental (a frente oriental é mencionada apenas de passagem) e parte de uma hipótese completamente diferente: a guerra resultou de um acidente, de um mal-entendido, e o facto de ter abrangido um conjunto de poderes contra outro conjunto de poderes não foi preestabelecido [42]. Por outras palavras, tanto a guerra como a combinação de beligerantes de ambos os lados foram um produto da mudança. Mas, e isto é crucial para nós, no final do livro, Ferguson recai, relutantemente e talvez sem se aperceber inteiramente, na explicação marxista que vê tanto as causas como o resultado da guerra como um acontecimento impulsionado a nível interno [43]. Na visão de Ferguson, a origem interna da guerra residia na debilidade financeira a mais longo prazo na Alemanha, que restringia a sua capacidade militar e exigia uma «guerra cautelar preventiva» antecipada; a explicação interna para o resultado da guerra residia na força política da classe alta alemã, que não quis pagar tanto pela guerra como era preciso para vencer e foi suficientemente influente para evitar que o governo impusesse impostos mais elevados. Uma vez que financiar a guerra através de empréstimos não era possível a nível interno, devido à pouca profundidade do mercado alemão, nem internacionalmente – depois de os EUA entrarem na guerra e a Alemanha ter sido excluída do mercado financeiro de Nova Iorque –, a Alemanha basicamente ficou sem dinheiro para custear a guerra. Note, porém, que em ambas as explicações é a «correlação de forças» *internas* económicas e políticas que explicam as ações militares. Foco-me em Ferguson porque o seu livro é um dos melhores livros recentes sobre a Primeira Guerra Mundial e serve para ilustrar que até mesmo aqueles que parecem explicitamente rejeitar fatores internos na explicação da guerra acabam por reconhecer a importância desses fatores.

Forças malignas e benignas na era do Grande Nivelamento. Se a Primeira Guerra Mundial é endógena às condições económicas do início do século XX na Europa (e no mundo), então a nossa leitura da forma descendente da curva de Kuznets é muito diferente de ambas as leituras de Kuznets e Piketty. As contradições internas entre diferentes classes sociais encontraram um escape na guerra, e depois de a guerra ter libertado

A DESIGUALDADE DENTRO DOS PAÍSES | 109

outras forças (incluindo o crescimento do movimento socialista, da revolução russa e, claro, da destruição do capital físico e financeiro), a parte em forma descendente da primeira onda de Kuznets ocorreu – não, como implícito na interpretação de Piketty, como sendo um evento exógeno à economia, mas como parte integrante da economia e, sobretudo, como parte da grande desigualdade social e económica que precedeu a guerra. Esta interpretação é também diferente da de Kuznets, que essencialmente ignora o papel das guerras.

Outros ganhos económicos reais que vieram depois da guerra e que reduziram a desigualdade de rendimentos, desde a democracia social na Suécia até ao *New Deal* nos EUA, aos impostos elevados e à influência dos sindicatos na maioria dos países da Europa Ocidental, foram de facto forças económicas ou, como as apelidámos, forças benignas corretamente salientadas por Kuznets – mas aconteceram porque foram precipitadas pela guerra, e a guerra em si aconteceu porque a desigualdade de rendimentos a provocou.

Esta leitura da história no final da anterior era da globalização é crucial, não só para abordar as forças que acabaram com a globalização e colocaram a curva de Kuznets no seu percurso descendente, mas porque ajuda a esclarecer a situação atual. O aumento da desigualdade aciona de facto forças, frequentemente de natureza destrutiva, que, em última análise, levam à sua diminuição, mas que, no decorrer do processo, destroem muitas outras coisas, incluindo milhões de vidas humanas e grandes quantidades de riqueza. Um nível muito elevado de desigualdade acaba por se tornar insustentável, contudo não entra em declínio por si só; pelo contrário, gera processos como guerras, conflitos sociais e revoluções, que a fazem diminuir.

Esta perspetiva permite-nos notar a semelhança entre os declínios da desigualdade na era pré-industrial, que foram na sua maioria causados por cataclismos como guerras, epidemias ou catástrofes naturais, e o declínio da desigualdade durante a primeira onda de Kuznets. Entre 1914 e 1980, a diminuição da desigualdade foi suscitada por um processo doloroso, uma combinação de forças malignas, como guerras e políticas económicas benignas, que se caracterizaram pela confluência de interesses entre os partidos políticos de esquerda (que defendiam educação gratuita, cuidados de saúde, etc.) e classes detentoras de propriedade que, devido ao receio dos novos movimentos socialistas e da possível expropriação de capital, aceitaram medidas que criaram uma classe média mais generalizada. Não estou a considerar unicamente o mundo rico, mas todos. Em Estados em vias de desenvolvimento como a Turquia, o Brasil e a Coreia do Sul, ocorreu o mesmo processo, inclusive durante ditaduras de direita. Este processo também foi promovido pelas políticas de desenvolvimento internacional dos EUA ao longo das décadas de 1950, 1960 e 1970, quando os EUA apoiaram regimes oligárquicos de direita mas, em troca desse apoio, incentivaram, e nalguns casos pressionaram, esses regimes a conferirem abertura às classes médias. Os Estados Unidos apoiaram, e até implementaram, reformas agrárias no Japão, Taiwan e Coreia do Sul e também apoiaram esquemas de redistribuição de terras na América Latina, depois de John F. Kennedy ter criado a Alliance for Progress [Aliança para o Progresso] em 1961 (não por acaso, pouco depois da revolução cubana). O mesmo processo existiu nos países comunistas, em que ditaduras de esquerda chegaram ao poder através da nacionalização de capital e promessas de igualdade e depois não puderam renegar essas características essenciais; portanto, prosseguiram com políticas que mantinham a desigualdade sob controlo, incluindo o alargamento em massa da educação e a transferência da mão de obra da agricultura para a indústria – os processos de Kuznets por excelência. É, portanto, errado entender a descida da primeira onda de Kuznets como pertencente apenas às economias ricas. A era do decréscimo da desigualdade de forma transversal – seja através da nacionalização, da expansão da educação, da reforma agrária ou do Estado-Providência – foi uma característica do terceiro quarto do século XX, quase a nível mundial.

Não pretendo menosprezar os elementos puramente económicos (ou benignos) que Kuznets salientou, todavia é importante reconhecer que tiveram lugar num enquadramento social específico. Por exemplo, a ideologia da educação de massas nos países desenvolvidos, que pode ter sido fundamentada pela necessidade de criar uma classe média forte como baluarte contra o comunismo, levou, numa reação puramente económica, a uma diminuição na diferença de educação e, consequentemente, reduziu a desigualdade. Mas talvez nenhum destes desenvolvimentos tivesse ocorrido se a elevada desigualdade não tivesse conduzido a um paroxismo que conduziu o mundo para a guerra.

A DESIGUALDADE DENTRO DOS PAÍSES | 111

Reconhecer o papel da ideologia e dos elementos económicos que contribuíram para a diminuição da desigualdade, de 1950 a 1980, dá-nos esperança de que a humanidade, hoje, perante uma situação muito semelhante à de há cem anos, não permitirá que o cataclismo de uma guerra mundial seja a solução para os picos de desigualdade. A consciência da natureza destrutiva da desigualdade crescente e o conhecimento dos meios «benignos» para reduzi-la, em conjunto com o processo em curso de convergência de rendimentos entre países populosos e relativamente pobres, como a China e a Índia, e o mundo rico, são fatores que nos deixam otimistas de que um processo pacífico de diminuição da desigualdade no mundo possa ser conseguido neste século. Regressaremos a este tema no Capítulo 4.

EXCURSO 2.2 O outro Grande Nivelamento: a desigualdade no socialismo

Um grande nivelamento, mais radical do que o que teve lugar no Ocidente, aconteceu nos países que, na esteira da Rússia em 1917–1922, se tornaram socialistas depois da Segunda Guerra Mundial. O grande nivelamento socialista pode ter influenciado o Grande Nivelamento ocidental através do impacto dos partidos socialistas e comunistas no Ocidente, mas independentemente da relação exata, os dois processos de nivelamento, juntamente com processos similares, produtos da descolonização em países em vias de desenvolvimento, como a Turquia e o Brasil, devem todos ser vistos como parte da mesma tendência, característica do curto século xx.

O grande nivelamento socialista foi produzido de forma simples. Primeiro, a maioria das empresas foi nacionalizada, o que, como nas empresas detidas pelo Estado no Ocidente, resultou numa distribuição de salários mais comprimida. (Abundam os dados sobre as distribuições salariais das economias socialistas e vários estudos documentam a compressão de salários.) [44] A diferença na educação foi também reduzida. Uma vez que a maioria dos países que se tornaram socialistas era menos desenvolvida do que a Europa Ocidental e os EUA, era de esperar que a diferença na educação fosse elevada (digamos, similar à que existia na América Latina). Mas a nacionalização das empresas mudou isso: os salários dos trabalhadores pouco qualificados eram relativamente altos e os salários dos trabalhadores muito qualificados relativamente baixos. O enorme aumento da educação do lado da oferta, contudo, teria sempre produzido alguma redução na diferença salarial para qualificações elevadas, mesmo tratando-se de economias de mercado.

A nacionalização dos meios de produção teve dois outros efeitos na distribuição dos rendimentos. Aboliu os rendimentos provenientes da propriedade, que são sempre exclusivos dos ricos, e quase eliminou a rendibilidade empresarial, uma vez que o empreendedorismo privado foi banido ou empurrado para as margens. A rendibilidade empresarial continuou a existir só em setores de serviços de pequena escala (hotéis, oficinas, etc.) e, na Jugoslávia e na Polónia, na agricultura, onde a terra permaneceu em grande parte nas mãos dos privados, mas foi dividida em parcelas. Em países como a Rússia e a Hungria, onde grandes latifúndios tinham dominado no passado, a nacionalização da terra eliminou os rendimentos elevados da aristocracia fundiária. Por fim, os empregos garantidos e a consequente falta de desemprego (com poucas exceções), as pensões generalizadas (frequentemente com exceção da agricultura) e a subsidiação de bens essenciais (assim garantindo que os subsídios eram progressivos) completaram o cenário: este sistema de redistribuição foi usado para equalizar ainda mais os resultados. Não é de surpreender que, segundo o sociólogo checo Jiři Večernik (1994), seja possível estimar o rendimento total dos agregados familiares tomando em consideração as características demográficas do agregado familiar: por quantos membros era constituído e que idades tinham. Por outras palavras, posse de educação e propriedade, os dois elementos determinantes mais poderosos dos rendimentos nas economias de mercado, foram tornados irrelevantes.

Foi este nivelamento radical um sucesso? Quanto à redução da desigualdade, sem dúvida que sim. Mas, em termos de crescimento e inovação, não foi. Durante muito tempo, os decisores políticos socialistas defenderam que demasiada equiparação salarial anulava os incentivos para adquirir novas competências e trabalhar arduamente. Na fase «heroica» do socialismo, isto podia ser compensado através da «emulação socialista» – rendimento físico e consideração social, adquiridos por aqueles que, como o mineiro Aleksei Stakhanov, herói epónimo do movimento do stakhanovismo, trabalharam arduamente sem qualquer compensação pecuniária. Contudo, a longo prazo, este sistema era insustentável. Um fluxo de reformas socialistas nos anos 1960 deveria ter colmatado os defeitos do sistema: permitir às empresas ficar com mais dinheiro e distribuí-lo entre os melhores trabalhadores, para assim aumentar a produtividade. Mas as reformas falharam nos pilares de um sistema que, ideologicamente, não podia permitir grandes diferenças nos rendimentos entre as pessoas e cuja elite política não queria renunciar ao controlo das empresas. O nivelamento socialista, ou *uravnilovka* em russo, como era conhecido no bloco de Leste, também era inimigo da evolução tecnológica. Com o passar dos anos e com a natureza da própria evolução tecnológica a mudar, deixando de estar incorporada em grandes redes de indústrias, como a eletricidade e os caminhos de ferro, para ser muito mais descentralizada, as economias socialistas ficaram atrás dos seus pares capitalistas. Enfrentaram a chamada *zastoi*, ou estagnação, da era Brejnev, que acabou por levar o sistema ao colapso. O exemplo das economias socialistas contém várias lições. A primeira é que há limites para políticas voluntaristas em que a desigualdade diminui desalinhada com as condições económicas. Num sentido mais aprofundado, tais políticas eram antimarxistas porque violavam a interdependência entre o desenvolvimento das forças de produção e as relações da produção. Talvez o «pecado original» tenha sido que a primeira revolução marxista teve lugar num país menos desenvolvido como a Rússia. Em segundo lugar, a igualdade pode ser levada demasiado longe: desincentiva o trabalho árduo, a educação e a inovação. Em terceiro lugar, a ideologia importa e, contrariamente às alegações dos institucionalistas modernos como Acemoglu e Robinson (2012), poder político concentrado não implica necessariamente poder económico concentrado.

O que está a fazer a segunda onda de Kuznets subir e o que poderá fazê-la descer?

Como explicar a porção ascendente? A segunda onda de Kuznets tem muitas semelhanças com a primeira. O seu aumento foi impulsionado por uma segunda revolução tecnológica (resultante sobretudo da evolução nas tecnologias de informação) e pela globalização (que, como vimos, também acompanhou a primeira revolução tecnológica) [45]. Ambas as revoluções tecnológicas criaram rendas; no caso da segunda, estas rendas foram geradas pelas telecomunicações, pelas farmacêuticas e pelo setor financeiro, tanto para os líderes tecnológicos como para aqueles que fizeram uso do poder político para adquirir monopólios de poder e proteção. (Este último processo não foi em si próprio independente do sucesso económico, porque para conseguir fazer lóbi e influenciar os decisores políticos é preciso ser rico.)

Quanto ao trabalho, ocorreu uma transferência das atividades de manufatura para os serviços (não muito diferente da transferência da agricultura para a manufatura que ocorreu durante a primeira revolução tecnológica). O setor dos serviços é mais heterogéneo em termos de profissões e qualificações do que o setor da manufatura e a dispersão salarial é muito maior. A Figura 2.21 mostra a relação entre os salários no percentil 90.º da distribuição de salários *versus* os salários no percentil 10.º para a distribuição na manufatura e nos serviços, nos EUA de 1979 a 2014. Em 1979-1980, as disparidades eram quase idênticas em ambos os setores. Mas, desde então, embora a desigualdade salarial tenha aumentado em ambos os setores, o aumento foi muito maior para os serviços; em 2014, a disparidade salarial entre os percentis 90.º e 10.º era 5,0 nos serviços e 4,4 na manufatura. Daí que a mudança do trabalho da manufatura para os serviços tenderá a aumentar a desigualdade salarial e, em última análise, a desigualdade dos rendimentos.

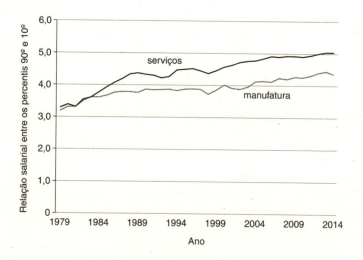

FIGURA 2.21 Desigualdade salarial na manufatura e nos serviços nos EUA, 1979-2014

Este gráfico mostra a desigualdade salarial entre os assalariados da manufatura e dos serviços nos EUA através de uma medição da relação entre o salário do percentil 90.º da distribuição e o salário do percentil 10.º da distribuição. Mostra que a desigualdade salarial nos serviços é maior do que a desigualdade salarial na manufatura e que a diferença tem vindo a aumentar. Fonte dos dados: tabela inédita de dados do estudo da população *Current Population Survey Outgoing Rotation Group* (CPS ORG), gentilmente facultada por Larry Mishel do Economic Policy Institute. Pormenores sobre os dados no apêndice B de http://stateofworkingamerica.org/files/book/Appendices.pdf

O setor de serviços envolve uma maior dispersão física de atividades do que a manufatura e tem unidades de dimensão muito menor. Estas duas características tornaram a organização de trabalhadores mais difícil ou de menor relevância. Numa era em que os interesses em comum entre vários grupos de empregados são menos claros e os trabalhadores estão fisicamente mais dispersos, as organizações sindicalistas suscitam menor atenção do que no passado, resultando num declínio quase universal da influência dos sindicatos nos países ricos. Este declínio é ilustrado na Figura 2.22, em que, juntamente com os EUA e o Reino Unido, mostro dados para a Áustria e a Alemanha, há muito consideradas exemplos do «mundo do capitalismo de apoio social» corporativista (Esping-Andersen 1990), em que a forte sindicalização era entendida como característica essencial do sistema. O nível de sindicalização diminuiu nos quatro países a partir de 1999 até 2013, de forma especialmente acentuada nos dois Estados corporativistas. A média não ponderada de mão de obra sindicalizada entre trabalhadores em todos os países da OCDE caiu de 21 por cento em 1999 para 17 por cento cerca de uma década e meia depois [46]. O declínio da influência dos sindicatos foi especialmente forte no setor privado. Nos setores públicos de educação e saúde, a convergência de interesses entre os trabalhadores permaneceu tão forte como no passado e a influência dos sindicatos diminuiu em menor escala [47].

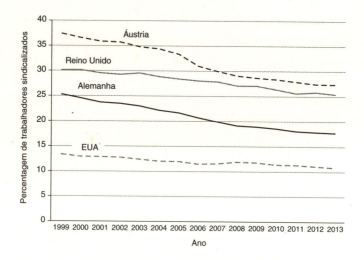

FIGURA 2.22 Influência dos sindicatos
em países selecionados da OCDE, 1999–2013

Este gráfico mostra a percentagem de trabalhadores sindicalizados na Áustria, no Reino Unido, na Alemanha e nos EUA. Mostra que a percentagem tem vindo a diminuir desde 1999. Fonte dos dados: baseado em dados disponíveis da OCDE em https://stats.oecd.org/Index.aspx?DataSetCode=UN_DEN.

O declínio da influência dos sindicatos marca um processo mais geral de enfraquecimento da posição negocial do trabalho em relação ao capital. Numa recente revisitação ao seu próprio contributo para a teoria do crescimento, Robert Solow analisou a possibilidade de o declínio da parcela do trabalho nos países ricos se dever à renegociação das rendas a favor dos donos do capital ([48]). Solow tem em consideração um modelo económico amplo de concorrência imperfeita, em que o valor acrescentado é distribuído entre o trabalho e o capital, pago de acordo com os seus produtos marginais acrescidos da renda, e é objeto de negociação entre ambas as partes. Estas rendas podiam ser rendas de monopólio, rendas de patentes, rendas decorrentes de obstáculos à entrada e outras semelhantes. O ponto essencial é que a distribuição das rendas ao nível de cada empresa, setor e, em última análise, de toda a economia depende do relativo poder de negociação do capital e do trabalho. A atual era da globalização assistiu a um aumento enorme da mão de obra disponível, quer porque a população mundial aumentou em dois terços, desde 1980, quer porque a China e os antigos países comunistas entraram no mercado mundial de trabalho. Este crescimento da disponibilidade de mão de obra, segundo Solow, enfraqueceu a posição do trabalho a nível mundial e permitiu aos donos do capital ficarem com a maior parte das rendas para si. Uma ideia similar é expressa por Chau e Kanbur (2013), que a modelam como um jogo de equilíbrio Nash em que a posição de retirada do capital, devido à sua capacidade de se mover de país em país em busca de impostos mais baixos, é muito mais forte do que a do trabalho.

As razões para o aumento da desigualdade nos países da OCDE foram exaustivamente estudadas nas últimas duas décadas, desde que esse aumento se tornou evidente. Originalmente, prestou-se muita atenção ao alongamento salarial, sobretudo nos EUA, sendo a mudança tecnológica favorável a quem tem qualificações e a globalização os dois concorrentes principais a fatores explicativos ([49]). Depois da publicação de O Capital no Século XXI, de Piketty, o papel dos rendimentos do capital (tanto a sua taxa de rendibilidade como o rácio crescente capital/rendimentos) atraiu mais atenção. Também se constatou (de forma algo óbvia) que as alterações nas políticas, em particular a redução de taxas de impostos marginais sobre os rendimentos mais elevados e os impostos mais baixos sobre o capital, contribuíram para o aumento da desigualdade. Por outras palavras, a função redistributiva do Estado moderno e desenvolvido tornou-se mais fraca ou permaneceu mais ou menos igual aos anos 1980. E, mesmo nos casos raros em que a redistribuição aumentou, não foi suficiente para travar o aumento na desigualdade dos rendimentos do mercado (desigualdade no trabalho primário e nos rendimentos do capital, ou seja, antes das transferências sociais e dos impostos diretos estarem incluídos). Este aumento subjacente da desigualdade de rendimentos do mercado – refletindo uma dispersão salarial mais elevada, uma maior concentração de rendimentos do capital e a combinação de rendimentos mais elevados, tanto do capital como do trabalho, nos mesmos indivíduos – é crucial para entender a porção ascendente da segunda onda de Kuznets.

A Figura 2.23 ilustra o aumento significativo da desigualdade dos rendimentos do mercado que ocorreu tanto nos EUA como na Alemanha entre 1970 e 2010. Consideremos primeiro os EUA: o gráfico mostra que, quando adicionamos as transferências sociais aos rendimentos do mercado (para obter os rendimentos brutos) e depois deduzimos os impostos diretos (para obter os rendimentos disponíveis), o nível da desigualdade é sempre reduzido; ou seja, tanto as transferências sociais como os impostos reduzem de facto a desigualdade. No entanto, a tendência de aumento da desigualdade dos rendimentos disponíveis é quase idêntica à tendência de aumento da desigualdade dos rendimentos do mercado. A desigualdade dos rendimentos do mercado aumentou de 42 para pouco mais de 50 pontos de Gini (um aumento de 8 pontos), enquanto a desigualdade dos rendimentos disponíveis aumentou de cerca de 36 para 41 pontos de Gini (um aumento de 5 pontos). A redistribuição tornou-se ligeiramente mais importante, ou mais progressiva, mas falhou em neutralizar o aumento subjacente da desigualdade dos rendimentos do mercado.

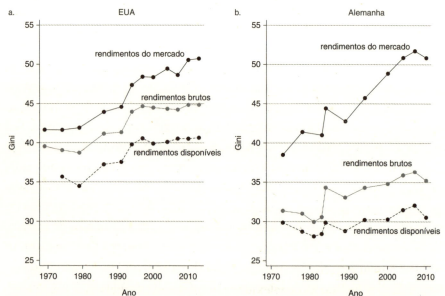

FIGURA 2.23 Desigualdade de rendimentos do mercado, rendimentos brutos e rendimentos disponíveis para os EUA e a Alemanha, 1970–2010

Este gráfico compara a desigualdade em termos de rendimentos do mercado, brutos e disponíveis nos EUA (a) e na Alemanha (b) entre 1970 e 2010. Os rendimentos do mercado, ou fator, incluem receitas do trabalho e do capital antes de impostos, mas não incluem quaisquer transferências do Estado (sociais).

Os rendimentos brutos são iguais aos rendimentos do mercado mas incluem as transferências sociais (pensões públicas, subsídios de desemprego, abonos de família e assistência social). Os rendimentos disponíveis são idênticos aos rendimentos brutos menos todos os impostos diretos (federais e estatais). Todos os cálculos são feitos numa base *per capita* (ou seja, os Ginis são calculados transversalmente em rendimentos *per capita* de agregados familiares). Fonte dos dados: calculados a partir do Luxembourg Income Study (http://www.lis-datacenter.org/).

Ao analisarmos os dados para a Alemanha, vemos que as políticas governamentais, sobretudo através de maiores transferências sociais, tiveram um efeito marcante na redução da desigualdade – quando se compara a Alemanha com os EUA, e também dentro da própria Alemanha ao longo do tempo. Essas políticas falharam, contudo, na anulação total do aumento da desigualdade dos rendimentos do mercado na Alemanha: a desigualdade dos rendimentos disponíveis ainda assim aumentou, mesmo que apenas 1 a 2 pontos de Gini.

Outros fatores também foram apresentados como «culpados» do aumento da desigualdade. Um deles diz respeito a mudanças comportamentais, como a maior prevalência de escolha de parceiro com características semelhantes, ou homogamia: os casamentos entre pessoas com elevadas qualificações e com altos rendimentos são mais comuns do que eram nos anos 1950 e 1960 (Greenwood et al. 2014). Outra causa sugerida envolve mudanças vagamente definidas na ética ou nas normas de pagamento, que permitem disparidades muito mais alargadas entre o pagamento dos gestores de topo e o dos trabalhares normais (Levy e Temin 2007; Piketty 2014, cap. 9).

Não é meu objetivo pronunciar-me sobre todos os prováveis fatores. Acredito que, devido à complexidade do processo, a explicação seja determinada por vários fatores, no sentido de que somar todas estas explicações e atribuir-lhes importâncias relativas levar-nos-ia a explicar mais do que 100 por cento da mudança. Talvez se consiga percecionar melhor esta complexidade quando contrastamos as duas explicações dominantes para o aumento da desigualdade salarial nos EUA: mudança tecnológica favorável às qualificações e globalização. Podia ser que, como argumentam Ebenstein, Harrison e McMillan (2015), numa competição «taco a taco» entre estas duas explicações vencesse o preço mais baixo dos bens de capital, que leva à substituição do trabalho de rotina e a uma maior complementaridade entre capital e trabalhadores altamente qualificados – nomeadamente, explica a maior parte do aumento da desigualdade salarial. Mas essa cadeia causal em particular (preço mais baixo de bens de capital → mudança tecnológica → substituição de trabalho rotineiro) só poderia ter ocorrido sob as condições da globalização, em que os preços reduzidos dos bens de investimento foram possibilitados graças à existência de mão de obra barata na China e na restante Ásia ([50]).

Em linguagem simples, pode ser que o *software* SAP, os computadores Lenovo e os iPhones Apple tenham substituído de facto o trabalho ou reduzido os salários de agentes de viagens, empregados de hotel, contabilistas e assistentes de loja, mas o que podemos interpretar como mudança tecnológica favorável às qualificações é que esta se deu devido ao *hardware* barato para esses produtos que foi produzido em países asiáticos de salários baixos. Esta é exatamente a interpretação que podemos dar à curva em S deitada do Capítulo 1 (Figura 1.1): estes desenvolvimentos inter-relacionados na Ásia e no Ocidente ajudaram a aumentar os rendimentos de pessoas relativamente pobres na Ásia (a classe média mundial emergente), enquanto abrandaram praticamente para zero o crescimento dos rendimentos da classe média baixa das economias avançadas. (Aqueles que gostam de modelos podem pensar na economia mundial como composta por dois setores – um que constrói bens de capital em economias de salários baixos e outro que usa essas máquinas para se livrar do trabalho de baixas qualificações nos países ricos e que só usa trabalho qualificado para produzir bens de luxo e serviços.)

Mudança tecnológica e globalização estão, portanto, intrincadas e seria escusado tentar desenredar os seus efeitos individuais. Retirar uma delas da equação acabaria com praticamente todo o aumento da desigualdade salarial. E pelo contrário, acrescentar qualquer uma delas ao nível atual da outra (por exemplo, «acrescentar» globalização à computação existente) iria em si mesmo explicar todo o aumento da desigualdade salarial. Se, para além disso, considerarmos as mudanças políticas como endógenas no que respeita à globalização (como penso que devia ser), torna-se muito claro que todos os três elementos do TAP (tecnologia, abertura e política) são mutuamente dependentes e não podem ser separados em nenhum nível significativo.

Este tipo de mudança tecnológica endógena, em que as invenções não «caem do céu», mas são feitas para substituir fatores de produção relativamente mais caros (como o trabalho nos países ricos), é precisamente o mesmo tipo de mudança tecnológica que, segundo Robert Allen, foi responsável pela primeira revolução tecnológica, que conduziu ao primeiro ciclo (moderno) de Kuznets. Numa série de artigos e num livro, Allen (2003, 2005, 2011) argumentou que não foram os direitos de propriedade britânicos (que eram mais precários do que em França) ou os impostos baixos (que por acaso eram mais altos do que França) os elementos cruciais para o arranque britânico, mas, pelo contrário, o elevado custo do trabalho. Salários altos tornaram lucrativo tentar encontrar formas de substituí-lo por capital. Retrocedendo ainda mais no passado, o mesmo mecanismo foi defendido por Aldo Schiavone (2002), na esteira de Marx (1965), como explicação do motivo para a produção intensiva de capital nunca ter tido lugar no mundo da antiguidade, especificamente em Roma. O trabalho, que provinha frequentemente de pessoas escravizadas em resultado das conquistas, era demasiado barato para os romanos considerarem seriamente substituí-lo por máquinas – mesmo que se tenha descoberto o motor a vapor e este tenha sido usado como brinquedo em Alexandria no século II. Portanto, a evolução tecnológica atual não se «comporta» de forma diferente, nem responde a estímulos diferentes, em relação ao passado, só que agora o âmbito das operações é mundial.

As explicações contabilísticas para o aumento da desigualdade nos países ricos, como apresentadas em vários relatórios da OCDE (OCDE 2008, 2011), são mais modestas, uma vez que o seu objetivo não é uma explicação causal do aumento da desigualdade. Podem ser preferíveis em algumas situações, porque evitam a questão da determinação por vários fatores e não são contenciosas no sentido de que os fatores que elencam podem ser comprovados como responsáveis por aumentar a desigualdade (sem dúvida, apenas num sentido contabilístico). Mas a desvantagem é que não facultam uma explicação analítica (por exemplo, para o que causou uma distribuição salarial mais desigual) e também deixam uma grande parte do aumento da desigualdade por explicar. Para a desigualdade entre agregados familiares, a OCDE (2011), recorrendo a dados de inquéritos aos agregados familiares de cerca de 20 países ricos entre meados dos anos 1980 e 2008, mostra que 60 por cento do aumento se deveu ao alargamento da disparidade entre os salários dos homens juntamente com uma maior participação dos homens no trabalho (com o fator anterior a representar dois terços deste total). Mas não podemos dizer se este alongamento dos salários foi resultado da mudança tecnológica favorável às qualificações ou da globalização (na forma de deslocalização de trabalho interno em prol de importações mais baratas e externalização). A escolha de parceiro com características semelhantes e as alterações na estrutura familiar (por exemplo, mais jovens que decidem viver sozinhos) explicam outros 22 por cento da mudança. O aumento da participação das mulheres na força laboral, porém, reduziu a desigualdade em cerca de 19 por cento. Por fim, os cerca de 40 por cento do aumento da desigualdade de rendimentos permaneceram residuais. (É interessante especular se o aumento da participação das mulheres na força laboral está relacionado com a importância crescente da escolha de parceiro com características semelhantes e se o efeito líquido destes dois fenómenos na desigualdade de rendimentos pode aproximar-se do zero [22 menos 19, neste caso].)

É possível, com algum esforço e simplificação, atribuir todos estes elementos «de contabilização» a um dos três grupos de fatores: tecnologia, abertura/globalização e política (a nossa TAP). No entanto, podemos argumentar que a TAP, por sua vez, está diretamente relacionada com a segunda revolução tecnológica: a evolução tecnológica e a passagem do trabalho para os serviços fazem parte desta revolução quase por definição; a globalização foi uma companheira indispensável para o desenvolvimento de redes de produção mais vastas e para a redução nos custos de produção; e a política, mais claramente no caso de impostos mais baixos sobre o capital, tem sido uma resposta «endógena» à globalização, ou seja, à mobilidade do capital.

Forças que contrabalançam o aumento da desigualdade. Não há dúvida de que a curva de Kuznets começou a aumentar desde o início dos anos 1980 até à segunda década do século XXI e que este aumento tem sido a razão-chave para o desencantamento com a hipótese de Kuznets – que previa apenas uma única curva, com a desigualdade a aumentar e depois a diminuir. Num campo mais especulativo, podemos agora perguntar quanto tempo os países ricos conseguem continuar nesta trajetória ascendente e o que pode, em última análise, travar e seguidamente inverter o aumento da desigualdade de rendimentos.

Irei afirmar no Capítulo 4 que as forças que impulsionam a continuação do aumento da desigualdade se afiguram esmagadoras nos EUA. Incluem não apenas forças TAP existentes e estudadas em profundidade, mas também novas forças. Especialmente importante é a combinação de rendimentos elevados de trabalho e capital recebidos pelos mesmos indivíduos ou agregados familiares (o que aumenta a desigualdade) e a maior influência dos ricos no processo político e, portanto, na criação de regras que lhes sejam favoráveis. As forças económicas benignas que podem restringir o aumento da desigualdade parecem ser escassas. As forças malignas, que, conforme discutimos, colocaram a desigualdade num percurso descendente no início do século XX, são impossíveis de prever. No entanto, devemos observar que, muito frequentemente ao longo da história, foram precisamente as forças malignas da guerra, conflitos, conquistas ou epidemias que reduziram a desigualdade. A sua influência e papel não podem ser excluídos no futuro.

Aqui, porém, não pretendo discutir as perspetivas de um país em particular, mas, a um nível muito abstrato, as forças benignas que poderiam hipoteticamente conduzir os países ricos à porção descendente da segunda onda de Kuznets. São cinco. A primeira envolve mudanças políticas que podem produzir impostos mais elevados e mais progressivos. Em democracias plenas, esta mudança devia surgir «naturalmente», pois devia esperar-se que o aumento da desigualdade resultasse em maior exigência de redistribuição pelo Estado. Isto é, por exemplo, a implicação do teorema do eleitor mediano, que afirma que num cenário mais desigual os eleitores vão escolher uma taxa de impostos mais elevada, mas a relevância empírica é pouco clara (Milanovic 2000, 2010a). No entanto, devemos manter-nos céticos quanto à probabilidade de tais mudanças. Se há algo que podemos apontar, é que a globalização se fez acompanhar de uma redução de impostos; e as soluções políticas para a maior desigualdade são limitadas pela mobilidade do capital, assim como pela capacidade de as pessoas mudarem de jurisdição para evitar impostos (ver Zucman 2013). O papel acrescido do dinheiro na política é igualmente favorável aos ricos. Da mesma forma, aqueles que podiam beneficiar de uma maior redistribuição podem não estar conscientes disso, pois sofrem de «falsa consciência». (Irei regressar a estes temas, no contexto dos EUA, no Capítulo 4.)

A segunda força é a competição entre educação e competências. Parte do aumento da diferença nas qualificações, sobretudo nos EUA, poderia ser colmatada com o aumento de oferta de trabalhadores altamente qualificados. Mas também aqui enfrentamos um limite natural: o número de anos de formação académica atingiu o limite máximo, porque é irrealista aumentar o número médio além dos 13 anos. Até o facto de o nível médio académico nos EUA já não ser o mais alto do mundo, segundo dados da UNESCO, é uma explicação insatisfatória ou pelo menos exagerada para o aumento da diferença salarial: a disparidade entre os países com o número mais elevado de escolaridade (Suíça e Reino Unido) e os EUA é de 0,7 anos (13,7 vs. 13 anos). Além disso, não é sequer certo que os EUA tenham caído da primeira posição. O conjunto de dados Barro-Lee, fonte essencial para dados comparativos sobre a educação e que mede o mesmo que os dados da UNESCO, ainda mostra os EUA em primeiro lugar em 2010, mesmo à frente da Suíça [51]. Portanto, acreditar que muito pode ser concretizado aumentando o nível de escolaridade em cerca de meio ano ou que é uma causa significativa do aumento da diferença na educação é, quanto a mim, irrealista.

Claro, a qualidade da educação pode ser melhorada, mas também aí parece que estamos perante limites naturais, dada a aptidão e interesse dos alunos em ter bons resultados seja no que for que escolhem fazer. Não pode esperar-se, mesmo que as oportunidades fossem totalmente equitativas, que todos estivessem interessados em tornar-se o próximo Einstein e que tenham a capacidade para o ser.

A terceira força para a redução da desigualdade é a dissipação das rendas acumuladas nas primeiras fases da revolução tecnológica. À medida que a revolução progride, outras pessoas e empresas chegam ao nível dos primeiros inovadores, as rendas são reduzidas ou eliminadas e a desigualdade de rendimentos diminui. De facto, grande parte da riqueza atual foi acumulada nos novos setores tecnológicos, sendo o seu expoente máximo Silicon Valley. James Galbraith (2012, 144) mostra que metade do aumento da desigualdade dos rendimentos pessoais nos EUA, entre 1994 e 2006, é explicada pelo crescimento dos rendimentos excecionalmente elevados em cinco (de entre mais de três mil) condados dos EUA: Nova Iorque (que inclui o distrito de Manhattan), Santa Clara, São Francisco e San Mateo, na Califórnia, e King County no estado de Washington. Do que sabemos destes condados, não é difícil concluir que as pessoas que trabalham ou têm ações nos setores financeiro, de seguros ou de tecnologias da informação foram as principais beneficiárias. Ganharam rendas enormes. Mas estas rendas não vão durar para sempre: a sua dissipação irá reduzir a desigualdade.

O quarto elemento que pode controlar o aumento da desigualdade no mundo rico é a convergência de rendimentos a nível mundial, com os salários na China e na Índia a aumentarem para se aproximarem dos salários praticados atualmente nos países ricos. Este movimento, contrário ao que testemunhámos nos primeiros 25 anos de globalização (ver Capítulo 1), iria pôr fim ao esvaziamento das classes médias dos países ricos e poderia dar o mote para uma redução da desigualdade entre os países. Isto, claro, pressupondo – uma grande conjetura e talvez injustificada – que outros países pobres como a Indonésia, o Vietname e a Etiópia não surgiriam para preencher o lugar deixado pela China e pela Índia, mantendo a pressão sobre os salários dos EUA e dos outros países ricos.

A quinta e última força é a mais especulativa: evolução tecnológica favorável a quem tem baixas qualificações, ou seja, tecnologias que aumentam mais a produtividade dos trabalhadores pouco qualificados do que a dos com mais qualificações. Apresentar esta ideia agora, quando é tido quase como incontestável que a evolução tecnológica é favorável a quem tem qualificações elevadas ou que é (pelo menos) prejudicial à situação dos trabalhadores que desempenham tarefas rotineiras, parece de certa forma quixotesco. No entanto, como implícito na teoria da mudança tecnológica endógena (em que a tecnologia se adapta para que se aumente a utilização dos fatores de produção menos dispendiosos), devemos esperar invenções que favoreçam as baixas qualificações, se a disparidade salarial entre trabalho altamente qualificado e não qualificado continuar a aumentar. À medida que o trabalho altamente qualificado se torna relativamente mais caro, tem de chegar o momento em que a produção levada a cabo com trabalho menos qualificado se torna mais eficiente. Esta situação, por sua vez, deve gerar incentivos para os inventores olharem para inovações tecnológicas favoráveis às baixas qualificações. (Registe-se que este processo funciona através de efeitos de incentivo que são similares aos que tornam a aquisição de educação superior mais vantajosa quando essa relevância das qualificações é elevada. Portanto, a competição de Tinbergen e as inovações endógenas têm a mesma causa principal.)

A mudança tecnológica favorável a quem tem baixas qualificações iria contra o essencial das inovações tecnológicas que historicamente têm sido prejudiciais ao trabalho de baixas qualificações e têm sido uma característica do capitalismo desde os primórdios. Pode argumentar-se, porém, que, pelo menos em parte, a razão por que a mudança tecnológica tendeu para a substituição do trabalho foi por ser usada como mecanismo disciplinador do trabalho e, durante períodos de conflito de classes, os capitalistas acharem conveniente depender menos do trabalho. Uma máquina será sempre mais obediente do que um trabalhador. Na medida em que o poder do trabalho organizado diminua e o conflito de classes recue, os capitalistas podem passar a temer menos o estímulo às inovações laborais favoráveis às baixas qualificações. Esta sugestão é, no entanto, especulativa e não estou certo da esperança que devemos depositar nela ([52]).

Estas são, então, as forças que podemos colocar como hipótese para conduzir os países ricos até à porção descendente da segunda onda de Kuznets. Há também que ter em mente que o pico da desigualdade desta onda (que a maioria dos países ainda não atingiu à altura em que escrevo, 2015) vai muito provavelmente ser menor do que o pico da primeira onda de Kuznets. O motivo prende-se com o número de «redutores» automáticos da desigualdade, consubstanciados em programas sociais extensos e saúde e educação gratuitas financiadas pelo Estado, que foram estabelecidos desde a última parte do século XIX. Se o pico do segundo ciclo de Kuznets for menor do que o pico do primeiro, talvez também possamos esperar que a tendência descendente (quando ocorrer) possa não ser tão acentuada como foi na primeira parte do século XX. Consequentemente, os ciclos de Kuznets podem tornar-se menos drásticos. No entanto, isto não passa de uma conjetura. O futuro costuma gostar de nos surpreender.

3

A DESIGUALDADE ENTRE PAÍSES

De Karl Marx a Frantz Fanon e seguidamente de volta a Marx?

Vossas Excelências devem saber por experiência própria que o comércio na Ásia deve ser conduzido e mantido sob a proteção das Vossas próprias armas, bem como que as armas devem ser pagas com os lucros do comércio, pelo que não podemos realizar operações comerciais sem guerra nem guerra sem operações comerciais.

– Jan Pieterszoon Coen, Companhia das Índias Orientais Neerlandesa (1614)

Mudar o nível e a composição da desigualdade no mundo

Após termos explorado padrões de desigualdade dentro dos próprios países no Capítulo 2, voltamo-nos neste capítulo para as diferenças em termos de desigualdade entre países. Primeiro, recordamos o que vimos no Capítulo 1 sobre as mudanças recentes em matéria de desigualdade no mundo. A curva em S deitada (Figura 1.1) demonstrou que os 1 por cento de topo tornaram-se muito mais ricos entre 1988 e 2008, contribuindo assim para o aumento da desigualdade no mundo, mas esta foi reduzida pelo forte crescimento entre amplas secções da população mundial situada entre o 40.º e o 60.º percentil. O gráfico sugere, portanto, que a desigualdade global no mundo poderá ter diminuído. E, na verdade, constatamos que o coeficiente de Gini mundial decresceu de

72,2 em 1988 para 70,5 em 2008 e, posteriormente, para cerca de 67 em 2011 (com algumas advertências que serão referidas adiante). Este facto representa a primeira vez desde a Revolução Industrial que a desigualdade no mundo deixou de aumentar ([1]). Iremos agora analisar a tendência a longo prazo em termos de desigualdade no mundo e o contributo das desigualdades em diferentes países.

A desigualdade no mundo entre 1820 e 2011. As estimativas de desigualdade no mundo no período de 1820 a 1992 recorrem aos dados muito aproximados produzidos por Bourguignon e Morrisson (2002). Não tendo disponíveis inquéritos aos agregados familiares para o período de 1820 a finais da década de 1960, Bourguignon e Morrisson fizeram algumas suposições alargadas sobre a evolução das desigualdades entre países e utilizaram as estimativas de Angus Maddison relativamente ao PIB *per capita* para os rendimentos médios dos países ([2]). Constataram que a desigualdade no mundo aumentou de forma consistente ao longo do século XIX, impulsionada por aumentos dos rendimentos médios na Europa Ocidental, na América do Norte e na Austrália, enquanto o resto do mundo, e especialmente a Índia e a China, se encontrava estagnado ou em declínio (ver Figura 3.1) ([3]). Assim, por exemplo, o PIB *per capita* britânico, segundo Maddison, aumentou de 2000 dólares em 1820 para quase 5000 dólares em vésperas da Primeira Guerra Mundial; pelo contrário, o PIB *per capita* chinês desceu de 600 para 550 dólares durante este período e os valores para a Índia apresentaram apenas uma subida muito ligeira, de 600 para 700 dólares (todos os valores são indicados em dólares internacionais de 1990). Utilizando uma analogia, a Revolução Industrial (ou aquilo a que neste livro apelidamos de «primeira revolução tecnológica») foi semelhante a um *big bang* que colocou uma parte da humanidade num percurso para rendimentos mais elevados e desenvolvimento sustentado, enquanto a maioria se manteve como estava e alguns até decaíram. Esta divergência de percursos ampliou a desigualdade no mundo.

Além desta divergência entre países, a desigualdade dentro dos próprios países estava igualmente a aumentar nos países mais proeminentes do século XIX, conforme verificámos no Capítulo 2. Por conseguinte, durante esse século as desigualdades aumentaram tanto entre como dentro dos países, aumentando, em conjunto, a desigualdade no mundo. Este processo, como se pode observar na Figura 3.1, abrandou no período após a Primeira Guerra Mundial, altura em que o movimento da desigualdade no mundo apresenta uma forma côncava (aumentando mais lentamente ao longo do tempo), até que o nível atinge o seu auge no último quarto do século XX. Devido à escassez de dados, não podemos ter a certeza quanto à data exata em que a desigualdade no mundo atingiu o seu máximo; pode ter sido em qualquer altura entre 1970 e meados da década de 1990 ([4]).

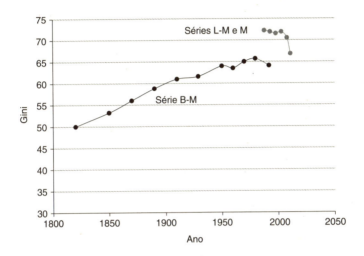

FIGURA 3.1 A desigualdade no mundo, 1820–2011

Este gráfico mostra a desigualdade de rendimentos estimada (medida em valores de Gini) entre todos os cidadãos do mundo nos últimos dois séculos, tendo por base três fontes diferentes mas relacionadas. Vemos que a desigualdade continuou a aumentar até ao final do século XX e que tem estado em queda desde então. A série B-M utiliza dólares internacionais de 1990 e as séries L-M e M utilizam dólares internacionais de 2005; daí a quebra no gráfico.

Fontes dos dados: A série B-M foi retirada de Bourguignon e Morrisson (2002); a série L-M é de Lakner e Milanovic (2013); e a M refere-se aos resultados (não publicados) do autor para 2011.

Para estimativas da desigualdade no mundo desde finais da década de 1980 até ao presente, podemos recorrer aos dados muito mais pormenorizados e precisos dos inquéritos aos agregados familiares que se encontram disponíveis (ver Excurso 1.1). A partir de 1988, baseio-me em valores de Milanovic (2002a, 2005, 2012b) e, especialmente, de Lakner e Milanovic (2013), que criaram dados sobre rendimentos por decis para mais de 100 países. As estimativas do nível de desigualdade no mundo provenientes destas fontes são superiores às estimativas de Bourguignon e Morrisson (2002) (ver Figura 3.1), pois os novos dados incluem muitos mais países (cerca de 120 países, contra as 33 áreas geográficas de Bourguignon e Morrisson) e muitos mais grupos de rendimentos dentro de cada país (muitas vezes 100 percentis ou, pelo menos, «vintis» [20 grupos de 5 por cento cada] obtidos através de microdados, contra 11 «fractis» de Bourguignon e Morrisson). Além disso, as taxas de câmbio subjacentes da paridade de poder de compra (PPC) são diferentes. A disponibilidade de taxas de câmbio de PPC, que se ajustam às diferenças em termos de níveis de preços entre países, é indispensável para o cálculo da desigualdade no mundo (ver Excurso 1.1). Sem as PPC, presumiríamos que as pessoas na Índia se deparam com os mesmos preços que as pessoas que vivem nos EUA. Mas as próprias PPC não são estáveis de ano para ano, nomeadamente nos países asiáticos. Esta instabilidade introduz outro elemento inoportuno de variabilidade nas nossas estimativas de desigualdade no mundo. Se se estimar que o nível de preços na China (com base em estudos de centenas, e em alguns casos de milhares, de preços) é relativamente baixo, como foi o caso nas PPC de 1990 utilizadas por Bourguignon e Morrisson, então irá prever-se que os rendimentos chineses serão relativamente elevados e que a desigualdade no mundo será menor. Quando se constata que o nível de preços chinês é relativamente elevado, como foi o caso nas PPC de 2005 utilizadas por Lakner e Milanovic, o resultado será o oposto. Esta variação em termos de PPC é o segundo elemento, além de uma maior disponibilidade de dados, que resulta numa estimativa mais elevada do coeficiente de Gini mundial por Lakner e Milanovic do que por Bourguignon e Morrisson. Contudo, é importante não esquecer que esta diferença de estimativas do nível global de desigualdade no mundo não afeta, de forma substancial, as conclusões sobre as alterações verificadas em termos de desigualdade no mundo. A variação nas PPC revela uma deslocação ascendente ou descendente isolada do nível de desigualdade no mundo, mas deixa os movimentos anuais praticamente inalterados ([5]).

Entre finais da década de 1980 e sensivelmente o início do século XXI, o nível de desigualdade no mundo foi relativamente constante, oscilando ligeiramente acima de 70 pontos de Gini. Uma análise pormenorizada revela que esta estabilidade depende da China: se a China for excluída dos cálculos, o valor de Gini mundial aumenta (Milanovic 2012b). Até ao ano 2000, a China foi o grande elemento equalizador de rendimentos; após o ano 2000, a Índia passou a desempenhar também este papel. Estes países primeiro controlaram o aumento da desigualdade no mundo e depois contribuíram para a redução do nível geral de desigualdade. Desde sensivelmente o ano 2000, houve sem dúvida sinais de uma diminuição da desigualdade no mundo: cada ano sucessivo para o qual possuímos dados – de um modo geral, os mesmos inquéritos aos agregados familiares no mesmo conjunto de países – apresenta um ligeiro declínio no coeficiente de Gini (conforme demonstra a Figura 3.1). Esta tendência ligeiramente descendente está presente no período entre 1988 e 2008, estudado por Lakner e Milanovic (2013). Os dados relativos a 2011 revelam uma diminuição ainda mais acentuada do valor mundial de Gini, desta vez impulsionada pela estagnação dos rendimentos nos países ricos e por um crescimento contínuo nos restantes, em especial na Ásia ([6]). Por conseguinte, a diminuição da desigualdade no mundo parece estar bem estabelecida. Contudo, é preciso introduzir algumas ressalvas.

Primeiro, estes resultados que demonstram uma diminuição da desigualdade no mundo abrangem um período de tempo relativamente curto de apenas uma década. Segundo, são o produto do progresso na Ásia aliado a um abrandamento no Ocidente. Embora haja bons motivos nesta altura (2015) para acreditar que as taxas de crescimento na Ásia continuarão elevadas, mesmo que se verifique uma desaceleração do crescimento na China, não podemos ter a certeza absoluta desse facto; é possível que ocorra uma inversão destas tendências, e a atual diminuição da desigualdade no mundo pode, a longo prazo, surgir como apenas um pequeno desvio numa tendência globalmente ascendente.

A terceira ressalva, que se reveste de ainda maior gravidade, diz respeito à nossa incapacidade para estimar com precisão os rendimentos mais elevados. Expliquei, no Capítulo 1, que a percentagem dos 1 por cento de topo mundial aumenta se fizermos suposições sensatas e não moderadas no que se refere à omissão de rendimentos elevados dos inquéritos nacionais aos agregados familiares. O mesmo se aplica ao valor mundial de Gini: aumenta quando incluímos suposições no intuito de corrigir a subestimação dos maiores rendimentos. O que antes surgia como um decréscimo significativo de quase dois pontos de Gini entre 1988 e 2008 torna-se uma ligeira diminuição de apenas meio ponto de Gini (Lakner e Milanovic 2013). Sendo assim, a nossa própria conclusão de que a desigualdade no mundo está em queda deve ser encarada com algum ceticismo. Embora os dados de 2011 demonstrem que a diminuição é bastante acentuada, se quisermos ser algo conservadores (e nestas questões devemos ser) a afirmação mais exata seria que as evidências sugerem que a desigualdade no mundo em termos de rendimentos se encontra estável ou em queda. Uma afirmação mais forte seria dizer que não há evidências de uma ascensão da desigualdade no mundo em termos de rendimentos (e que a diferença de rendimentos entre as classes médias ocidentais e asiáticas tem estado claramente a diminuir).

O cálculo da desigualdade no mundo é um exercício relativamente recente que começou a ser realizado apenas em finais do século XX. Até o próprio conceito de desigualdade no mundo é novo. As investigações sobre esta matéria foram estimuladas por dois desenvolvimentos que estão relacionados: a globalização, que nos chamou a atenção para o problema das grandes diferenças de rendimentos entre pessoas que vivem em países diferentes e, pela primeira vez na história, a disponibilidade de dados pormenorizados dos inquéritos aos agregados familiares da maior parte do mundo. Os acontecimentos fundamentais que conduziram a este segundo desenvolvimento foram a abertura da China (com os inquéritos aos agregados familiares a serem retomados em 1982, após o hiato que decorreu durante a Revolução Cultural); a queda do comunismo na União Soviética, que disponibilizou aos investigadores os dados sobre a distribuição dos rendimentos que anteriormente eram tratados como segredo de Estado; e, por fim, a expansão da metodologia de inquérito e da recolha de dados a fim de abranger muitos países africanos (graças, em grande medida, ao Banco Mundial).

Façamos agora uma análise comparativa das duas estimativas de longo prazo sobre a desigualdade que apenas recentemente ficaram disponíveis: as relativas aos EUA e as relativas ao mundo no seu conjunto (Figura 3.2) [7].

A DESIGUALDADE ENTRE PAÍSES | 133

Esta comparação permite-nos chegar a várias conclusões interessantes. Na viragem do século XIX, a desigualdade no mundo e nos EUA não era muito diferente, medida em valores de Gini. Em comparação com a atualidade, o mundo era então muito mais igual e os EUA eram muito mais desiguais. Até à Guerra Civil norte-americana, a desigualdade nos EUA aumentou praticamente ao mesmo nível que a desigualdade no mundo (não há aqui qualquer alegação de causalidade ou relação, trata-se apenas de um registo dos factos). O aumento do valor de Gini mundial foi impulsionado pelo sucesso da Europa Ocidental e das suas ramificações, incluindo os EUA, e por uma falta de crescimento nos outros locais. A desigualdade nos EUA aumentou à medida que as rendas das terras aumentaram em relação aos salários (com a continuação da migração, o rácio terra/trabalho estava a diminuir) (Peter Lindert, comunicação pessoal). Contudo, após a Primeira Guerra Mundial, e especialmente após a Depressão e o processo de recuperação *New Deal* que se seguiu nos EUA, as duas desigualdades seguiram caminhos diferentes: enquanto a desigualdade no mundo continuou a aumentar, embora a um ritmo menor, a desigualdade norte-americana diminuiu substancialmente, em especial durante o período após a Segunda Guerra Mundial, amplamente considerado hoje em dia como a era dourada do capitalismo. A divisão dos caminhos continuou, mas em sentidos diferentes. Após um novo ponto de viragem nos anos 1980, a desigualdade no mundo estagnou e depois, em grande medida graças ao crescimento da China, começou a diminuir, enquanto nos EUA começou a aumentar. Conforme demonstra a Figura 3.2, a disparidade entre as duas, embora ainda enorme, tornou-se menor.

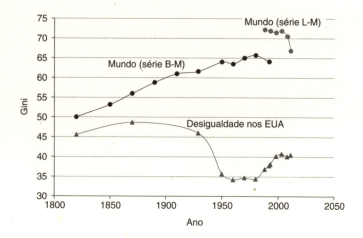

FIGURA 3.2 A desigualdade no mundo e nos EUA, 1820–2011

Este gráfico mostra as desigualdades no mundo e nos EUA a nível de rendimentos (calculadas para os cidadãos mundiais e norte-americanos, respetivamente). Vemos que no período recente a desigualdade no mundo está a diminuir, enquanto a desigualdade nos EUA está a aumentar. Contudo, a desigualdade nos EUA é muito menor do que a desigualdade no mundo. Fonte dos dados: para os dados norte-americanos, ver fontes elencadas para a Figura 2.10; para os dados mundiais, ver fontes elencadas para a Figura 3.1.

Esta breve visão geral das desigualdades nos EUA e no mundo oferece-nos o tema central que iremos abordar no Capítulo 4, quando tentarmos prever (ou, mais propriamente, adivinhar) qual será a evolução das desigualdades neste século e talvez no próximo. Os EUA e o mundo são, em certa medida, emblemáticos, pois pode muito bem acontecer que as tendências atuais, nomeadamente um movimento descendente a nível mundial e um movimento ascendente nos EUA, se mantenham e que, daqui a meio século, regressemos ao ponto de partida no início do século XIX, com os dois níveis de desigualdade muito semelhantes.

«Localização» versus «classe» na desigualdade no mundo. Mas será esta comparação entre as desigualdades a nível mundial e a nível nacional, bem como os seus diversos rumos, algo mais do que um interesse passageiro? De facto, é muito mais do que isso: as perguntas sobre o modo

como a desigualdade no mundo é formada, qual a sua componente mais importante e o que a faz aumentar ou diminuir contêm implicações fundamentais para a forma como vemos o mundo e o nosso lugar nele. É da sua investigação que surge a importância política da desigualdade no mundo. É importante determinar se a clivagem essencial é a que se verifica entre indivíduos (pobres e ricos) que vivem no mesmo país ou a que se verifica entre indivíduos que vivem em países diferentes. Para efeitos de simplificação, designamos a primeira por «desigualdade com base na classe» e a segunda por «desigualdade com base na localização». Por outras palavras, interrogamo-nos se a maioria da desigualdade no mundo se deve ao facto de haver pessoas pobres e ricas distribuídas de forma mais ou menos idêntica entre países ou se, pelo contrário, a desigualdade no mundo se pode explicar em grande parte por uma concentração dos ricos num conjunto de países e dos pobres noutro conjunto. Estas duas distribuições correspondem às duas componentes da desigualdade no mundo: respetivamente, a desigualdade dentro dos países e a desigualdade entre os países. A desigualdade nos EUA, conforme demonstrado na Figura 3.2, é obviamente apenas uma parte, embora importante, do total de desigualdades entre países. A fim de determinar a importância geral destas desigualdades, temos de as somar para todos os países. Se todas estas desigualdades dentro dos países aumentarem, então (caso o restante se mantenha inalterado) a desigualdade no mundo tenderá também a aumentar.

EXCURSO 3.1 A desigualdade no mundo decomposta em «localização» e «classe»

Em termos muito gerais, podemos estabelecer a seguinte equação:

Desigualdade no mundo = desigualdade dentro dos países + desigualdade entre países

= (soma das) diferenças dos rendimentos médios *entre* países + (soma das) desigualdades dos rendimentos pessoais *dentro* dos países

= componente «localização» + componente «classe»

A definição exata de «soma» dependerá da medida da desigualdade que utilizarmos (Gini ou Theil, outra popular medida da desigualdade, ou ainda uma terceira) e será sempre uma soma ponderada, na qual as ponderações podem ser as percentagens de cada país no total da população mundial ou no total dos rendimentos mundiais ou em ambos. O coeficiente de Gini é especial porque não efetua a decomposição exatamente nestas duas componentes, mas inclui um termo adicional (chamado «sobreposição»), que se desloca para cima ou para baixo juntamente com a componente «dentro» e que pode ser tratado como parte do mesma (Milanovic 2002a, 82–84). As medidas da desigualdade de Theil, porém, podem ser decompostas exatamente nas componentes «entre» e «dentro». Alguma intuição pode ajudar a explicar em que consistem as componentes «localização» e «classe». Consideremos um grupo de países com aproximadamente os mesmos níveis de rendimentos médios, como os primeiros membros da União Europeia, conhecidos como UE 15 ([8]). Se calcularmos a desigualdade global dos rendimentos pessoais na UE 15, apenas uma pequena parte dessa desigualdade é explicada pelas diferenças nos rendimentos médios nacionais, ou pelo que designamos por «localização», simplesmente porque os rendimentos médios de Alemanha, França, Holanda, etc. são semelhantes. A maior parte deve-se a desigualdades dentro dos países, ou o que designamos, com alguma licença poética, por «classe»: reflete as desigualdades entre indivíduos pertencentes ao mesmo país. Analisemos agora a UE após o alargamento, principalmente para leste, englobando os atuais 28 países (a UE 28) ([9]). Uma vez que o alargamento inclui países mais pobres, prevemos que a desigualdade global aumente, bem como a percentagem de desigualdade total decorrente de diferenças nos rendimentos médios (a componente «entre países», ou «localização»). O motivo é que, simplesmente, existem maiores disparidades nos rendimentos médios entre a Bulgária e a Alemanha, a Roménia e a França, etc. Deve, pois, ser óbvio que, quando analisamos a desigualdade no mundo e temos em conta o facto de as diferenças nos rendimentos médios entre países do mundo serem muito grandes (pensemos na disparidade entre o Luxemburgo e o Congo), podemos esperar que a componente «entre países» seja igualmente muito grande. Uma questão final, que deixámos de fora até ao momento para não complicar a exposição: em todos estes cálculos, os países mais populosos contam mais — de facto, contam em proporção à dimensão da sua população.

Como é que a desigualdade no mundo aumentou ao longo dos últimos dois séculos? A força dominante, invocada na nossa comparação com um *big bang*, foi a divergência dos rendimentos médios nacionais. Falando de uma forma esquemática, é devido ao facto de a Grã-Bretanha, a Europa Ocidental e os EUA se terem tornado ricos, enquanto a China e a Índia permaneceram pobres, que a desigualdade no mundo aumentou no século XIX e depois continuou a aumentar durante a maior parte do século XX.

Podemos calcular exatamente a importância da localização (diferenças nos rendimentos médios nacionais) para a desigualdade no mundo. A Figura 3.3 mostra a componente «entre países» em termos percentuais, utilizando uma medida da desigualdade diferente (Theil (0) ou índice de entropia de Theil), cuja vantagem relativamente à medida de Gini é o facto de ser possível decompô-la totalmente entre classe e localização [10]. (A decomposição de Gini produz resultados muito semelhantes.) Conforme demonstra a Figura 3.3, o elemento de localização era praticamente negligenciável em 1820: apenas 20 por cento da desigualdade no mundo se devia a diferenças entre países. A maior parte da desigualdade (80 por cento) resultava de diferenças dentro dos países, ou seja, do facto de haver pessoas ricas e pobres na Inglaterra, na China e na Rússia. Era a classe que interessava. Nascer «em boas famílias» neste mundo (como podemos ver igualmente na literatura da altura) significava nascer num grupo de elevados rendimentos, e não nascer na Inglaterra, na China ou na Rússia. Contudo, conforme demonstra a linha ascendente na figura, essa situação mudou completamente ao longo do século seguinte. As proporções inverteram-se: em meados do século XX, 80 por cento da desigualdade no mundo dependia do local de nascimento (ou de residência, em caso de migração) e apenas 20 por cento da classe social. Esta realidade é bem exemplificada pelo colonialismo europeu em África e na Ásia, onde pequenos grupos de europeus dispunham de rendimentos várias centenas de vezes superiores aos dos nativos [11]. O ponto-chave não é apenas comparar os rendimentos dos europeus em África com os dos africanos, mas reconhecer que estes eram rendimentos *típicos* dessas classes de pessoas na Europa Ocidental [12]. É através da justaposição dos europeus que viviam em estreita proximidade física com os africanos ou asiáticos que podemos ver o quanto estas diferenças eram acentuadas.

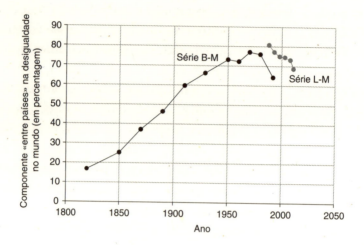

FIGURA 3.3 Percentagem da componente «entre países» na desigualdade no mundo, 1820–2011

Este gráfico mostra qual a percentagem de desigualdade no mundo (medida pela Theil (0) ou índice de entropia) que é atribuída à desigualdade «entre países», ou seja, às disparidades entre rendimentos nacionais *per capita*. Quando essa percentagem aumenta, tal significa que o rendimento médio nacional, em oposição às circunstâncias individuais da pessoa, se está a tornar mais importante. Fonte dos dados: ver fontes elencadas para a Figura 3.1.

A situação no mundo naquela altura era tal (e ainda é) que nascer num país rico era muito mais importante do que nascer «em boas famílias» (numa família rica). O contraste estabelecido por Frantz Fanon entre colonizadores e colonizados representa bem esse tipo de mundo – em oposição ao mundo com que Marx lidou, durante praticamente toda a sua vida, que era o mundo de classes ([13]). A situação começou a mudar nos últimos anos de vida de Marx e após a sua morte, como se pode ver nos textos de Engels (1895) sobre como a «aristocracia trabalhadora» britânica se estava a destacar dos restantes trabalhadores do mundo. Engels atribuiu esta mudança à exploração britânica das colónias: «Enquanto o monopólio industrial da Inglaterra [no mundo] se manteve, a classe trabalhadora partilhou, em determinada medida, as vantagens deste monopólio. Estas vantagens eram distribuídas pelos trabalhadores de forma muito desigual;

a fatia de leão era arrebatada por uma minoria privilegiada, apesar de ser deixada alguma coisa, de tempos a tempos, para as grandes massas» ([14]). Em 1915, quando Bukharin escreveu *Imperialism and World Economy* [*O Imperialismo e a Economia Mundial*] já não restavam dúvidas de que até os trabalhadores em países ricos usufruíam de um nível de vida superior ao da população nas colónias. A aristocracia trabalhadora criada nos países ricos graças à exploração colonial, entre outros fatores, foi a razão por que a Segunda Internacional falhou e apoiou a guerra: conforme escreveu Bukharin (1929, 165), «a exploração de terceiros (produtores pré-capitalistas) e de trabalhadores coloniais conduziu ao aumento dos salários dos trabalhadores europeus e americanos». Trata-se exatamente do fenómeno que vemos refletido na Figura 3.3: a importância crescente da localização significou que, digamos, o nível de vida dos trabalhadores britânicos ultrapassasse o nível de vida das classes médias e até de muitas pessoas ricas em África e na Ásia (ou seja, pessoas que eram ricas dentro das distribuições dos seus próprios países). De facto, este período assistiu à criação do Terceiro Mundo. Nas palavras do historiador de economia Peer Vries (2013, 46), «o que aconteceu no século XIX com o imperialismo e a industrialização ocidental não se tratou simplesmente de um render da guarda. Foi o surgimento de uma disparidade entre países ricos e pobres, países poderosos e sem poder, algo sem precedentes na história mundial».

A disparidade em termos da desigualdade entre países atingiu provavelmente o seu ponto mais alto por volta de 1970, conforme demonstrado na Figura 3.4, em que comparamos o PIB *per capita* em dólares internacionais para os EUA, a China e a Índia. (Estes três países influenciam de forma decisiva o movimento da desigualdade no mundo, devido às suas grandes populações e percentagens de rendimentos.) Por volta de 1970, a China e a Índia tinham sensivelmente o mesmo PIB *per capita* e a sua distância relativa em relação aos EUA era maior do que em qualquer outra altura desde inícios do século XIX. Entre os anos 1950 e meados da década de 1970, o PIB *per capita* dos EUA, expresso em dólares internacionais, superava o PIB chinês por uma relação de cerca de 20 para 1. No final da primeira década de século XXI, essa relação era inferior a 4 para 1. Tinha-se tornado idêntica à verificada em 1870.

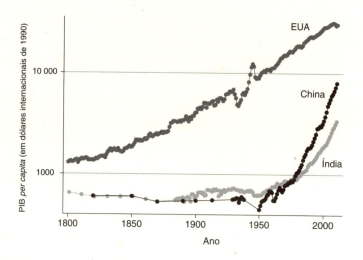

FIGURA 3.4 PIB *per capita* nos EUA, na China e na Índia, 1820-2010

Este gráfico mostra a evolução a longo prazo do PIB *per capita* real norte-americano, chinês e indiano (medido em dólares internacionais de 1990). O eixo vertical está em escala logarítmica. Os PIB *per capita* reais são comparáveis ao longo do tempo para o mesmo país, bem como entre países. Fonte dos dados: calculados a partir do Maddison Project (2013).

O mundo em que a localização tem mais influência nos rendimentos que se obtêm ao longo da vida é ainda o mundo em que vivemos. É o mundo que dá origem ao que poderemos chamar «prémio de cidadania» para aqueles que nascem nos locais (países) certos e «penalização de cidadania» para aqueles que nascem nos locais (países) errados. Este tema, que é de importância económica (relativamente, por exemplo, à migração) e filosófica (na análise sobre se este prémio pode ser defendido em termos de «justiça»), será debatido na próxima secção. Mas não nos podemos esquecer da ligeira queda que surge na Figura 3.3, que mostra uma importância decrescente do elemento de localização durante a última década. Se a pudermos estender ao futuro, podemos interrogar-nos: Poderão as pessoas daqui a um século estar a viver num mundo no qual a classe será, como acontecia no início do século XIX, a clivagem dominante, em vez da localização? De facto, se presumirmos que haverá um crescimento mais acelerado nas economias dos mercados emergentes e pobres do que nas dos países ricos (convergência económica) e desigualdades crescentes dentro dos países em todos os três tipos de países (provocando um esvaziamento das classes médias nacionais), será exatamente isso que irá acontecer. Mas ainda lá não chegámos.

O prémio de cidadania

Praticamente nem é preciso dizer que o mundo é desigual em termos de rendimentos individuais. O valor de Gini mundial ligeiramente inferior a 70 é significativamente superior ao valor de Gini nacional mesmo nos países mais desiguais do mundo, como a África do Sul e a Colômbia. Contudo, como acabámos de ver, o mundo é desigual de uma forma muito específica: a maior parte da desigualdade, quando a dividimos em desigualdade dentro dos países e desigualdade entre países, deve-se a esta última. Quando as diferenças em termos de rendimentos entre países são grandes, então os rendimentos de uma pessoa dependem de forma significativa do local onde reside ou, de facto, de onde nasceu, pois 97 por cento da população mundial reside nos países onde nasceu ([15]). O prémio de cidadania que se recebe ao nascer num país mais rico é essencialmente uma renda ou, para utilizar a terminologia introduzida por John Roemer no seu *Equality of Opportunity* [*Igualdade de Oportunidades*] (2000), trata-se de uma «circunstância exógena» (tal como a penalização de cidadania), independente do esforço individual de uma pessoa e da sua sorte esporádica (ou seja, não relacionada com o nascimento).

Gostaria agora de abordar três questões: Qual a dimensão da renda de cidadania? De que forma varia consoante a posição que se ocupa na distribuição de rendimentos? Que implicações tem para a desigualdade no mundo em termos de oportunidades e migração?

Podemos calcular empiricamente a renda de cidadania? Sim, podemos, e fi-lo utilizando os dados dos inquéritos aos agregados familiares realizados em 118 países no ano 2008 e próximo dele (Milanovic 2015). Uso, para cada país, microdados (ao nível dos agregados familiares) ordenados em 100 percentis, sendo as pessoas classificadas pelos rendimentos *per capita* do seu agregado familiar. Isto dá origem a 11 800 percentis de países, com o rendimento médio *per capita* das pessoas em cada percentil expresso em dólares de paridade de poder de compra. Seguidamente, podemos tentar «explicar» estes rendimentos através de apenas uma variável: o país onde as pessoas vivem. Quem vive nos EUA tem tendencialmente rendimentos superiores, em qualquer percentil da distribuição nacional, a quem vive em países pobres. Isto significa que uma pessoa no 10.º (ou 50.º ou 70.º) percentil da distribuição dos rendimentos norte-americanos se encontra em melhor situação do que uma pessoa no percentil 10.º (ou 50.º ou 70.º) da distribuição de rendimentos queniana: existe um «prémio» por ser-se norte-americano em comparação com ser-se queniano em qualquer ponto da distribuição de rendimentos. Mas como é que se afiguram estes prémios no mundo no seu conjunto? Numa regressão, utilizo o Congo, o país mais pobre do mundo, como «país omitido», de modo que o prémio de cidadania seja expresso em termos dos ganhos de rendimentos em comparação com o Congo. O prémio médio nacional para os EUA é de 9200 por cento; para a Suécia 7100 por cento; para o Brasil 1300 por cento; mas para o Iémen é de apenas 300 por cento ([16]). Afinal, podemos «explicar» (num sentido de regressão) mais de dois terços da variabilidade de rendimentos nos percentis de países através de apenas uma variável: o país onde as pessoas vivem. Já temos, então, uma resposta para a primeira pergunta: grande parte dos nossos rendimentos depende de onde vivemos. Simplesmente por nascer nos EUA em vez de no Congo, uma pessoa multiplicaria os seus rendimentos 93 vezes.

A renda de cidadania, ou prémio, calculada desta forma é um prémio médio, país contra país, e é calculada tendo em conta todos os cidadãos. Contudo, podemos agora interrogar-nos, voltando à segunda pergunta, se varia ao longo da distribuição de rendimentos. Por outras palavras, se considerássemos apenas as pessoas das partes inferiores das distribuições dos rendimentos em todo o mundo, o prémio seria o mesmo? E se comparássemos apenas as pessoas ricas em cada país, por exemplo, os 1 por cento de topo do Congo, da Suécia, dos EUA e do Brasil? A intuição é capaz de ser útil neste contexto. Vamos supor que nos concentramos apenas nos rendimentos dos decis inferiores em todos os países e presumimos que os rendimentos são distribuídos de forma mais equitativa nos países ricos do que nos países pobres (o que, de um modo geral, é verdade). Neste caso, a disparidade entre países ricos e pobres seria especialmente grande para as pessoas pobres a nível nacional, ou seja, as pessoas que se situam nas partes inferiores das distribuições de rendimentos dos seus países. É, de facto, isso mesmo que constatamos: o prémio de cidadania da Suécia (em comparação com o Congo) para o decil inferior é de 10 400 por cento (contra 7100 por cento em média), mas do Brasil é de «apenas» 900 por cento (contra 1300 por cento em média). Por outras palavras, os pobres na Suécia encontram-se numa situação ainda melhor em relação aos pobres no Congo do que o sueco médio em relação ao congolês médio. No entanto, não se verifica o mesmo no Brasil.

A situação no topo é exatamente a oposta: a vantagem da Suécia no 90.º percentil da distribuição de rendimentos é de «apenas» 4600 por cento, enquanto a vantagem do Brasil é de 1700 por cento. Embora em qualquer ponto da distribuição de rendimentos seja melhor ser sueco do que congolês, essa vantagem é especialmente grande no fundo da distribuição e é menor no topo. E, da mesma forma, embora em qualquer ponto da distribuição de rendimentos seja melhor ser brasileiro do que congolês, essa vantagem é especialmente grande no topo da distribuição e é menor no fundo.

Prémio de cidadania e migração. Vamos agora responder à terceira pergunta colocada anteriormente. A existência do prémio de cidadania tem implicações importantes para a migração: as pessoas de países pobres têm a oportunidade de duplicar, triplicar ou decuplicar os seus rendimentos reais através da mudança para um país rico. Contudo, o facto de o prémio variar em função da posição que se ocupa na distribuição de rendimentos acarreta implicações adicionais. Se uma pessoa considerar dois países com rendimentos médios idênticos como possível destino de migração, a sua decisão (baseada apenas em critérios económicos) sobre para onde migrar será igualmente influenciada pela expectativa em relação a onde poderá acabar por se situar na distribuição de rendimentos do país de acolhimento e, desta forma, até que ponto a distribuição do país de acolhimento é desigual. Vamos supor que a Suécia e os EUA têm rendimentos médios idênticos. Se um potencial migrante prevê que acabará por se situar na parte inferior da distribuição do país de acolhimento, então deverá migrar para a Suécia e não para os EUA: os pobres estão na Suécia em melhor situação comparativamente à média do que nos EUA, e o prémio de cidadania, avaliado em partes inferiores da distribuição, é maior. Podemos retirar a conclusão inversa se a sua previsão é de acabar por se situar na parte superior da distribuição do país de acolhimento: neste caso, deverá migrar para os EUA.

Este último resultado tem implicações desagradáveis para os países ricos que são mais igualitários: tenderão a atrair migrantes menos qualificados, que geralmente esperam acabar por se situar nas partes inferiores das distribuições de rendimentos dos países de acolhimento ([17]). Por conseguinte, ter um Estado-Providência nacional mais desenvolvido pode ter o efeito perverso de atrair migrantes com menores qualificações e que podem dar um contributo menor. Contudo, há outro elemento que é necessário ter em conta, mesmo neste esboço reconhecidamente rudimentar: o nível de mobilidade existente no país de acolhimento. Os países mais desiguais com grande mobilidade social tenderão, mantendo-se tudo o resto igual, a ser mais apelativos para migrantes mais qualificados que esperam acabar por se situar na parte superior das distribuições de rendimentos dos países de acolhimento. A capacidade de escalar a pirâmide social era precisamente a imagem, e poderá muito bem ter sido a realidade, dos EUA no século XIX e talvez na maior parte do século XX. No entanto, esta terceira característica apelativa dos EUA (além de um rendimento médio superior e uma distribuição mais desigual dos rendimentos) pode estar a perder algum do seu esplendor, pois, de acordo com alguns estudos, a mobilidade intergeracional é neste momento inferior nos EUA do que na Europa do Norte (ver, por exemplo, Corak 2013).

Alguns países com Estados-Providência extremamente desenvolvidos podem tentar isolar-se dos efeitos «negativos» que advêm de atraírem de forma desproporcionada migrantes com poucas qualificações. Uma forma de o fazer, como no Canadá, no Reino Unido e na Austrália, é aceitar apenas migrantes «qualificados». São migrantes com níveis muito elevados de escolaridade ou algumas características especiais que os tornam apelativos para o país de acolhimento (por exemplo, uma elevada capacidade atlética ou artística). Outros países tentam atrair migrantes ricos. Neste caso, são compradas autorizações de residência e, em última instância, a cidadania: uma pessoa tem de investir uma determinada quantia (que pode variar entre algumas centenas de milhares e vários milhões de dólares) numa empresa ou em imobiliário. Os EUA são um dos países que aplicam esta abordagem, permitindo que migrantes que investem um milhão de dólares em empresas norte-americanas (ou 500 mil dólares em empresas situadas em áreas rurais ou com uma taxa de desemprego elevada) recebam uma autorização de residência permanente (*green card*). Alguns países na Europa permitem que estrangeiros aí residam e, por conseguinte, se desloquem sem necessidade de visto dentro do espaço Schengen, em troca de investimento em imobiliário. Espera-se que ambos os filtros, educação e dinheiro, melhorem o conjunto de imigrantes que um país recebe e em última análise, por conseguinte, contribuam para os resultados económicos do país e permitam a manutenção do seu Estado-Providência mediante a redução do número de migrantes que dependem de transferências sociais. Do ponto de vista dos países individuais, são estratégias inteligentes. O problema é que, de uma perspetiva mundial, esta abordagem à migração é altamente discriminatória. A um tipo de «discriminação», a renda de cidadania, adicionamos outro através do qual esta renda pode ser igualmente usufruída por aqueles que não tiveram a sorte de nascer num país rico mas possuem riqueza ou capacidades excecionais. Corremos o risco de estas políticas terem como resultado o mundo pobre, e estou a pensar especialmente em África, tornar-se ainda mais pobre, à medida que os seus membros mais qualificados e mais abastados o abandonam.

Todos estes problemas ilustram a complexidade destes assuntos na era da globalização, mas também a necessidade de pensarmos neles de uma perspetiva mundial e não apenas do ponto de vista de países individuais e respetivas populações. Voltaremos a este tema no final do capítulo, altura em que abordo algumas regras para a política de migração.

O teorema de Coase e o Estado de direito na era da globalização. As diferenças de rendimentos entre países têm muitas implicações políticas, das quais apenas começamos a estar vagamente conscientes, porque a maioria das nossas ferramentas económicas foram criadas para serem utilizadas dentro de Estados-nação. A desigualdade de oportunidades é um bom exemplo: praticamente nunca pensamos nela como estendendo-se para lá das fronteiras de um Estado-nação. A desigualdade de oportunidades no mundo, que discutimos na próxima secção, é tão raramente mencionada que até a própria expressão constitui uma novidade terminológica. No entanto, existem ainda outros casos, muitos dos quais ligados à migração. Vejamos o exemplo do processo de privatização nos antigos países comunistas, especialmente na Rússia, onde este processo foi o mais extenso e provavelmente o mais corrupto. Naquela altura, um argumento fundamental em defesa de uma privatização rápida, ainda que injusta e corrupta, era que, do ponto de vista da eficiência, não interessa realmente a quem os bens são vendidos e a que preços. Sem dúvida, o argumento vingou; haverá consequências em termos de distribuição no que se refere a quem beneficia de ativos baratos (algumas pessoas tornar--se-ão imensamente ricas, enquanto muitas outras não receberão nada), mas não haverá implicações a longo prazo para a eficiência económica. Porquê? Porque se os ativos forem praticamente dados a pessoas que não sabem o que fazer com eles, essas pessoas terão um incentivo para vendê-los rapidamente a «verdadeiros» empreendedores que sabem como administrá-los. Este argumento está em consonância com o teorema de Coase, que afirma que podemos separar assuntos de eficiência económica de assuntos de justiça distributiva, basicamente relegando estes últimos para uma área fora da política económica.

Além disso, ainda antes de estes novos magnatas venderem os ativos – ou seja, assim que estes lhes tivessem sido oferecidos – teriam um incentivo para intensificar os seus esforços na defesa do Estado de direito. Esta conclusão parecia evidente. Mesmo que a privatização fosse feita da forma mais ilegal e obscura possível, os novos milionários, tal como os «barões usurpadores»* nos EUA, iriam exigir o respeito pelo Estado de direito e os direitos de propriedade, a fim de protegerem a sua riqueza recentemente adquirida. Por conseguinte, por muito mal que corresse a primeira ronda de privatizações, nem a eficiência económica nem os direitos de propriedade necessários para uma eficiência dinâmica (ou seja, para uma eficiência económica durante um período de tempo mais alargado) iriam ser afetados. Tudo iria correr pelo melhor, como no melhor dos mundos. Esta perspetiva inspirou os decisores políticos e os economistas liberais na Rússia, na Ucrânia e no Ocidente em meados da década de 1990.

---

* *Robber barons*, no original, é um termo geralmente aplicado para referir empresários norte-americanos do século XIX que utilizavam práticas pouco éticas, não olhando a meios para amealhar enormes fortunas. [*N. da T.*]

A DESIGUALDADE ENTRE PAÍSES | 147

Contudo, estava errada pelo menos de duas formas importantes. Primeiro, ignorou questões distributivas ao presumir simplesmente que se tratavam de assuntos políticos ou sociais que poderiam ser facilmente separados da economia. No entanto, quando as regras são quebradas de uma forma tão flagrante e injusta, os efeitos perduram em termos políticos e económicos. Existe a tentação de voltar a quebrar as regras e de confiscar os ativos que tinham sido roubados ou dá-los a outras pessoas. Por isso, considerar que se podia deixar a distribuição fora da economia estava errado.

No entanto, verifica-se neste contexto um segundo problema que nos é pertinente e que surge porque os economistas e os decisores políticos não tiveram em consideração a globalização. A ideia de que os «barões usurpadores» podem exigir o respeito pelo Estado de direito e a proteção dos direitos de propriedade assim que adquiram património parece razoável – desde que se pressuponha a inexistência de globalização. Contudo, com a globalização, não é necessário lutar pelo Estado de direito no respetivo país. É uma estratégia muito mais fácil pegar em todo o dinheiro e fugir para Londres ou Nova Iorque, onde o Estado de direito já existe e onde ninguém irá questionar a origem do dinheiro. Vários plutocratas da Rússia, e cada vez mais da China, estão a escolher este caminho. Faz todo o sentido do ponto de vista individual. E, além disso, demonstra como o nosso pensamento económico não acompanhou a realidade económica. No século XIX, famílias como os Rockefeller defendiam os direitos de propriedade nos EUA porque havia escassez de outros lugares para onde pudessem ir e guardar o dinheiro. A lição que se pode retirar é que as teorias que, em princípio, poderiam funcionar quando consideramos o Estado-nação como o nosso âmbito, algo que frequentemente fazemos de forma tácita, poderão não se aplicar num mundo no qual a circulação de capitais é praticamente livre e difícil de controlar e no qual os ricos podem, com facilidade, mudar de uma jurisdição para outra – nomeadamente, para uma jurisdição na qual as regras em matéria de migração favorecem os ricos.

A desigualdade de oportunidades a nível mundial. A mera existência de um enorme prémio de cidadania indica que atualmente não existe igualdade de oportunidades a nível mundial: grande parte dos nossos rendimentos depende do acaso do nascimento. Devemos esforçar-nos por corrigir esta situação? Ou devemos reconhecer que a busca por igualdade de oportunidades termina nas fronteiras nacionais, o auge do Estado-nação? Trata-se de uma questão sobre a qual os filósofos políticos refletiram mais do que os economistas. Alguns, seguindo John Rawls e a sua *A Lei dos Povos* (1999), consideram que a igualdade de oportunidades a nível mundial não é uma questão importante e que todos os argumentos que a defendem chocam com o direito à autodeterminação nacional. As diferenças em termos de riqueza e oportunidades entre países são entendidas como um resultado das diferentes escolhas feitas pelos países: as pessoas em alguns países, segundo Rawls, decidem trabalhar e poupar mais; outras, noutros países, decidem trabalhar e poupar menos: «se [alguém] não estiver satisfeito [com a sua riqueza] pode continuar a aumentar a poupança ou (...) contrair empréstimos junto de outros membros da Sociedade dos Povos»* (p. 114) ([18]). Os que são mais pobres não podem reivindicar os rendimentos ou a riqueza dos mais ricos. As suas reivindicações não podem ser uma questão de justiça (de acordo com Rawls e outros defensores do estatismo). Se pudessem realmente reivindicar os rendimentos das sociedades mais ricas, quer em termos de redistribuição ou através de um direito de se mudarem para lá, entraríamos num problema de risco moral, em que algumas pessoas fariam escolhas coletivas irresponsáveis e depois pediriam para partilhar os rendimentos adquiridos por aqueles que eram muito mais prudentes ou tinham tomado decisões mais acertadas. A autodeterminação nacional, ou seja, as decisões tomadas por um grupo de pessoas que partilham uma cidadania, seria insignificante neste caso ([19]).

Pode ainda argumentar-se que o esforço (que não podemos observar) não é o mesmo em todos os países (ou seja, para todos os indivíduos que vivem em diferentes países). Se as pessoas que vivem em países ricos fazem um esforço maior do que as pessoas em países pobres, então a disparidade que se observa em termos de rendimentos não se deve inteiramente (ou talvez de todo) a diferenças nas suas circunstâncias e, por conseguinte, não pode ser considerada uma renda.

---

* A tradução da citação foi retirada da obra *A Lei dos Povos e a Ideia de Razão Pública Revisitada* (tradução de Paulo Barcelos), Lisboa: Edições 70, 2014. [*N. da T.*]

O argumento do esforço, porém, não possui grande carga empírica por pelo menos dois motivos. Primeiro, sabemos que, havendo diferença, o número de horas de trabalho é maior nos países pobres e, segundo, quando comparamos as mesmas profissões que implicam a mesma quantidade de esforço, ainda encontramos grandes diferenças em termos de salários reais em países diferentes [20]. Utilizando os dados pormenorizados do inquérito da UBS (2009) sobre os salários em capitais de todo o mundo, podemos facilmente comparar os salários dos trabalhadores em várias profissões (tanto salários nominais [dólares] como reais [ajustados ao nível dos preços nacionais]). Consideremos três profissões com níveis de competências crescentes – trabalhador da construção, operário qualificado e engenheiro – em cinco cidades, duas ricas (Nova Iorque e Londres) e três pobres (Pequim, Lagos e Deli). A disparidade real de salários por hora (ou seja, por unidade de esforço) entre cidades ricas e pobres é de 11 para 1 para o trabalhador da construção, de 6 para 1 para o operário qualificado e de 3 para 1 para o engenheiro (Milanovic 2012a). Portanto, o argumento de que as pessoas em países ricos recebem mais porque trabalham mais pode, na minha opinião, ser facilmente rejeitado [21].

E no que se refere ao argumento da autodeterminação nacional, que é, de facto, mais grave? Deslocando-o do nível dos países no mundo para o nível das famílias individuais no Estado-nação, este argumento parece muito semelhante aos utilizados contra a redistribuição dentro dos países. Existe uma simetria entre (A) as famílias *versus* o país nas discussões sobre igualdade de oportunidades num Estado-nação e (B) os países *versus* o mundo nas discussões sobre igualdade de oportunidades no mundo. Uma posição conservadora defende que, tanto no caso (A) como no (B), as transferências intergeracionais de riqueza adquirida coletivamente são algo de positivo, embora diminuam a igualdade de oportunidades: é aceitável que as famílias transfiram a sua riqueza e vantagens ao longo das gerações e é igualmente aceitável que os países transfiram a riqueza dentro do país e não a redistribuam por países mais pobres. Os «cosmopolitas» também defendem uma posição coerente: rejeitam as reivindicações de transmissão de riqueza dentro das famílias (caso A) e dentro dos países (caso B), argumentando que é mais importante, em ambos os níveis, garantir a igualdade de oportunidades. Outros, como Rawls, apoiam a difícil posição «intermédia» de que a transmissão no caso (A) de vantagens *familiares* adquiridas entre gerações não é desejável (motivo pelo qual Rawls e a maioria dos liberais defendem elevados impostos sobre sucessões), mas que a transmissão no caso (B) de vantagens *nacionalmente* adquiridas entre gerações é aceitável.

Na posição intermédia, é necessário argumentar que existe algo de profundamente único num país (em relação ao resto do mundo) que não existe numa família (em relação a outras famílias do mesmo Estado-nação). Os argumentos contra a igualdade de oportunidades no mundo têm de ser calibrados com muito cuidado para conseguirem sustentar o caso de que a igualdade de oportunidades é positiva, desde que esteja em causa um único Estado-nação, mas que se torna negativa quando se atravessa as fronteiras. Simon Caney (2002) apresenta este argumento em termos da «restrição de domínio» implícita de Rawls: os direitos civis e políticos e a justiça distributiva aplicam-se ao domínio nacional, mas não aos assuntos internacionais. Contudo, não é evidente por que motivo deve ser assim. Há praticamente um século, o economista britânico Edwin Cannan, na sua discussão da mão invisível de Adam Smith, colocou esta questão: «se (...) de facto é verdade que existe uma coincidência natural entre o interesse próprio e o bem comum, por que motivo (...) esta coincidência não se estende, como se verifica com os processos económicos, para lá das fronteiras nacionais?» [22]

Para defender a posição de Rawls, é preciso igualmente demonstrar que a autodeterminação nacional desempenha um papel profundamente diferente da «autodeterminação» individual, ou seja, o livre-arbítrio de uma pessoa. Porque, de facto, Rawls considera errada, na sua *Uma Teoria da Justiça*, a alegação de que a redistribuição dentro de um Estado-nação pode criar um problema de risco moral porque os pobres podem escolher não trabalhar, mas depois, em *A Lei dos Povos*, invoca de uma forma que denota aprovação uma alegação praticamente idêntica que rejeita o argumento de redistribuição entre países. Existe uma tensão por resolver entre *Uma Teoria da Justiça* de Rawls, em que, dentro de um Estado-nação, os argumentos contra a igualdade de oportunidades são rejeitados através da engenhosa invenção do véu da ignorância, e a sua *A Lei dos Povos*, em que argumentos semelhantes contra a igualdade de oportunidades entre cidadãos a nível mundial são considerados válidos. Para citar Rawls em *Uma Teoria da Justiça* (1971, 100–101): «o princípio da diferença reconhece algum peso às considerações postas em evidência pelo princípio da reparação; e, uma vez que as desigualdades de nascimento e capacidade natural são imerecidas, elas devem de alguma forma ser objeto de compensação».* Mas, obviamente, para Rawls este princípio não se aplica a nível mundial.

Outros filósofos políticos, tais como Thomas Pogge (1994), Charles Beitz (1999), Peter Singer (2004) e Darrel Moellendorf (2009), consideram que, num mundo interdependente, as grandes diferenças em matéria de oportunidades de vida entre países não devem ser aceites de ânimo leve. Uma vez que os países estão interligados e as relações entre indivíduos de diferentes países não são simplesmente mediadas pelos respetivos Estados e sim estabelecidas pelos próprios indivíduos, então existe um contrato social implícito entre os cidadãos do mundo. Pode não ser tão evidente como o contrato que existe entre os cidadãos de um país, que elegem e partilham um governo, porém trata-se apenas de uma diferença de grau, não de género.

Uma forma talvez diferente de analisar a justiça distributiva mundial é através de uma definição de cidadania muito mais flexível e aberta proposta pela académica da área do Direito Ayelet Shachar em *The Birthright Lottery* [*A Lotaria dos Direitos Inatos*] (2009). Se a cidadania fosse definida em termos mais abrangentes, como no conceito de *jus nexi* de Shachar – a ideia de que a cidadania deveria ser concedida a todos os que conseguissem demonstrar uma ligação social genuína a um Estado –, e/ou a migração de países pobres para países ricos se tornasse mais fácil, então o prémio de cidadania iria desgastar-se gradualmente e perder a relevância que atualmente detém ([23]).

No entanto, este desgaste poderia igualmente ocorrer através do processo de globalização, se as constantes taxas de crescimento elevadas entre países pobres e populosos resultarem numa redução das diferenças em termos de rendimentos médios entre países pobres e ricos, diminuindo, assim, a importância da componente de localização da desigualdade no mundo. Se a China, a Índia, os EUA, a Europa, o Brasil, a Rússia e a Nigéria acabarem todos por apresentar sensivelmente os mesmos rendimentos

---

* A tradução da citação foi retirada da obra *Uma Teoria da Justiça* (tradução de Carlos Pinto Correia), Lisboa: Presença, 2013. As referências dizem respeito à versão da obra consultada pelo autor. [*N. da T.*]

médios, não só irá diminuir a desigualdade no mundo, como também o elemento de localização se tornará menos importante e a renda de cidadania tornar-se-á muito menor. Conforme veremos no Capítulo 4, este processo pode ocorrer no século XXI.

Basicamente, se as forças da convergência económica e da migração forem suficientemente fortes, a renda de cidadania irá diminuir. Contudo, poderemos esperar que a migração desempenhe um papel significativo quando os obstáculos que se lhe colocam se tornam cada vez maiores?

Migração e muros

Há uma contradição fundamental no cerne da globalização que hoje existe. Nos seus termos mais amplos, a globalização pressupõe a mobilidade plena dos fatores de produção, dos bens, da tecnologia e das ideias em todo o mundo. No entanto, apesar de tal se verificar no que se refere ao capital, às importações e exportações de mercadorias e, cada vez mais, até ao comércio de serviços, o mesmo não acontece com a mão de obra. A quantidade de migrantes no mundo, medida em percentagem da população mundial, não aumentou entre 1980 e 2000 (Özden et al. 2011). Ainda não possuímos dados completos sobre o recente aumento da migração e não sabemos se os números irão diminuir ou se os valores mais elevados representam uma nova normalidade. Porém, temos frequentemente a impressão de que a migração aumentou drasticamente, em parte devido ao facto de o mundo se estar a tornar mais fechado ou avesso à migração. Por conseguinte, um determinado número de migrantes simplesmente atrai mais atenção. Ao mesmo tempo, o número potencial de migrantes aumentou devido a um melhor conhecimento das diferenças de rendimentos entre países. Esta tensão é mais visível na Europa, que tem grandes dificuldades em absorver mais migrantes e, contudo, está mais exposta à pressão contínua das zonas mais pobres que a rodeiam, tanto a leste (as anteriores repúblicas soviéticas e os Balcãs) como a sul (países árabes e África Subsariana).

A Figura 3.5 marca os locais no mundo onde existem barreiras físicas à circulação de pessoas: muros, vedações e campos de minas. (O mapa foi concluído imediatamente antes do aumento da imigração para a Europa no verão de 2015 e da instalação de várias novas vedações em zonas de fronteira.) Em quase todos os casos, as barreiras correspondem aos locais nos quais o mundo pobre e o mundo rico se encontram em estreita proximidade física. Por outras palavras, quando observamos países contíguos (por terra ou mar) e temos grandes diferenças de rendimentos, encontramos os locais com maiores barreiras à migração.

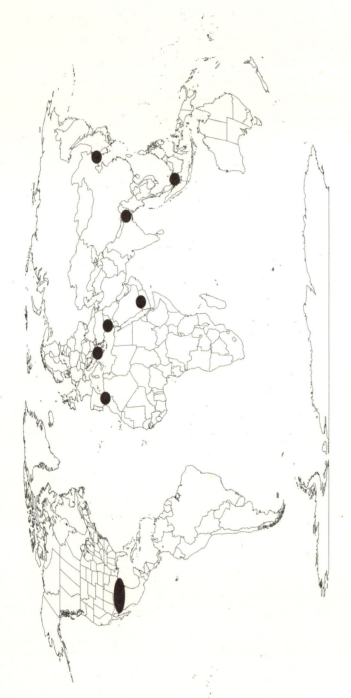

FIGURA 3.5 Muros, vedações e campos de minas entre países

Este mapa mostra os locais no mundo onde as fronteiras entre um ou vários Estados vizinhos são rigidamente controladas ou se tornaram difíceis de atravessar devido à instalação de barreiras (muros, campos de minas ou vedações). Estes obstáculos existem em locais com grandes diferenças em termos de rendimentos médios entre Estados vizinhos. Consultar o texto para uma discussão sobre as localizações.

A DESIGUALDADE ENTRE PAÍSES | 155

Consideremos os oito locais indicados na Figura 3.5. A vedação entre os EUA e o México estende-se por mais de 1000 quilómetros de um total de quase 3200 quilómetros de fronteira terrestre. O flanco mediterrânico do sul da Europa é «defendido» por uma operação de estilo militar chamada Frontex, que consiste numa frota de pequenos navios de patrulha que deve intercetar e fazer regressar migrantes a África ou, caso se recusem a fazê-lo, colocá-los em campos onde os aspirantes a migrantes vivem muitas vezes em condições extremamente difíceis (para dizê-lo de forma suave). O muro entre Israel e a Palestina foi erguido por razões políticas, mas também económicas: o rácio dos rendimentos médios entre um israelita e um palestiniano (habitantes da Cisjordânia ou de Gaza) é, de acordo com os inquéritos aos agregados familiares, de 10 para 1 ([24]). Encontra-se a mesma combinação de motivos (políticos e económicos) no muro da Arábia Saudita na fronteira com o Iémen. A Coreia do Norte e a Coreia do Sul estão divididas por campos de minas, por motivos políticos. No entanto, as disparidades que originalmente eram políticas acabaram por criar enormes disparidades económicas. Não sabemos qual é o rendimento médio na Coreia do Norte, mas é improvável que seja superior a um décimo do rendimento da Coreia do Sul. O Estreito de Malaca, onde a Indonésia e a Malásia se encontram mais próximas, é patrulhado por barcos cujo objetivo é impedir a circulação de trabalhadores indonésios para a Malásia – ainda assim, encontram-se a trabalhar na Malásia cerca de 400 mil indonésios. Além disso, outro muro ou vedação na nossa série melancólica é o que está a ser construído entre a Índia e o Bangladeche (estendendo-se por mais de 2000 quilómetros e parcialmente sobre água). Embora a disparidade em termos de rendimentos entre estes dois países não seja tão grande como nos outros casos, essa disparidade existe (correspondendo a cerca de 50 por cento, de acordo com inquéritos aos agregados familiares, ou de dois para um, segundo o PIB *per capita*); acresce ainda que a semelhança étnica e religiosa entre o Bangladeche (anteriormente Bengala Oriental) e o estado indiano de Bengala Ocidental ajuda a alimentar um fluxo constante de migrantes para a Índia. O muro foi construído com o propósito explícito de bloquear esse fluxo.

A Bulgária começou recentemente a construir um muro na fronteira com a Turquia. O seu principal motivo é travar o afluxo de migrantes sírios para a União Europeia. Embora a Bulgária não faça parte do espaço

Schengen, é membro da UE e, assim que os refugiados sírios se encontram dentro da UE, podem aspirar a migrar da Bulgária para outras partes da Europa (²⁵). Desta forma, tal como Espanha e Itália no sul, a Bulgária e a Grécia no sudeste representam o ponto nevrálgico da Europa, onde a necessidade de controlos de fronteira é maior.

Uma vez que as formas mais grosseiras de travar fisicamente a migração se estão a tornar cada vez mais comuns, temos de nos interrogar se este problema pode ser resolvido, ou pelo menos abordado, de uma maneira melhor do que a que o mundo está atualmente a utilizar.

Como conciliar a migração com a relutância em abrir as fronteiras

Há quatro características elementares da migração que têm de ser indicadas à partida, envolvendo cada uma delas algum tipo de tensão. Primeiro, existe tensão entre o direito de os cidadãos deixarem o seu país e a ausência de direito de as pessoas se movimentarem para onde considerem adequado. Segundo, existe tensão entre dois aspetos da globalização: um que incentiva a livre circulação de todos os fatores de produção, bens, tecnologia e ideias, e outro que restringe severamente o direito de circulação da mão de obra. Terceiro, existe tensão entre o princípio económico de maximização dos rendimentos, que pressupõe a capacidade de os indivíduos tomarem decisões livremente sobre onde e como utilizarem o seu trabalho e capital, e a aplicação desse princípio apenas dentro de Estados-nação individuais e não a nível mundial. Num domínio abstrato, sabemos que a maximização dos rendimentos em cada Estado-nação individual não pode conduzir à maximização dos rendimentos a nível mundial, tal como a maximização dos rendimentos dentro de cada cidade individual (com uma população fixa) não conduziria à maximização dos rendimentos gerais a nível nacional. Portanto, temos de encontrar uma explicação para o facto de considerarmos que se justifica o afastamento de rendimentos mundiais máximos. Quarto, existe tensão entre o conceito de desenvolvimento que destaca o desenvolvimento das pessoas dentro dos seus respetivos países e um conceito mais alargado de desenvolvimento que incide na melhoria da posição de um indivíduo independentemente de onde resida.

Contudo, temos de eliminar uma falácia antes de passarmos à discussão destas quatro tensões. Trata-se da ideia de que a redução da pobreza absoluta no mundo de alguma maneira aliviaria, ou até eliminaria, essas tensões. Simon Kuznets descartou esta ideia há muito tempo (em 1954). As enormes disparidades em termos de rendimentos e de nível de vida entre, por exemplo, um nova-iorquino e um membro de uma tribo na Amazónia tornam impossível qualquer contacto significativo e uma comparação de formas de vida entre eles. No entanto, grandes disparidades em termos de rendimentos, ou seja, disparidades menores do que aquelas que apelidámos de «enormes» na frase anterior, entre povos que pertencem ao mesmo círculo civilizacional e interagem entre si – o que hoje em dia inclui praticamente todos no mundo – agudizam as tensões políticas: «Tendo em conta que é apenas mediante contacto que se cria reconhecimento e tensão (...) a redução da miséria física [em países subdesenvolvidos] (...) permite um aumento em vez de uma diminuição das tensões políticas» (Kuznets [1958] 1965, 173–174). Por outras palavras, o ponto em que as quatro tensões mais se agudizam não era no passado, quando se registaram as maiores diferenças de rendimentos, e provavelmente não será no futuro, quando esperamos que possam diminuir, mas precisamente... agora.

Apenas irei debater de forma breve as quatro tensões. A primeira (o direito humano à migração) pertence corretamente ao domínio da filosofia política, pelo que não a iremos aprofundar aqui ([26]). Para os economistas, interessa somente estar ciente de que existe. A segunda tensão (globalização e migração) afeta diretamente o essencial do modo como definimos globalização e se determinadas características que lhe pertencem naturalmente podem ser removidas ou excluídas da mesma.

A terceira tensão (maximização dos rendimentos e migração) foi abordada de forma extremamente correta por Pritchett (2006, 95) e Hanson (2010). Pritchett faz uma analogia relevante entre o comércio de bens e a circulação de pessoas. A abordagem clássica em economia é não proibir o comércio devido ao receio de que possa ter consequências deletérias para um grupo de trabalhadores, permitindo o comércio livre com base no pressuposto de que conduzirá a uma maximização dos rendimentos gerais, e posteriormente, numa segunda fase corretiva, ponderar a realização de transferências para atenuar eventuais efeitos negativos do comércio em alguns trabalhadores. Pritchett interroga-se corretamente por que motivo não se aplica a mesma abordagem à mão de obra: permitir a migração à partida e, posteriormente, corrigir eventuais efeitos nocivos (por exemplo, para trabalhadores nativos cujos salários são reduzidos devido ao afluxo de migrantes). Existe claramente uma incoerência entre as políticas comerciais e de migração que apenas é possível explicar se houver uma suposição prévia não declarada de que a maximização dos rendimentos ocorre sob a obrigação de que um grupo de pessoas (ou seja, um Estado-nação) seja fixo e não possa ser alterado por afluxos externos ([27]).

A quarta tensão, relacionada com conceitos de desenvolvimento, raramente é abordada por economistas. As exceções que conheço são Frenkel (1942), que poderá ter sido um dos criadores desta linha de pensamento, e mais recentemente Pritchett (2006), que escreve: «há duas formas possíveis de reduzir a pobreza a nível mundial: migração e aumento dos salários das pessoas quando se encontram no seu país de origem. Por que motivo apenas uma delas é considerada "desenvolvimento"?» (p. 87).

Analisemos agora alguns números. Calcula-se que a população, ou número, mundial de migrantes (definidos como pessoas que não nasceram no país onde residem) seja atualmente de cerca 230 milhões de pessoas, ou pouco mais de 3 por cento da população mundial ([28]). Este número situa-se entre as populações da Indonésia e do Brasil, respetivamente os quarto e quinto países mais populosos do mundo. (Portanto, se os migrantes criassem o seu próprio país, digamos, a «Migrácia», seria o quinto país mais populoso do mundo.) Cerca de um décimo desse número, porém, é constituído por um tipo particular de migrante que, após a dissolução da União Soviética, se encontrava por acaso a viver numa república – agora um país independente – diferente daquela em que tinha nascido. Desta forma, a migração interna transformou-se em migração internacional.

A população de migrantes cresceu a uma taxa anual média de 1,2 por cento entre 1990 e 2000 e, seguidamente, acelerou para 2,2 por cento ao ano no período a partir de 2000 (até 2013, o último ano para o qual a ONU tem dados disponíveis). Este último valor representa cerca do dobro da taxa de crescimento da população mundial; por conseguinte, o número de migrantes enquanto percentagem da população mundial tem estado a aumentar (de facto, passou de 2,8 por cento em 2000 para 3,2 por cento em 2013). A procura reprimida de migração é muitas vezes superior à taxa real. De acordo com inquéritos da Gallup realizados desde 2008, cerca de 700 milhões de pessoas (10 por cento da população mundial, ou 13 por cento da população adulta) gostariam de se mudar para outro país [29]. Assim, a população potencial de migrantes representa 13 por cento da população mundial, em comparação com a população real de 3 por cento (presumo que estes migrantes reais gostariam de permanecer no país para onde migraram). Para ficarmos com uma ideia mais clara do que isto significa, consideremos que a proporção global de migrantes no mundo no seu conjunto é atualmente semelhante à proporção na Finlândia (menos de 3 por cento); mas se todos os migrantes potenciais se mudassem, o mundo seria mais como os EUA ou Espanha (com cerca de 15 por cento de migrantes na população). Como é óbvio, a disparidade entre as duas situações é enorme.

O atual clima internacional, especialmente nos países ricos que seriam os principais recetores dos novos fluxos migratórios, não é favorável a uma ponderação séria sobre como colmatar a disparidade existente entre os números reais e potenciais de migrantes. Contudo, mesmo que não se eliminem todas as barreiras à migração, existem métodos práticos para uma evolução no sentido de uma maior liberdade de migração e uma diminuição do «choque cultural» vivido pelos países de acolhimento. Um problema fundamental é a exclusão do domínio, ou seja, os direitos e privilégios de que se usufrui apenas se se integrar uma comunidade bem definida (domínio). Nas condições atuais, as pessoas nos países ricos e os respetivos governos estão muito preocupados em proporcionar (pelo menos em termos jurídicos) igualdade de tratamento a todas as pessoas que residam dentro das fronteiras do país. Ao mesmo tempo, são em grande medida indiferentes à forma como os trabalhadores são tratados fora das suas fronteiras. A discriminação com base numa diferença de cidadania ou residência é considerada aceitável, mas assim que uma pessoa se torna residente, a discriminação dentro de um Estado-nação é inaceitável. Por exemplo, a forma desumana como os trabalhadores estrangeiros são tratados nos países do Golfo é criticada com frequência; contudo, é apontado com menos frequência o tratamento desumano a que estes trabalhadores são submetidos nos seus próprios países (principalmente Sri Lanka, Índia, Nepal e Paquistão). O facto de continuarem a migrar para os países do Golfo sugere que consideram as condições que aí encontram, incluindo os salários que recebem, preferíveis às condições que têm no seu país. Tenho consciência de que podem existir questões de desinformação intencional e tráfico de seres humanos, bem como que, depois de terem migrado, os trabalhadores podem ficar expostos a abusos inesperados, tais como a apreensão dos passaportes, o que os converte praticamente em escravos. Contudo, é pouco provável que, se essas práticas fossem comuns e extremamente nocivas para os migrantes, não se disseminasse a informação e se dissuadissem futuros migrantes.

No entanto, por mais discriminatórias que essas práticas sejam, poderia dizer-se que os países do Golfo, ao acolherem trabalhadores estrangeiros em massa, estão de facto a contribuir para a redução da pobreza e da desigualdade no mundo (ver Posner e Weyl 2014). Apresento este exemplo não para demonstrar que pessoalmente aprovo a forma como, digamos, o Catar, que está a preparar a receção do Mundial de Futebol de 2022, trata os trabalhadores estrangeiros (tendo inúmeros morrido nos locais de construção), mas para demonstrar que mesmo um tratamento reconhecidamente tão severo tem um outro lado: a melhoria das condições económicas da maioria desses trabalhadores estrangeiros e respetivas famílias no seu país e a diminuição da pobreza a nível mundial.

Portanto, um tratamento menos severo mas ainda assim discriminatório dos migrantes nos países ricos poderia ter efeitos mundiais ainda mais benéficos. Contudo, para darmos esse passo teríamos de aceitar o que aparenta ser uma enorme mudança em termos políticos: tratamento discriminatório dos migrantes nos países de acolhimento e introdução efetiva de dois ou três níveis de direitos de «cidadania», pelo menos durante algum tempo. Atualmente, a cidadania é teoricamente muitas vezes considerada uma variável binária: é-se incluído ou excluído. Se uma pessoa está «incluída», possui todos os direitos (e deveres). No entanto, este facto já não é exatamente verdade, pois existem áreas cinzentas. Nos EUA e em alguns países da UE, os residentes legais não podem votar, mas pagam impostos. O equilíbrio entre direitos e deveres é-lhes menos favorável do que aos cidadãos nacionais. Ainda assim, muitos não se opõem e permanecem nos seus novos países apesar de continuarem a ser cidadãos estrangeiros. Podíamos ir mais além e criar novos tipos de residentes para quem o equilíbrio entre direitos e deveres seria ainda menos favorável – se fazê-lo fosse o preço a pagar por um aumento da migração.

A DESIGUALDADE ENTRE PAÍSES | 161

São muitos os sistemas através dos quais tal poderia ser feito. Uma vez que os migrantes são, praticamente por definição, os maiores beneficiários da migração e que é possível, ou até mesmo provável, que devido à migração os rendimentos de algumas classes de indivíduos possam diminuir tanto nos países de origem como nos de acolhimento, poderia exigir-se aos migrantes o pagamento de impostos mais elevados (Freeman 2006). Estes proveitos poderiam ser aplicados para ajudar aqueles que foram lesados com a migração. Poderiam ser cobrados aos migrantes impostos destinados a ressarcir os custos em que os países de origem incorreram com a sua educação (sendo os impostos remetidos para os países de origem). Ou os migrantes poderiam ser obrigados a passar, em intervalos regulares e até uma determinada idade, um certo número de anos a trabalhar nos seus países de origem (Milanovic 2005). Outra alternativa poderia ser permitir a utilização de muitos mais trabalhadores temporários, uma prática aplicada pela Suíça (Pritchett 2006). A opinião mais radical é defendida por Posner e Weyl (2014), que afirmam que permitir a entrada de migrantes que posteriormente são discriminados tanto no trabalho como a nível de direitos cívicos, como acontece no Catar, é mais benéfico para as pessoas pobres no mundo do que as políticas de exclusão dos países ricos, justificadas com a incapacidade de os países atribuírem o mesmo conjunto de direitos formais a todos os aspirantes a migrantes. Há uma enorme solução de compromisso, na opinião de Posner e Weyl, entre abertura e direitos cívicos: uma política de migração mais aberta exige a retirada de alguns direitos cívicos. Podemos discutir a amplitude do compromisso, mas não podemos negar a sua existência.

A característica comum a todos estes sistemas é que as populações nativas e os migrantes não sejam tratados de forma igual (de acordo com as regras do país de acolhimento) pelo menos durante um período da vida dos migrantes. Muitos destes cenários ocorrem atualmente de modo informal, como é o caso dos cerca de 10 milhões de imigrantes não documentados nos EUA que, devido à sua situação instável, são obrigados a aceitar empregos com salários inferiores. Mas essa discriminação não está prevista juridicamente, pelo que, aos olhos de muitos, ela não existe. A questão é, portanto, se é melhor (1) aceitar de facto, mas não em termos jurídicos, uma diferença de tratamento entre a população nativa e uma parte dos migrantes, limitando simultaneamente o fluxo de migração, ou (2) permitir um maior afluxo de migrantes, introduzindo simultaneamente uma diferença de tratamento em termos jurídicos entre migrantes e nativos.

De um ponto de vista económico, a hipótese (2) parece preferível, por dois motivos. Primeiro, tem-se constatado que um aumento da migração contribui para o aumento do PIB mundial e dos rendimentos dos migrantes (Banco Mundial 2006). Os efeitos económicos negativos sobre alguns grupos, tanto no país de origem como no país de acolhimento, são mínimos e podem, como sugere Pritchett (2006), ser tratados separadamente. (Não nos podemos esquecer também de que existe uma complementaridade de competências entre alguns migrantes e a população local no país de acolhimento, resultando em rendimentos superiores para as populações locais.) ([30]) Segundo, podemos estar praticamente certos de que os migrantes considerariam preferível uma ligeira discriminação ou desigualdade de tratamento nos países de acolhimento do que permanecer nos respetivos países de origem, através da mera observação da sua preferência revelada (para utilizar a expressão de Paul Samuelson): a sua vontade de migrar revela a sua crença de que a migração aumentará o seu bem-estar.

Por conseguinte, os argumentos contra a desigualdade de tratamento parecem frágeis. É, de facto, verdade que, se vivêssemos num mundo diferente em que houvesse uma vontade muito maior das populações e dos governos nos países ricos de aceitar a ideia da migração livre de mão de obra, a solução preferencial seria precisamente permitir essa migração e tratar todos os residentes de forma igual, independentemente da sua origem. Contudo, esse não é o mundo em que habitamos. Portanto, apresentamos três opções:

(1) Permitir a circulação sem restrições da mão de obra e não discriminar entre trabalhadores nacionais e estrangeiros em todos os países (os próprios países podem, todavia, diferir em termos de regulamentação laboral).

(2) Permitir uma migração limitada mas a um nível mais elevado do que a atualmente existente, com ligeiras diferenças legalmente definidas em termos de tratamento da mão de obra local e estrangeira.

(3) Manter o fluxo de migrantes no nível atual ou ainda menor e conservar a ficção de igualdade de tratamento, permitindo simultaneamente um tratamento diferenciado efetivo dos «ilegais».

A primeira opção parece-me inatingível e a terceira – a solução atual – inferior em termos de eficiência (maximização dos resultados) e de equidade (redução da pobreza e da desigualdade no mundo). Caminhar no sentido da segunda opção, porém, exigiria uma vontade por parte dos países ricos de redefinirem o que é a cidadania e superarem a atual opinião pública anti-imigração e, em alguns casos, xenófoba, um tema discutido no final do Capítulo 4 ([31]).

4

A DESIGUALDADE NO MUNDO NESTE SÉCULO E NO PRÓXIMO

No meu entender, todos os factos económicos, independentemente de serem ou não de uma natureza expressa por números, situam-se em relação a muitos outros factos como causa e efeito; e uma vez que nunca sucede que todos possam ser expressos por números, a aplicação de métodos matemáticos exatos àqueles que o podem afigura-se quase sempre uma perda de tempo, sendo na grande maioria dos casos sem dúvida enganadora.

– Alfred Marshall (1901)

Uma introdução de alerta

Ao preparar-me para escrever o presente capítulo, li ou reli vários livros, populares no seu tempo, que tentaram visualizar ou prever os desenvolvimentos económicos e políticos futuros. Ler esses livros hoje em dia (quando muito poucas pessoas ainda o fazem) oferece-nos uma história que serve de alerta. Sabemos que previsões puramente económicas têm tendência a estar muito erradas ([1]). Contudo, pensei que discussões menos formais das forças políticas e económicas que foram consideradas mais importantes para influenciar o futuro forneceriam esclarecimentos e projeções mais exatos. Descobri que não foi o caso. Examinei livros escritos durante três períodos temporais distintos: finais da década de 1960 e início da de 1970, o período durante e logo após a crise do petróleo de 1973 e os anos 1990. A impressão avassaladora não é apenas de que não conseguiram prever, ou sequer imaginar, os desenvolvimentos futuros mais importantes, mas de que se encontravam fortemente sustentados pelas crenças populares da sua era. As suas previsões consistiam, geralmente, em simples extensões das tendências daquela altura, algumas das quais existiram durante apenas cinco ou dez anos e rapidamente desapareceram.

Os livros de finais da década de 1960 e início da de 1970 veem o mundo do futuro como sendo cada vez mais dominado por empresas gigantescas e monopólios em expansão, além de preverem um fosso maior entre acionistas e gestores, com estes a terem preponderância (alguns exemplos são *O Novo Estado Industrial* de John Kenneth Galbraith [1967], *The World Without Borders* [*O Mundo Sem Fronteiras*] de Lester Brown [1972] e *The Coming of Post-Industrial Society* [*A Chegada da Sociedade Pós-industrial*] de Daniel Bell [1973]). Todos apresentam semelhanças na primazia da tecnologia tanto nos EUA como na União Soviética. O gigantismo na URSS parecia ser uma resposta aos mesmos requisitos tecnológicos observados nos EUA: a gestão de sistemas complexos tinha de ser colocada nas mãos dos melhores e dos mais inteligentes, com ajuda do Estado. As grandes empresas predominariam sobre as de menor dimensão, pois considerava-se que a evolução tecnológica implicava receitas em função da escala e exigia uma população com um maior nível de educação, o que apenas poderia ser assegurado através de um Estado mais ativo. Esta visão dos requisitos impostos pela tecnologia (que é bastante marxista na sua essência) leva os autores a reclamar um processo de convergência entre socialismo e capitalismo. E, de facto, a disseminação de formas limitadas de organização económica baseada no mercado na Europa de Leste (por exemplo, o socialismo de mercado jugoslavo, a reforma *khozrashchet* [contabilidade analítica] soviética de 1965 e as reformas húngaras de 1968) conferiu a essa visão uma dose de plausibilidade. Simultaneamente, no Ocidente, o papel do Estado na propriedade, na gestão e na intervenção enquanto mediador honesto entre empregadores e trabalhadores nunca foi tão grande. Desta forma, parecia que o socialismo estava a caminhar rumo a mercados mais livres e o capitalismo rumo a um papel maior do Estado. Esta ideia da convergência dos dois sistemas foi expressa em obras de pensadores tão conceituados como Jan Tinbergen (1961) e Andrei Sakharov (1968). Sabemos agora, porém, que a verdadeira mudança que ocorreu nos 20 anos seguintes foi totalmente diferente. A segunda revolução tecnológica tornou irrelevantes muitas das

A DESIGUALDADE NO MUNDO NESTE SÉCULO E NO PRÓXIMO | 167

empresas gigantescas que se pensava serem indestrutíveis: o socialismo esboroou-se e o capitalismo que triunfou era de um tipo muito diferente daquele previsto em finais dos anos 1960. Ninguém previu a ascensão da China. Na verdade, é extraordinária a ausência da China nestes livros ([2]).

Os anos 1970, na sequência do choque petrolífero e do aumento para o quádruplo dos preços reais do petróleo, geraram toda uma literatura preocupada com o esgotamento dos recursos naturais e os limites ao crescimento (*Os Limites do Crescimento*, de Donella Meadows et al., foi um dos livros mais famosos daquele tempo) ([3]). Um período de crescimento económico lento, praticamente igual a zero, no Ocidente sugeria uma visão muito menos otimista do futuro ([4]). Já não se esperava um crescimento infinito impulsionado pela tecnologia. Ao contrário do período anterior, foi uma altura em que as pessoas alegavam que «o pequeno é belo» (parafraseando o título de outro livro influente, *Small is Beautiful*, de Ernest F. Schumacher, publicado em 1973). O futuro já não parecia pertencer a gigantes industriais como a IBM, a Boeing, a Ford e a Westinghouse. Foi uma altura para celebrar a flexibilidade e a pequena escala dos *Mittelstand* (fabricantes de média dimensão) alemães e das empresas familiares da Emília-Romanha, em Itália. A ascensão do Japão começava a parecer imparável. Ainda ninguém reparara na China. E, como é óbvio, o fim do comunismo não era previsto, de todo.

Uma onda final de literatura que gostaria de mencionar neste contexto é a da década de 1990. Era dominada pelo Washington Consensus (um conjunto de prescrições políticas que destacavam a desregulação e a privatização) e pela previsão do «fim da história» (o título de um artigo influente de 1989 de Francis Fukuyama, que conduziu ao livro *O Fim da História e o Último Homem* [1992]). O Japão ainda surgia como estando em ascensão, mas a China fez uma breve aparição. Muitos dos livros celebravam o neoliberalismo e previam o seu rápido alargamento ao resto do mundo, incluindo o Médio Oriente. Mais tarde, a invasão do Iraque por parte dos EUA seria justificada por, entre outros aspetos, um apelo ao «fim da história» ([5]). A guerra supostamente traria democracia ao Iraque e, indiretamente, ao resto do mundo árabe, resultando no fim do complexo conflito entre israelitas e palestinianos com negociações entre as partes agora democráticas. Os elogios ao poder norte-americano eram presença frequente nestes livros. (É interessante que muitos deles foram publicados menos de uma década depois de os EUA se encontrarem supostamente num percurso de declínio a longo prazo.) Aqueles que estavam descontentes com a globalização e o triunfo do capitalismo individualista anglo-americano e a lógica do curto prazo (ênfase nos lucros empresariais de curto prazo) utilizavam o Japão e a Alemanha como modelos alternativos (Todd 1998). Não se previam quaisquer crises financeiras, nem a ascensão do grupo de economias emergentes agora conhecido por BRICS (Brasil, Rússia, Índia, China e África do Sul).

De uma forma geral, todas estas obras têm em comum três tipos de erros: a crença de que as tendências que aparentam ser mais relevantes num momento específico continuarão a sê-lo no futuro, a incapacidade de prever acontecimentos individuais dramáticos e uma concentração exagerada em intervenientes mundiais fundamentais, especialmente os EUA. Estes três problemas, mesmo que diagnosticados com exatidão, parecem muito difíceis de solucionar.

O primeiro erro é comum a todas as previsões, quer formais e quantitativas ou impressionistas. *Natura non facit saltum* é a epígrafe do livro *Principles of Economics* [*Princípios de Economia*] de Alfred Marshall. Os economistas e os cientistas sociais veem o futuro como sendo composto essencialmente pela mesma substância que constitui o presente e o passado muito recente. Apenas estendemos no futuro as tendências mais relevantes de hoje. Contudo, o que nos parece relevante hoje pode posteriormente revelar-se inconsequente. No entanto, mesmo identificando corretamente as tendências importantes não se resolve o problema da previsão, devido à segunda questão, a nossa incapacidade de prever pontos de viragem – grandes acontecimentos que provocam enormes mudanças.

Este segundo erro é, em certa medida, uma extensão do primeiro. Quando nos concentramos na mudança progressiva, esquecemo-nos de acontecimentos individuais que podem influenciar significativamente outros acontecimentos mas não podem ser corretamente previstos. Assim, a revolução Reagan-Thatcher foi impossível de prever; o mesmo se aplica à ascensão de Deng Xiaoping e às reformas chinesas, à dissolução da União Soviética e à queda do comunismo, bem como à crise financeira mundial. Podemos ver em retrospetiva que, em todos estes casos, os indivíduos (ou fenómenos, no caso das crises financeiras) por detrás dessas mudanças tão importantes estavam a responder a forças socioeconómicas mais profundas. Contudo, embora o consigamos ver em retrospetiva, não o conseguimos fazer antecipadamente. Além disso, a previsão de acontecimentos importantes específicos pode ser uma forma de charlatanismo. Talvez em 99 de cada 100 casos seja provável estarmos errados. E mesmo naquele caso de entre 100 em que acertamos, o valor desse palpite será considerado como sendo mais o resultado de puro acaso do que de uma verdadeira capacidade de analisar o passado e prever o futuro. Estes acontecimentos individuais manter-se-ão totalmente fora da nossa capacidade de previsão, tal como o surgimento de cisnes negros, conforme popularizado no livro recente de Nassim Taleb *O Cisne Negro* (2007). E visto não podermos acreditar que deixarão de ocorrer no futuro, isso significa simplesmente que as nossas previsões estarão, em grande medida, erradas.

Embora não possamos prever algum acontecimento específico que poderá ocorrer no próximo século, podemos analisar alguns cenários possíveis que poderiam alterar a composição económica de continentes inteiros ou até do mundo:

1. Guerra nuclear entre os EUA e a Rússia ou a China, que poderia conduzir a destruição maciça e a contaminação radioativa duradoura.
2. Detonação de uma bomba nuclear por terroristas.
3. Guerra entre a China e o Japão.
4. Revolução política e/ou guerra civil na China, conduzindo ao desmembramento do país.
5. Guerra civil entre muçulmanos e hindus na Índia.
6. Revolução na Arábia Saudita.
7. Crescente irrelevância da Europa em resultado de uma diminuição da população e da incapacidade de absorver migrantes e refugiados do Médio Oriente e de África.
8. Conflito entre muçulmanos e cristãos que poderia inundar o Médio Oriente e alastrar à Europa.

Esta lista não inclui acontecimentos centrados na América Latina e em África. Esta omissão reflete o facto de, na história mundial de que há registo, estes dois continentes, provavelmente devido à distância que os separa de centros de civilização na região do Mediterrâneo, Índia, China e Atlântico Norte, nunca terem desempenhado um papel autónomo importante. Mas este facto pode, ele próprio, mudar nas próximas décadas, com a importância crescente do Brasil, da Nigéria e da África do Sul.

O terceiro erro, uma concentração exagerada em intervenientes fundamentais, é talvez o único que poderíamos evitar, mas fazê-lo continua a ser difícil. Tendemos a simplificar o mundo concentrando-nos no que acontece nos principais países que parecem moldar a evolução da vida futura. Não é de surpreender que os EUA surjam de forma predominante na literatura que analisei aqui, como provavelmente acontece em toda a literatura semelhante ao longo dos últimos 70 anos. Os EUA são sempre comparados com outro país que, num determinado momento, representa o seu antípoda ou parece ser o seu principal concorrente. A literatura da década de 1960 representava o mundo em termos da rivalidade ou convergência comunista/capitalista. Posteriormente, enquanto a importância da URSS diminuía e a do Japão aumentava, dois tipos diferentes de capitalismo ficaram frente a frente: o norte-americano e o japonês (com o capitalismo alemão a desempenhar um papel de certa forma secundário). Atualmente, a China eclipsou totalmente os outros concorrentes, de tal forma que os livros de hoje – e este não é exceção – têm tendência a ser estruturados em torno desta antinomia.

A abordagem de analisar mais de perto vários países principais justifica-se na medida em que os países poderosos, através do seu exemplo e poder persuasivo (e, por vezes, do poder coercivo), bem como através da sua posição na linha da frente da evolução tecnológica, têm um efeito preponderante sobre a forma como o resto do mundo evolui. Os países grandes são igualmente importantes em termos puramente aritméticos, pelo facto de as suas populações e economias serem tão vastas. Contudo, esta abordagem considera essencialmente metade ou dois terços do mundo como principalmente passivos, o que é improvável que seja verdade. Os acontecimentos em países pequenos têm por vezes repercussões políticas e económicas desproporcionadas, seja o assassinato em Sarajevo em 1914, o golpe militar no Afeganistão em 1973 ou a crise de 2014 na Ucrânia. Além disso, de uma perspetiva mundial ou cosmopolita, as experiências das pessoas em todas as partes do mundo são tão importantes como as experiências das pessoas que vivem em Estados-nação principais.

A DESIGUALDADE NO MUNDO NESTE SÉCULO E NO PRÓXIMO | 171

O leitor não deve esquecer-se dos problemas fundamentais no que se refere às nossas tentativas de prever o futuro. Embora possamos estar cientes destes problemas, e possivelmente de mais alguns, ter consciência dos mesmos por si só não é suficiente para nos permitir conceber uma abordagem alternativa para evitar erros que outros cometeram. No resto do presente capítulo, tentarei evitar algumas destas «armadilhas», mas tenho consciência de que, se este livro for lido daqui a 20 anos (ou seja, em meados da década de 2030), muitas das suas previsões serão consideradas como tendo as mesmas lacunas que encontrei na literatura anterior.

Síntese das principais forças: convergência económica e ondas de Kuznets

As nossas ideias sobre a evolução da desigualdade no mundo nas próximas décadas baseiam-se em duas importantes teorias económicas. A primeira é que, com a globalização, deverá haver uma maior convergência de rendimentos, ou seja, os rendimentos dos países pobres deverão alcançar os dos países ricos, pois prevê-se que as economias pobres ou emergentes apresentem taxas de crescimento mais elevadas em termos *per capita* do que as das ricas. Esta previsão não é invalidada pela queda na taxa de crescimento de algumas economias emergentes (como a China); o processo de convergência prossegue enquanto os países pobres e emergentes tiverem taxas de crescimento *mais elevadas* do que as dos países ricos. Contudo, é necessário fazer duas advertências. Primeiro, estamos a falar de um padrão abrangente, o que não significa que todos os países pobres irão participar nesta recuperação. De facto, uma das surpresas do atual processo de globalização tem sido precisamente a quantidade de países que ficaram ainda mais para trás, para não mencionar aqueles que não conseguiram efetuar essa recuperação. A segunda advertência é que, quando lidamos com o bem-estar de pessoas, como estamos a fazer neste caso, a convergência dos rendimentos nos países mais populosos é a que mais interessa. Esta perspetiva coloca uma ênfase especial na importância de países como a China, Índia, Indonésia, Bangladeche e Vietname prosseguirem esse processo de recuperação.

A segunda teoria importante tem que ver com o movimento das desigualdades dentro de países, o que, conforme defendido no Capítulo 2, é caracterizado pelo movimento ao longo de diferentes porções da primeira ou da segunda onda de Kuznets (dependendo de onde uma economia se encontra). Países individuais podem estar a enfrentar diferentes ondas de Kuznets e diferentes partes de cada onda, dependendo do seu nível de rendimentos e características estruturais. Desta forma, a desigualdade na China pode começar a diminuir, deslizando pela porção descendente da primeira onda de Kuznets, enquanto alguns países muito pobres podem assistir a aumentos da desigualdade à medida que começam a subir a sua primeira onda de Kuznets. As economias mais ricas, que estão bastante avançadas no processo da segunda revolução tecnológica, poderão subir ainda mais na porção ascendente da segunda onda de Kuznets (como acredito que será o caso dos EUA; ver mais adiante) ou poderão em breve começar a entrar na sua porção descendente. Por conseguinte, podemos encontrar uma variedade de experiências; porém, os padrões mais importantes serão determinados pelo que acontece nos EUA e na China, devido à dimensão dos países e ao seu caráter emblemático.

Existem dois aspetos adicionais com que nos devemos preocupar quando analisamos a evolução da desigualdade no mundo. O primeiro é o equilíbrio entre as formas benignas e malignas pelas quais a desigualdade económica pode ser reduzida. Podemos estar habituados a destacar o primeiro conjunto – melhor educação, menos salários mais elevados ligados a maiores qualificações e maior exigência de segurança social –, mas o segundo conjunto, como se verificou no período que antecedeu a Primeira Guerra Mundial, é igualmente compatível com a globalização. Interesses políticos nacionais poderosos, como aconteceu há um século, combinam-se para produzir várias guerras dispersas, que posteriormente, seguindo a sua própria lógica, podem conduzir à iminência, ou à concretização, de uma terceira guerra mundial. A guerra no Iraque constitui um bom exemplo de como interesses económicos nunca estão muito afastados das guerras que são aparentemente travadas por outro motivo, seja ele terrorismo ou a disseminação da democracia (ver Bilmes e Stiglitz 2008). James Galbraith, em *Inequality and Instability* [*Desigualdade e Instabilidade*] (2012), demonstra que os lucros obtidos pelos beneficiários económicos das despesas governamentais com a guerra no Iraque (lobistas, empresas de segurança privada, empresas militares) foram tão significativos que eram evidentes nas estatísticas da distribuição de

A DESIGUALDADE NO MUNDO NESTE SÉCULO E NO PRÓXIMO | 173

rendimentos para a área de Washington, DC. Basta abrir um exemplar do *Politico*, um jornal diário gratuito de Washington, DC, que tem como público-alvo os membros do Congresso dos EUA, para verificar que a maioria dos anúncios publicitários era de equipamento militar, desde helicópteros até aviões caças de combate. Os interesses financeiros das pessoas que beneficiam com a destruição – o famoso complexo industrial militar – são um domínio enorme e inexplorado e esperamos que o tipo de análise empírica recentemente levada a cabo por Page, Bartels e Seawright (2013) para ajudar a explicar a influência do dinheiro na política norte-americana seja realizado sobre aqueles que têm um manifesto interesse financeiro nas guerras. Correndo o risco de simplificação, poderia dizer-se que hoje, nos EUA, as guerras são combatidas pelos pobres (incluindo muitos que nem sequer são cidadãos norte-americanos), financiadas pela classe média e beneficiam os ricos. É pouco provável que esta situação seja diferente em países como a Rússia e a China ([6]).

O segundo aspeto com que nos devemos preocupar é um conjunto de fatores que são quase por definição impossíveis de contabilizar por um economista, apesar de poderem ter enormes impactos económicos. São desenvolvimentos políticos, sociais ou ideológicos que conduzem a acontecimentos dramáticos como guerras civis ou o desmembramento de países. Observemos a diferença entre, por um lado, os efeitos malignos da desigualdade que podem conduzir a guerras e, por outro, desenvolvimentos políticos autónomos. Os primeiros são desenvolvimentos políticos induzidos por fatores económicos; os segundos são, inteiramente, «puros» desenvolvimentos políticos (na medida em que se pode dizer que qualquer acontecimento é puramente político) com consequências económicas possivelmente tremendas. Um desses acontecimentos importantes pode ser uma transição política para a democracia na China ou, para ser menos teleológico, a sua evolução política. Nada garante que uma transição dessas seria pacífica. Um rumo violento dos acontecimentos teria um enorme impacto na taxa de crescimento chinesa, na convergência económica mundial, na ascensão das classes médias mundiais e praticamente em todos os outros fenómenos relacionados com a globalização – tal é a influência da China. Contudo, uma transição deste género é externa à própria economia. Um exemplo semelhante é a ascensão do fundamentalismo islâmico violento, uma força que pode apenas em parte ser explicada por causas económicas, mas que tem enormes consequências nesse âmbito. Uma dessas consequências é a destruição das classes médias e de sociedades razoavelmente instruídas, modernas e seculares no Iraque e na Síria. A Europa não está isenta deste tipo de desenvolvimentos políticos: políticas anti-imigração e nativistas de direita podem reduzir o compromisso da Europa para com a globalização. Haveria custos económicos, mas a política e a ideologia poderiam ser mais importantes para as pessoas do que o crescimento dos rendimentos. Voltaremos a alguns destes imponderáveis no final do presente capítulo. Por agora, no entanto, vamos manter-nos no quadro económico delineado anteriormente, abordando primeiro as perspetivas de convergência de rendimentos e o que significaria para a desigualdade no mundo.

Convergência de rendimentos: irão os países pobres crescer mais rapidamente do que os países ricos?

Irão os rendimentos nos países pobres convergir no sentido dos dos países ricos? A resposta parece óbvia. A globalização supostamente torna o acesso à tecnologia, incluindo à melhor política económica, muito mais fácil e rápido para os países pobres [7]. Supostamente faz com que também lhes seja mais fácil obter capital e adquirir bens de que precisam para se desenvolverem. Portanto, mesmo sem a circulação de mão de obra (ou seja, mesmo numa era de globalização incompleta), os países pobres devem apresentar taxas de crescimento dos rendimentos mais elevadas do que os países ricos. No entanto, conforme demonstra a Figura 4.1, não era esse o caso até, pelo menos, ao ano 2000. A linha tracejada na Figura 4.1 mostra o coeficiente de Gini calculado relativamente ao PIB médio *per capita* para praticamente todos os países do mundo, sendo o peso de cada país o mesmo [8]. Quando esta linha sobe, significa que a disparidade dos rendimentos médios entre países está a aumentar; quando desce, a disparidade está a diminuir. Esta medida da desigualdade aumentou entre 1980 e 2000, a era da «elevada globalização», porque a América Latina e a Europa de Leste (partes do mundo que se encontram sensivelmente no meio da distribuição internacional do PIB *per capita*) sofreram grandes recessões ou depressões. O PIB *per capita* da Rússia caiu mais de

40 por cento entre 1989 e 1998 e, embora a extensão da queda tenha sido maior na Rússia do que em praticamente qualquer outro local, a queda em si não foi incomum. O PIB *per capita* do Brasil em 2000 estava apenas 1 por cento acima do nível de 1980. África, o continente mais pobre, tinha praticamente deixado de crescer na década de 1990 e até entrou em recessão: o PIB *per capita* real africano em 2000 era 20 por cento inferior ao seu nível de 1980. Entretanto, os países ricos continuaram a crescer, não a taxas espetaculares, mas a uma taxa constante de aproximadamente 2 por cento ao ano, o que fez com que o seu PIB *per capita* fosse em 2000 cerca de 50 por cento superior ao de 1980.

Sendo assim, ao contrário do previsto, a convergência dos rendimentos não se concretizou entre 1980 e 2000. Contudo, após o ano 2000, como as três regiões (América Latina, Europa de Leste e África) começaram a crescer e o mundo rico foi atingido pela crise financeira, a convergência concretizou-se de facto. Desta forma, a atual era da globalização apresenta um registo manifestamente misto em termos de convergência e é possível que outro abrandamento, por exemplo, na procura de matérias-primas, que em grande medida garantiu o crescimento da América Latina e de África da primeira década do século XXI, trave novamente a convergência.

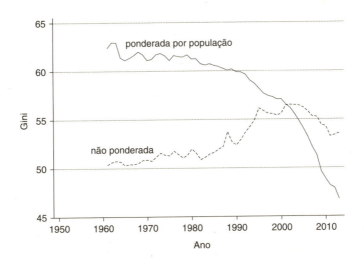

FIGURA 4.1 A desigualdade mundial de rendimentos entre países, 1960–2013, ponderada e não ponderada no que se refere à dimensão da população

Este gráfico mostra a desigualdade (medida em valores de Gini) entre o PIB *per capita* real da maioria dos países do mundo, utilizando duas medidas diferentes: a Gini não ponderada, em que cada país conta de forma igual (linha tracejada), e a Gini ponderada por população, em que a importância de cada país reflete a sua população total (linha contínua). O forte aumento do PIB *per capita* na China e na Índia reduziu significativamente a Gini ponderada por população, especialmente após o ano 2000. O PIB *per capita* é apresentado em dólares internacionais de 2005 (com base no Projeto de Comparação Internacional de 2011). Fonte dos dados: calculados a partir da base de dados dos Indicadores de Desenvolvimento Mundial (IDM) do Banco Mundial (http://data.worldbank.org/data-catalog/world-development-indicators, versão de setembro de 2014).

No entanto, obtemos um resultado diferente se ponderarmos os países de acordo com a dimensão das suas populações (em vez de atribuirmos o mesmo peso a cada país), como deveríamos, na realidade, fazer num trabalho sobre pessoas. Utilizando esta medida de desigualdade, a convergência de rendimentos ocorreu efetivamente: a desigualdade entre países ponderada por população, demonstrada pela linha contínua na Figura 4.1, tem vindo a diminuir de forma uniforme desde finais da década de 1970, sensivelmente desde que a China introduziu o «sistema de responsabilidade» (posse privada efetiva de terras) em zonas rurais e o crescimento aumentou subsequentemente. Além disso, a convergência (a diminuição dos valores de Gini entre países, ponderados por população) foi extraordinária e acelerou na primeira década do século XXI. Já vimos que este movimento foi o fator-chave subjacente à diminuição da desigualdade no mundo e ao alargamento da classe média mundial. Além disso, mesmo quando a China é excluída da análise, ainda é evidente o início da convergência por volta do ano 2000 (não mostrado no gráfico). Este resultado é muito importante porque demonstra que a convergência ponderada por população já não depende da evolução económica e social de apenas um país grande; a convergência poderia manter-se mesmo que o crescimento da China fosse eliminado. Não obstante, é verdade que o futuro da convergência mundial de rendimentos é extraordinariamente influenciado pelas taxas de crescimento *per capita* da China e da Índia, por um lado, e dos EUA, por outro. No entanto, há outros países populosos que são igualmente importantes.

Por forma a demonstrar a importância crescente de países populosos em rápido crescimento, que não a China, para o processo de convergência, comparamos na Figura 4.2 a taxa média de crescimento anual *per capita* combinada (ponderada por população) dos principais países emergentes *excluindo* a China (Índia, Brasil, África do Sul, Indonésia e Vietname) e a taxa de crescimento *per capita* combinada do mundo rico (EUA, União Europeia e Japão). A figura mostra a disparidade entre as duas. O surgimento de uma disparidade de crescimento a favor das economias emergentes após 1980, e de forma especialmente acentuada após o ano 2000, é bastante evidente. Desde o ano 2000, a taxa média de crescimento *per capita* das economias emergentes tem sido consistentemente superior à taxa média de crescimento *per capita* do mundo rico, e a disparidade era grande: as economias emergentes apresentavam uma taxa de crescimento de 4,7 por cento ao ano, em comparação com apenas 1 por cento dos países ricos ([9]). Esta disparidade foi a força essencial subjacente à diminuição da desigualdade no mundo, resultando numa redução do valor de Gini mundial a partir sensivelmente do ano 2000 (conforme discutido no Capítulo 3). Entre 1980 e 2000, a disparidade das taxas de crescimento não era grande: era, em média, de um ponto percentual (2,9 por cento *versus* 1,9 por cento), mas as economias emergentes ainda estavam a crescer mais rapidamente. Temos de recuar ao período antes da década de 1970 para encontrarmos uma disparidade que se encontrava principalmente na outra direção, quando a Europa, a América do Norte e o Japão estavam a crescer mais rapidamente do que os na altura designados «países em desenvolvimento». Durante os últimos 35 anos, só houve um ano (1998) em que as principais economias emergentes (excluindo a China) cresceram a uma taxa manifestamente inferior à do mundo rico. Tratou-se do ano da crise financeira asiática, quando a economia da Indonésia contraiu 15 por cento e o efeito de contágio afetou igualmente o Brasil e a África do Sul, conduzindo a modestas taxas de crescimento negativas (menos 1 por cento) nesses países.

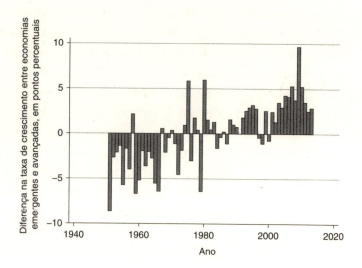

FIGURA 4.2 Diferença nas taxas de crescimento combinadas (ponderadas por população) entre as principais economias emergentes (excluindo a China) e as economias avançadas, 1951–2013

Este gráfico mostra a diferença nas taxas de crescimento do PIB *per capita* ponderadas por população entre economias emergentes que não a China (Índia, Brasil, Indonésia, África do Sul e Vietname) e economias avançadas (EUA, União Europeia e Japão). Quando a barra está acima de 0, as economias emergentes cresceram mais rapidamente do que as economias avançadas. Desde meados da década de 1980, isso verificou-se em todos os anos exceto três. O PIB *per capita* é apresentado em dólares internacionais de 2005 (com base no Projeto de Comparação Internacional de 2011). Fonte dos dados: calculados a partir da base de dados dos Indicadores de Desenvolvimento Mundial (IDM) do Banco Mundial (http://data.worldbank.org/data-catalog/world-development-indicators, versão de setembro de 2014).

Para afirmar que o crescimento da classe média mundial emergente, que é «alimentado» por estes países e pela China, irá abrandar, teríamos de afirmar que haveria uma inversão significativa no padrão de crescimento que caracterizou os últimos 35 anos. Mesmo que a China abrandasse, pode esperar-se que estas outras grandes economias continuem a crescer aproximadamente às mesmas taxas que nas décadas passadas. O que é necessário para que a convergência dos rendimentos prossiga, e para que a classe média mundial cresça, é que esta taxa continue a ser maior do que a taxa de crescimento dos países ricos. Parece mais provável que esta tendência se mantenha do que se inverta ([10]).

A convergência é um fenómeno asiático?

A convergência dos rendimentos *per capita* (ou dos PIB *per capita*), quando ponderados por população, é evidente pelos dados e constitui, como vimos, o principal fator subjacente à recente diminuição da desigualdade entre os cidadãos do mundo. No entanto, recordemos que essa convergência não se verifica (exceto na primeira década do século XXI) quando analisamos os PIB *per capita* não ponderados entre países (ou seja, convergência incondicional definida da forma convencional). Este contraste sugere que o principal fator subjacente à convergência ponderada por população é o rápido crescimento económico de países asiáticos populosos. Esta conjetura é confirmada quando comparamos as taxas médias de crescimento dos países durante o período de 1970–2013 com o respetivo PIB *per capita* na década de 1970. A Figura 4.3a mostra essa comparação para todos os países do mundo exceto os asiáticos. As taxas de crescimento a longo prazo não estão a aumentar nem a diminuir em relação aos níveis de PIB *per capita* de 1970. Se desenhássemos uma linha de regressão, esta seria plana a um nível de menos de 2 por cento *per capita* ao ano, sugerindo que tanto os países ricos como os pobres cresceram a uma taxa idêntica. A Figura 4.3b mostra apenas países asiáticos e ocidentais, com os países ocidentais definidos como Europa Ocidental, América do Norte e Oceânia (Austrália e Nova Zelândia), ou WENAO. A linha de regressão apresenta agora uma clara inclinação descendente. Os países mais pobres, que são invariavelmente asiáticos, cresceram mais rapidamente ao longo deste período de 43 anos do que os países ricos ocidentais ([11]). Não é só a convergência ponderada por população que é um fenómeno asiático, a convergência não ponderada também o é: são exclusivamente asiáticos os países que têm vindo a alcançar o mundo rico.

Esta conclusão tem implicações para o que podemos esperar no que se refere à desigualdade de rendimentos entre países neste século e no próximo. Primeiro, oferece-nos uma história com maior pendor de alerta sobre o poder da convergência económica porque grandes partes do globo não a estão a alcançar. Segundo, introduz uma precaução adicional nas nossas estimativas porque é precisamente nas regiões «deixadas de fora» de África que prevemos maiores aumentos demográficos. Portanto, a não convergência, sendo manifesta nos dados não ponderados por população, pode «disseminar-se» igualmente para os dados ponderados por população e, por sua vez, travar a diminuição prevista da desigualdade no mundo. Por outras palavras, à medida que os números da população aumentam em África, a falta de convergência dos rendimentos africanos relativamente aos do resto do mundo pode começar a surgir em força não só nos dados que comparam os países pobres e ricos, mas também nos que comparam indivíduos pobres e ricos.

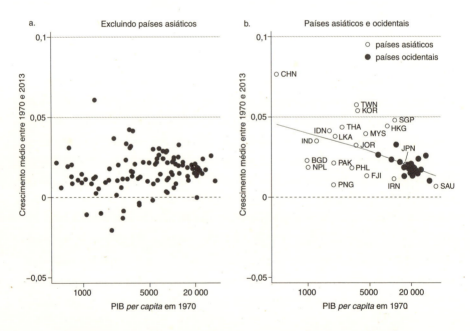

FIGURA 4.3 Nível de PIB *per capita* em 1970 e taxa média de crescimento no período subsequente (a) para todos os países excluindo os asiáticos e (b) para os países asiáticos e ocidentais

Estes gráficos mostram a taxa média de crescimento anual no período de 1970–2013 comparativamente com os rendimentos reais *per capita* em 1970.

A DESIGUALDADE NO MUNDO NESTE SÉCULO E NO PRÓXIMO | 181

Quando excluímos os países asiáticos (a), não há qualquer relação entre os dois. Quando observamos apenas os países asiáticos e ocidentais (b), verificamos que os países que eram mais pobres em 1970 cresceram mais rapidamente. As taxas de crescimento são expressas em frações (0,05 = 5% de crescimento). Os PIB *per capita* são apresentados em dólares internacionais de 2005 (com base no Projeto de Comparação Internacional de 2011). Os países ocidentais incluem a Europa Ocidental, a América do Norte e a Oceânia (Austrália e Nova Zelândia). Abreviaturas dos países: BDG Bangladeche, CHN China, FJI Fiji, HKG Hong Kong, IDN Indonésia, IND Índia, IRN Irão, JOR Jordânia, JPN Japão, KOR Coreia, LKA Sri Lanka, MYS Malásia, NPL Nepal, PAK Paquistão, PHL Filipinas, PNG Papua Nova Guiné, SAU Arábia Saudita, SGP Singapura, THA Tailândia, TWN Taiwan. Fonte dos dados: calculados a partir da base de dados dos Indicadores de Desenvolvimento Mundial (IDM) do Banco Mundial (http://data.worldbank. org/data-catalog/world-development-indicators, versão de setembro de 2014).

Analisemos a posição de África em mais pormenor. Em 2013, o PIB *per capita* em África não ponderado por população (ou seja, calculado simplesmente entre países) era 1,9 vezes superior ao de 1970 (ver Quadro 4.1, coluna 2). Este é o rácio mais baixo das cinco regiões. O PIB *per capita* na Ásia foi multiplicado por um fator de quase 5 durante o mesmo período, mas até a América Latina e os países de transição pós-comunismo tinham rácios iguais ou superiores a 2. Os países ricos ocidentais (WENAO) estavam numa situação 2,3 vezes melhor em 2013 do que em 1970. Se a convergência de rendimentos estivesse a ocorrer, teríamos esperado que África, que em 1970 era mais pobre do que qualquer região exceto a Ásia, tivesse crescido mais rapidamente do que a maioria das outras regiões e que o seu rácio entre 2013 e 1970 estivesse mais próximo do da Ásia. Mas tal está longe de ser verdade: os países africanos foram os que cresceram mais lentamente.

Quadro 4.1 Registo do crescimento de várias regiões
do mundo entre 1970 e 2013

Região	(1) Média do PIB per capita de 1970 (ponderado por população)	(2) Rácio do PIB per capita de 2013 em relação ao de 1970 (entre países)	(3) Diferença entre a percentagem média em 2013 e o pico histórico (entre países)
África	2900	1,9	10,2
Ásia	2200	4,9	0,6
América Latina	7000	2,0	1,8
Países de transição pós-comunismo	8300	2,4	5,3
WENAO	19 700	2,3	2,5
Mundo	6400	2,6	2,8

Nota: PIB *per capita* em dólares internacionais de 2005 (com base no Projeto de Comparação Internacional de 2011). WENAO = Europa Ocidental, América do Norte e Oceânia.
Fonte: Indicadores de Desenvolvimento Mundial (http://data.worldbank.org/data--catalog/world-development-indicators), várias versões anuais.

A divergência de África não foi provocada apenas por um crescimento *per capita* mais lento do que o do resto do mundo, pois essa poderia ser uma forma de interpretar estes valores: por exemplo, o rácio de 1,9 de África implica uma taxa média de crescimento *per capita* de 1,5 por cento ao ano, enquanto o rácio de 2,3 dos WENAO implica 2 por cento ao ano. Os problemas em África são mais complexos do que o que os números sugerem. Os países africanos tiveram frequentemente surtos de crescimento seguidos de quedas rápidas e o principal problema parece ser a incapacidade de manterem taxas de crescimento ainda que modestas durante períodos prolongados. As flutuações do crescimento são impulsionadas por conflitos políticos, guerras civis e evoluções cíclicas dos preços que afetam os recursos naturais em que se baseia grande parte da produção e das exportações de África. Para exemplificar essas flutuações do crescimento, vamos determinar que o PIB *per capita* mais elevado alguma vez atingido por um país foi 1 e depois vamos comparar os PIB *per capita* reais de 2013 com esse máximo histórico. Nos WENAO, o rácio médio entre o PIB *per capita* de 2013 e o pico entre países foi de 0,975, pelo que o défice (a diferença entre 1 e 0,975) era de 2,5 pontos percentuais (inteiramente provocados pela recessão atlântica) (ver Quadro 4.1, coluna 3) ([12]). A América Latina e a Ásia encontravam-se, em média, menos de 2 por cento abaixo dos seus picos históricos e as economias de transição pós-comunismo encontravam-se 5 por cento abaixo. No entanto, estes valores são muito suaves em comparação com África, onde o défice em relação ao pico histórico era superior a 10 por cento. Os países africanos podem e crescem de facto, mas apresentam igualmente quedas súbitas e acentuadas dos rendimentos. O resultado final é uma ausência de convergência de rendimentos em relação ao mundo rico e até mesmo a outras regiões.

Nalguns casos extremos, os fracassos são de tal ordem que os dados que possuímos são insuficientes para ilustrá-los completamente. Assim, os PIB *per capita* de Madagáscar e da República Democrática do Congo são atualmente inferiores ao que se estima que fossem antes da independência (por volta de 1950). É plausível supor que os rendimentos nas décadas de 1930 e 1940 fossem inferiores aos de 1950 (ou seja, presumimos algum crescimento durante estas décadas). Por conseguinte, Madagáscar e o Congo atingiram pela primeira vez os níveis de rendimentos que têm atualmente há cerca de 80 ou até 90 anos. Em termos de desenvolvimento e da possibilidade de alcançarem os países mais ricos, foi desperdiçado um século inteiro ([13]). Não temos qualquer garantia de que não aconteça a mesma coisa neste século. Se acontecer, a questão da convergência adquire um tom completamente diferente: ainda pode ocorrer, mas a probabilidade é pequena.

EXCURSO 4.1 Previsões da desigualdade no mundo

De que forma irá mudar o nível de desigualdade entre todos os cidadãos do mundo nas próximas décadas? Se os rendimentos da Ásia continuarem a convergir com os dos países ocidentais, tratar-se-á de uma força muito poderosa para a convergência generalizada dos rendimentos individuais. Contudo, quando o rendimento médio da China se encontrar num nível tal que mais de metade da população mundial, classificada pelos rendimentos médios dos seus países, se encontra atrás da China, a continuação do crescimento chinês levará a que os rendimentos mundiais se tornem menos iguais (especialmente tendo em conta a elevada desigualdade interpessoal dentro da própria China) ([14]). Num exercício interessante, Hellebrandt e Mauro (2015) tentaram prever a evolução da desigualdade no mundo entre 2015 e 2035. Calcularam que a desigualdade no mundo irá, no cenário mais provável, diminuir quase 4 pontos de Gini. Este exercício assenta em três pilares: taxas de crescimento do PIB *per capita*, taxas de crescimento da população e desigualdades dentro dos países. Para as taxas de crescimento dos países, Hellebrandt e Mauro utilizam previsões da OCDE, do FMI e do Consensus Forecasts (um especialista privado em previsões); para as taxas de crescimento da população, utilizam a previsão da mediana das Nações Unidas; e para as desigualdades dentro dos países, pressupõem que não haverá alteração. Embora seja extremamente cético relativamente a previsões em geral, e os próprios autores salientem que essas previsões se revelam quase sempre demasiado otimistas e que o erro aumenta drasticamente com o horizonte temporal, vale a pena analisar as suas três conclusões.

Primeiro, a previsão mostra que, num cenário de crescimento baseado na inversão para a média (um abrandamento das taxas de crescimento dos países mais pobres à medida que enriquecem), a diminuição da desigualdade no mundo seria mínima (menos de 1 ponto de Gini).

Segundo, as projeções destacam a enorme importância do crescimento económico da Índia para a redução da desigualdade no mundo. O motivo é que o papel da China enquanto principal motor da diminuição da desigualdade no mundo se torna menos importante à medida que o país fica mais rico. Em 2011, o rendimento médio *per capita* chinês, calculado a partir de inquéritos aos agregados familiares e expresso em dólares internacionais, era 22 por cento inferior à média mundial e era superior ao rendimento médio de 49 por cento das pessoas no mundo (presumindo que auferiam os rendimentos médios dos seus países) ([15]). O mundo estará muito em breve numa posição em que a elevada taxa de crescimento da China começa a contribuir para a desigualdade no mundo e não para a sua diminuição ([16]). O rendimento médio da Índia encontra-se atualmente acima apenas de 7 por cento da população mundial, e não se pode esperar que este país «dê a volta», ou seja, que se torne, em termos médios *per capita*, mais rico do que mais de 50 por cento da população mundial, nos próximos 20 anos. Portanto, se crescer mais depressa, irá assumir o lugar da China enquanto principal motor da equalização dos rendimentos no mundo.

Terceiro, Hellebrandt e Mauro constatam que apenas aumentos muito substanciais das desigualdades dentro dos países (um aumento de mais de 6 pontos de Gini para todos os países do mundo) anulariam o impacto de equalização da convergência de rendimentos médios como cenário mais provável. Se a convergência dos rendimentos médios for mais lenta, o aumento compensatório das desigualdades dentro dos países não precisa de ser tão elevado. Não obstante, este resultado ilustra que, mesmo que as desigualdades dentro dos países se tornem mais importantes, não desempenharão, pelo menos nos próximos 20 anos, um papel tão importante no âmbito da desigualdade no mundo como a recuperação dos países pobres.

Durante os próximos 20 anos, sem a ocorrência de algum dos acontecimentos negativos dramáticos elencados no início do capítulo, as perspetivas de redução constante da desigualdade no mundo são boas, mas não extraordinárias. Não se pode esperar que a desigualdade no mundo seja reduzida em mais de $\frac{1}{15}$ do seu nível atual. Embora tal redução fosse extraordinária em termos históricos, dificilmente viveremos num mundo de utopia igualitária mundial nos tempos mais próximos.

O outro lado da equação: desigualdades na China e nos EUA

O outro lado da equação da desigualdade no mundo, além da mudança nas desigualdades *entre* países, é a mudança nas desigualdades *dentro* de países, especialmente na China e nos EUA. Estes dois países são importantes não só devido à sua dimensão, mas também porque oferecem exemplos perfeitos das mudanças em termos de desigualdade em economias ricas e emergentes. Se a tendência no sentido de uma convergência de rendimentos médios se mantiver, as perspetivas de redução da desigualdade no mundo podem ainda assim ser perturbadas pelo que acontece em termos de desigualdade dentro de países individuais. Não podemos analisar a evolução da desigualdade na maioria deles. No entanto, vale a pena apresentar expectativas ou opiniões abalizadas sobre o que poderá acontecer na China e nos EUA. Comecemos pela China.

Sr. Kuznets vai a Pequim? Os factos relativos à desigualdade na China desde 2010 são obscuros porque o Instituto Nacional de Estatística Chinês (NBS), que nunca disponibilizou dados e nunca distribuiu microdados (a nível dos agregados familiares), se tornou ainda mais fechado. Durante um quarto de século, os inquéritos aos agregados familiares na China foram organizados de forma diferente nas áreas rurais e urbanas (criando problemas aos investigadores que pretendiam combinar as duas); foram reformulados em 2013 e o NBS realizou, então, o primeiro inquérito unificado aos agregados familiares em toda a China. Este inquérito deveria ser um marco importante para a melhoria do conhecimento sobre as mudanças em termos de desigualdade e outras variáveis sociais e demográficas. Contudo, desde janeiro de 2015 que o NBS não divulga quaisquer dados. Portanto, em vez de sabermos mais, sabemos menos. Podemos especular que este súbito silêncio se deve ao facto de alguns resultados terem sido inesperados ou difíceis de conciliar com os resultados obtidos em inquéritos anteriores.

Com base nas evidências que efetivamente temos, parece que a desigualdade de rendimentos não aumentou nos cinco ou seis anos anteriores a 2013 e pode, de facto, ter diminuído um pouco. Os dados dos inquéritos aos agregados familiares demonstram que o coeficiente de Gini para toda a China se manteve relativamente estável desde 2000 (Figura 4.4). O NBS afirmou isso mesmo num comunicado de imprensa. A desigualdade de rendimentos calculada a partir dos inquéritos aos agregados familiares urbanos manteve-se estável desde 2002 (Zhang 2014; não apresentado na figura). Segundo Zhang (2014), a desigualdade de salários intersetorial diminuiu entre 2008 e 2012. A desigualdade de salários intersetorial mede a desigualdade entre salários em diferentes setores industriais; não é o mesmo que desigualdade de salários entre indivíduos ou desigualdade de rendimentos entre agregados familiares, pelo que é, no máximo, um indicador de desigualdade interpessoal «real» ([17]). Não obstante, os resultados de Zhang podem refletir uma tendência semelhante na desigualdade interpessoal, especialmente porque, no passado, as alterações na desigualdade de salários intersetorial assemelhavam-se grandemente às verificadas na desigualdade de rendimentos em geral ([18]).

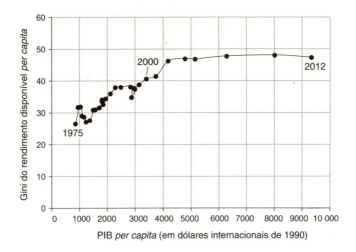

FIGURA 4.4 Desigualdade de rendimentos na China, 1975–2012

Este gráfico mostra a evolução da desigualdade de rendimentos entre indivíduos (medida em valores de Gini) na China em comparação com o PIB *per capita* real da China. Vemos que a desigualdade neste país aumentou de forma constante desde o início das reformas (após 1975), mas que recentemente se tem mantido estável. Fontes dos dados: Ginis: base de dados de todos os Ginis (http://gc.cuny.edu/branko-milanovic), calculados a partir dos inquéritos oficiais aos agregados familiares chineses. PIB *per capita* retirado do Maddison Project (2013).

Se se confirmarem as evidências de ausência de um novo aumento da desigualdade de rendimentos, pode ser o caso de o nível de desigualdade de rendimentos da China ter atingido um planalto e em breve começar a mover-se em sentido descendente, em conformidade com a teoria de Kuznets. Sendo assim, o padrão da China encaixar-se-ia perfeitamente na forma da primeira onda de Kuznets, ocorrendo uma maior desigualdade durante o período de transformação estrutural da economia, combinada, no caso da China, com uma transição do socialismo para o capitalismo. A subsequente queda da desigualdade seria impulsionada pelas forças benignas habituais: equalização dos níveis de educação (num patamar geral mais elevado), envelhecimento da população – e, por conseguinte, uma maior procura de segurança na velhice e de transferências sociais – e, talvez ainda mais importante, a pressão para salários superiores que surge no final de um período do chamado «crescimento de Lewis», durante o qual a oferta de mão de obra (rural) com salários reduzidos é praticamente ilimitada. O apoio teórico da premissa de que a China poderá estar a «dar a volta» em termos de desigualdade crescente surge de várias fontes. Conforme referido, a interpretação habitual de Kuznets levar-nos-ia a esperar uma diminuição do nível de desigualdade na China, assim como a ênfase de Tinbergen nos retornos decrescentes da educação: à medida que se alarga a oferta de trabalhadores altamente qualificados, os seus salários relativos devem ser reduzidos. E, finalmente, também a teoria de Arthur Lewis da pressão de salários de baixas qualificações resultante da exaustão de fontes baratas de mão de obra. Portanto, a China pode atingir os pontos de viragem de Kuznets e de Lewis ao mesmo tempo.

Todavia, há outras forças que podem funcionar contra este cenário. A corrupção disseminada e o sistema político que a gera podem contrariar forças puramente económicas de equalização dos rendimentos. Ações políticas recentes, especialmente a incidência na corrupção em todos os níveis administrativos e um plano governamental abrangente de «reequilíbrio» regional que deverá reduzir a desigualdade entre as províncias costeiras e as interiores (em si mesma um fator que contribui de forma importante para a desigualdade na China no seu conjunto), parecem ser motivadas pela perceção dos líderes de que a desigualdade representa um perigo para a manutenção do seu próprio poder. Outro elemento que pode funcionar no sentido de um aumento da desigualdade é a riqueza em rápido crescimento do país e o consequente aumento na percentagem de rendimento líquido que resulta da propriedade de capital. Estas alterações estão geralmente associadas a uma maior desigualdade interpessoal porque a propriedade de capital se encontra fortemente concentrada. A China não é exceção a esta regra. Recorrendo aos inquéritos aos agregados familiares chineses, Wei Chi (2012) demonstrou que a percentagem de rendimentos de capital recebida por agregados familiares urbanos está a aumentar e que esses rendimentos estão a ficar muito concentrados.

A questão que se coloca é, então, qual o conjunto de forças que irá predominar. No entanto, de um modo geral, podemos ser otimistas e considerar que a desigualdade de rendimentos da China poderá ter atingido o seu pico.

A DESIGUALDADE NO MUNDO NESTE SÉCULO E NO PRÓXIMO | 189

Mas será o sistema político chinês completamente resiliente ou contém características internas que podem conduzir ao seu enfraquecimento ou mesmo rutura? O sistema político possui uma estrutura descendente muito semelhante à da China imperial, com a burocracia comunista, em vez da burocracia imperial, no topo (Xu 2015). Essa burocracia no topo controla o sistema judiciário, mas permite alguma flexibilidade política entre unidades descentralizadas a nível regional, tais como províncias e até municípios. A combinação de centralização com flexibilidade local tem sido utilizada, com enorme sucesso, para motivar a concorrência entre unidades de nível inferior para alcançarem objetivos materiais (como taxas de crescimento do PIB) e para estimular a experimentação com várias políticas económicas e formas de propriedade. O sistema permitiu a experimentação que, em anos recentes, se estendeu da criação das Zonas Económicas Especiais na década de 1980 à bolsa de valores de Xangai. No entanto, embora esta estrutura política tenha tido um bom desempenho no último meio século, contém uma série de pontos vulneráveis.

O primeiro é ilustrado pela ganância das autoridades locais que, devido ao facto de serem corruptas ou de terem de competir com outras autoridades locais, recorrem a formas brutais de exploração, confiscando terras a agricultores a preços nominais ou impondo aos trabalhadores condições de trabalho insuportáveis. Estes casos de abuso conduziram a uma verdadeira epidemia de greves e protestos locais por toda a China. De acordo com estatísticas oficiais, verificaram-se cerca de 500 mil em 2013 (Instituto Nacional de Estatística Chinês 2014, quadro 24-4). Desde que os protestos sejam localizados e não ecludam ao mesmo tempo em muito locais, e que o centro, o que significa essencialmente a liderança do Partido Comunista Chinês, esteja suficientemente unido, o descontentamento não constitui grande ameaça para a estabilidade política.

No entanto, a unidade de propósitos ou interesses no centro está longe de estar garantida num sistema ao qual faltam regras jurídicas aceites sobre como as pessoas chegam ao topo, que poderes detêm e durante quanto tempo lá permanecem. Num sistema descentralizado em que os «barões» locais exercem um poder significativo, qualquer vacilação no centro poderá produzir uma liberdade de ação ainda maior aos níveis provincial e local, sendo o resultado final o centro tornar-se o que as províncias decidam que seja. Esta situação conduziria a uma dissolução formal ou informal do país e trata-se, no meu entender, do perigo mais grave que a China enfrenta nas próximas décadas. Afinal, ao longo dos seus 2800 anos de história bem documentada, a China esteve unificada durante menos de 1000 anos (Ma 2011, apêndice, 35).

EUA: uma «tempestade perfeita» de desigualdade? Existem duas diferenças substanciais entre os EUA e a China em termos das nossas previsões sobre as mudanças na desigualdade. Primeiro, dispomos de dados mais completos e de uma melhor compreensão das forças económicas subjacentes às recentes alterações em termos de desigualdade no que se refere aos EUA do que em relação à China. Segundo, as forças que tenderiam a diminuir a desigualdade na China não parecem existir nos EUA.

Há um conjunto de desenvolvimentos que podem conduzir a uma «tempestade perfeita» de desigualdade crescente nos EUA. Podem ser divididos nos cinco temas que se seguem, que abordarei individualmente:

- A elevada elasticidade da substituição entre capital e trabalho, face a uma maior intensidade de capital na produção, manterá elevada a percentagem de rendimentos nacionais atribuídos aos detentores de capital.
- Os rendimentos de capital manter-se-ão altamente concentrados, conduzindo a uma elevada desigualdade de rendimentos.
- Os recetores de rendimentos do trabalho e do capital podem ser cada vez mais as mesmas pessoas, exacerbando assim, ainda mais, a desigualdade de rendimentos em termos gerais.
- As pessoas altamente qualificadas que são ricas em termos de trabalho e de capital tenderão a casar entre si.
- A concentração dos rendimentos reforçará o poder político dos ricos e tornará ainda menos prováveis do que anteriormente mudanças políticas a favor dos mais pobres em matéria de tributação, financiamento do ensino público e investimento em infraestruturas.

Vamos analisar cada um destes possíveis desenvolvimentos em mais pormenor. A questão muito técnica da elasticidade da substituição entre capital e trabalho tem que ver com o facto de a percentagem do capital nos rendimentos líquidos aumentar ou não quando a intensidade de capital na produção (rácio entre capital e trabalho) aumenta. Tem sido uma opinião convencional em economia que as percentagens dos fatores tendem a ser constantes, com cerca de 70 por cento dos rendimentos nacionais a caberem ao trabalho e cerca de 30 por cento ao capital. Esta teoria foi refutada nas últimas décadas, pois tornou-se evidente que as percentagens do capital estão a aumentar em todas as economias avançadas. Karabarbounis e Neiman (2013), que documentaram esta tendência, atribuem-na principalmente aos menores preços dos bens de investimento, o que leva as empresas a substituírem os trabalhadores por capital. Seria de esperar que uma continuação desta tendência de as máquinas (tais como robôs) se tornarem menos dispendiosas conduzisse a maiores quedas na percentagem do trabalho e, portanto, ao aumento da percentagem do capital. Nos EUA, Elsby, Hobijn e Şahin (2013, fig. 1) mostram que a percentagem do capital nos rendimentos líquidos aumentou de 35 por cento para mais de 40 por cento entre 1980 e 2013. (Registe-se que o período de aumento da percentagem do capital coincide com o aumento da desigualdade interpessoal de rendimentos nos EUA, discutida no Capítulo 2.) Irá a percentagem do capital continuar a aumentar? Num mundo conforme perspetivado pelos economistas neoclássicos, em que os ganhos dos fatores são determinados exclusivamente por forças económicas, uma forma de a percentagem do capital aumentar é se este puder substituir gradualmente o trabalho sem que a sua própria rendibilidade diminua proporcionalmente. Portanto, se os robôs substituírem o trabalho sem reduzirem a rendibilidade para os proprietários dos robôs (ou seja, os acionistas das empresas que produzem ou detêm os robôs), a percentagem do capital nos rendimentos líquidos aumenta. Esta é uma das questões levantadas por Piketty na sua obra *O Capital no Século XXI*. Se a taxa de rendibilidade for mais ou menos fixa à medida que o capital substitui o trabalho, temos precisamente este resultado: a percentagem dos rendimentos nacionais decorrentes do capital aumenta.

Contudo, este resultado pode ser provocado por outros fatores além da produtividade marginal. Um dos mais importantes é o poder relativo do trabalho *versus* capital, conforme refletido, por exemplo, na percentagem de trabalhadores em sindicatos e na percentagem de força de trabalho em empregos estáveis com contrato sem termo. Um enfraquecimento contínuo do poder relativo do trabalho, como se tem vindo a verificar durante as últimas três décadas, pode igualmente resultar num aumento da percentagem do capital. Não há uma forte probabilidade de algum dos dois processos – nomeadamente, maior intensidade de capital na produção e alterações institucionais que enfraquecem a posição de negociação da força de trabalho – ser invertido nas próximas décadas e, portanto, podemos esperar que as mesmas forças conduzam ao mesmo resultado: aumento, ou pelo menos não diminuição, da percentagem do capital nos rendimentos líquidos.

O aumento da percentagem do capital não se traduz diretamente, por definição, numa maior desigualdade interpessoal. Suponhamos, por exemplo, que todas as pessoas num país tinham a mesma percentagem de capital nacional: nesse caso, é evidente que um aumento da percentagem do capital beneficiaria todos de forma igual e não se verificaria qualquer aumento em termos de desigualdade interpessoal. Mas a realidade é diferente. Em todas as sociedades capitalistas modernas, a posse do capital está fortemente concentrada (ou seja, encontra-se nas mãos de poucos). Esta situação também não seria um problema se esses poucos não fossem igualmente ricos. Para compreender o motivo, suponhamos que o capital era detido pelos pobres. (Estou ciente de que esta situação é difícil de imaginar, porque simplesmente estamos habituados ao facto de os ricos serem capitalistas; tecnicamente, os capitalistas podiam ser pobres.) Também neste caso, um aumento da percentagem do capital não ampliaria a desigualdade. No entanto, como é óbvio, nenhuma destas situações hipotéticas existe: a posse do capital está fortemente concentrada e os detentores de capital que obtêm grandes lucros ou rendas da sua propriedade tendem também a ser ricos ([19]). Portanto, um aumento da percentagem do capital *mais* a concentração da posse de capital entre os ricos irá definitivamente aumentar a desigualdade de rendimentos interpessoal. Esta é a segunda parte do cenário de tempestade perfeita.

Registe-se que, em princípio, este elemento do cenário poderia ser invertido através de uma «desconcentração» da posse de capital. Essa desconcentração, porém, não está sequer no horizonte nos EUA. Dados de Edward Wolff indicam que, pelo contrário, a posse de ativos líquidos e fundos próprios se tornou ainda mais concentrada. Em 2007, 38 por cento de todos os inventários eram detidos pelos 1 por cento de topo das pessoas mais ricas e 81 por cento eram detidos pelos 10 por cento de topo. Ambos os valores são superiores ao que eram em 2000 (Wolff 2010, 31–32). Estas percentagens são superiores às dos 1 ou 10 por cento de topo em todos os ativos líquidos (que incluem a habitação) porque a composição da riqueza varia de tal forma que a *percentagem* de ativos financeiros em carteira aumenta com o nível de riqueza. Os 1 por cento mais ricos (por riqueza) detêm três quartos da sua riqueza na forma de ações do setor empresarial, títulos de investimento e capital próprio de empresas não constituídas em sociedade, enquanto os três quintis inter-médios detêm menos de 13 por cento da sua riqueza dessa forma (Wolff 2010, quadro 8). Os mais pobres não possuem praticamente nada em fun-dos próprios ([20]). Por outras palavras, os ativos financeiros são a forma de posse de capital mais concentrada; são a quintessência do capitalismo ([21]). Por conseguinte, um aumento da percentagem de rendimentos de capital traduz-se diretamente numa maior concentração da riqueza e dos rendi-mentos em geral.

Outro incentivo à concentração dos rendimentos pessoais decorre de uma tendência crescente, documentada por Lakner e Atkinson (2014), para as mesmas pessoas receberem rendimentos elevados tanto do tra-balho como do capital. Esta situação cria um potencialmente novo estilo de capitalismo, aparentemente mais meritocrático, mas, ironicamente, trata-se de um estilo com potencial para uma maior desigualdade de rendimentos. A melhor forma de o visualizar é voltar a uma noção simpli-ficada do capitalismo do século XIX, a que poderíamos chamar capitalismo antigo, ou clássico, em que os detentores de capital eram todos ricos e os trabalhadores eram todos pobres (e o inverso: todos os ricos eram capita-listas e todos os pobres eram trabalhadores). Tanto os capitalistas como os trabalhadores tinham apenas um fator de rendimento: os rendimen-tos dos capitalistas provinham da posse de propriedade e os rendimentos dos trabalhadores provinham do seu trabalho/salário. Mas consideremos agora uma situação em que aumenta a desigualdade entre os trabalhado-res, de forma que alguns recebem salários que os colocam entre os ricos. Já não temos a identidade direta de que rico = capitalista. Este processo tem estado de facto a decorrer há quase um século nos países avançados e alterou a composição dos rendimentos entre os grupos de rendimen-tos de topo a favor do trabalho. Conforme demonstram Piketty e Saez (2003, 16, fig. 4) e Piketty (2014, cap. 8), entre os 1 por cento de topo os rendimentos do trabalho são muito mais importantes hoje do que eram há um século ([22]). Esta mudança não tem de acentuar a desigualdade, desde que as pessoas que auferem os salários mais elevados não sejam igualmente os principais capitalistas.

Contudo, os problemas de desigualdade tornam-se mais acentuados quando os capitalistas ricos são as mesmas pessoas que auferem os maiores rendimentos do trabalho. Lakner e Atkinson (2014) demonstram, utilizando informações dos registos tributários norte-americanos, que a probabilidade de uma pessoa (mais exatamente uma unidade fiscal) nos 1 por cento de topo de acordo com a distribuição dos rendimentos do trabalho se encontrar também no principal decil dos rendimentos do capital aumentou de menos de 50 por cento em 1980 para 63 por cento em 2010 (Figura 4.5). Um indivíduo com rendimentos do trabalho muito elevados (1 por cento de topo) tem praticamente lugar garantido (80 por cento de probabilidade) no principal quintil de detentores de capital. A associação inversa – ter elevados rendimentos de capital e simultaneamente estar entre as pessoas que auferem maiores salários – aumentou igualmente durante o mesmo período. Para se perceber a importância desta associação, registe-se que, no caso extremo do capitalismo antigo, em que todos os detentores de capital têm apenas rendimentos do capital e todos os trabalhadores têm apenas rendimentos do salário, a probabilidade de sobreposição entre rendimentos de capital e de salários seria zero. A associação atual é igualmente diferente da situação em que, digamos, os 1 por cento de topo dos trabalhadores tinham por acaso obtido rendimentos de capital; neste caso, apenas 10 por cento deles estariam no decil principal por rendimentos de capital. Na realidade, as pessoas que auferem os maiores salários têm acima de seis vezes mais probabilidades de se encontrarem no decil de topo. Descrevendo em termos estatísticos uma realidade muito mais complexa, podemos dizer que o capitalismo passou de um sistema com separação completa entre rendimentos do capital e do trabalho, uma variante em que a correlação entre os dois era negativa (aqueles que auferiam rendimentos do trabalho tinham muito poucos rendimentos do capital), para o «novo capitalismo», no qual esta correlação é positiva ([23]).

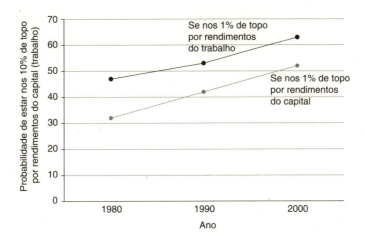

FIGURA 4.5 Probabilidade (em percentagem) de estar nos 10% de topo por rendimentos do capital (trabalho) se uma pessoa estiver nos 1% de topo por rendimentos do trabalho (capital), 1980–2000

Este gráfico mostra a probabilidade de uma unidade fiscal norte-americana (geralmente um agregado familiar) que se encontra nos 1% de topo de acordo com os rendimentos do trabalho (capital) estar também nos 10% de topo por rendimentos do capital (trabalho). A probabilidade crescente ao longo do tempo demonstra que mais pessoas se estão a tornar ricas por trabalho e por capital, ou seja, auferem salários elevados e têm rendimentos elevados de propriedade. Fonte dos dados: Lakner e Atkinson (2014).

São obtidos os mesmos resultados em inquéritos aos agregados familiares norte-americanos, que têm a vantagem de abranger toda a distribuição (ao contrário dos dados fiscais, que não abarcam cerca de 5–6 por cento da população). A Figura 4.6 mostra a maior correlação entre os rendimentos do trabalho e os rendimentos do capital (que incluem juros e dividendos, rendimentos de rendas e *royalties*) recebidos pelos agregados familiares norte-americanos. A correlação, tal como no capitalismo antigo, era próxima de zero na década de 1980; depois, aumentou ao longo da década de 1990 e primeiros anos do século XXI, atingindo o valor de cerca de 0,12, que se tem mantido desde então.

Pode especular-se que o principal mecanismo através do qual esta associação funciona é que pessoas com rendimentos do trabalho muito elevados (por exemplo, CEO de empresas financeiras) poupam uma parte considerável dos seus rendimentos (ou são pagas em ações) e tornam-se grandes detentores de capital. Portanto, obtêm cada vez mais rendimentos elevados do trabalho e do capital. Se projetarmos esta tendência no futuro e ao longo de pelo menos duas gerações, com os pais a investirem muito na educação dos seus filhos e com estes a conseguirem empregos muito bem pagos e igualmente a herdarem grandes ativos de capital, a desigualdade torna-se mais enraizada entre famílias e mais estável (porque tem como fonte o trabalho e o capital) e adquire uma aparência de meritocracia que a torna politicamente mais difícil de inverter ([24]). Portanto, nasceu um novo capitalismo, muito diferente do clássico baseado na divisão entre capital e trabalho consubstanciados em pessoas diferentes.

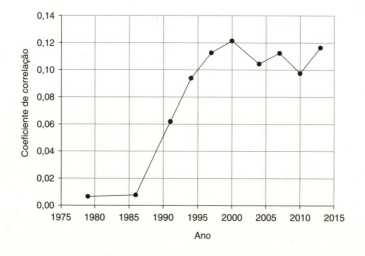

FIGURA 4.6 Correlação entre rendimentos do trabalho e do capital recebidos pelos agregados familiares norte-americanos, 1979–2013

Este gráfico mostra a correlação entre rendimentos do trabalho e do capital para os agregados familiares norte-americanos. Uma maior correlação indica que rendimentos elevados do trabalho e rendimentos elevados do capital são recebidos, cada vez mais, pelos mesmos agregados familiares. Fonte dos dados: calculados a partir da base de dados do Luxembourg Income Survey (http://www.lisdatacenter.org/), com base no inquérito mensal a agregados familiares norte-americanos «Current Population Survey».

No novo capitalismo, os capitalistas ricos e os trabalhadores ricos são as mesmas pessoas. A aceitação social do acordo é intensificada pelo facto de as pessoas ricas trabalharem. Além disso, é difícil ou impossível para quem está de fora dizer que parte dos seus rendimentos advém da propriedade e que parte se deve ao trabalho. Enquanto no passado os rentistas eram geralmente ridicularizados e impopulares por o seu trabalho não exigir mais do que descontar as obrigações de cupão, no novo capitalismo as críticas aos 1 por cento de topo são atenuadas pelo facto de muitos deles serem profissionais altamente qualificados, trabalhadores e bem-sucedidos nas suas carreiras. Portanto, a desigualdade surge envolta num manto de meritocracia. As desigualdades geradas pelo novo capitalismo são mais difíceis de combater ideologicamente e provavelmente também a nível político, pois não há uma onda de apoio popular para as limitar. Aparentam – e em certa medida podem também ser – mais justificáveis e, por conseguinte, são mais difíceis de erradicar.

O próximo desenvolvimento que promove a desigualdade nos EUA está estreitamente ligado àquele que acabámos de discutir. Pode ter origem nos mesmos códigos sociais que favorecem níveis elevados de educação e trabalho árduo como características desejáveis que justificam rendimentos elevados, independentemente de quão elevados são. Este desenvolvimento é a tendência documentada de pessoas altamente qualificadas, e, portanto, geralmente ricas, casarem cada vez mais com pessoas que partilham estas características. Novamente neste caso, uma comparação simplificada com o passado permite-nos captar melhor a diferença. Na década de 1960, quando relativamente poucas mulheres trabalhavam (a taxa de participação das mulheres na força de trabalho nos EUA era de 40 por cento, contra mais de 90 por cento dos homens) [25], era comum homens em boa situação financeira casarem com mulheres que não trabalhavam fora de casa e, portanto, não contribuíam com um rendimento monetário. Esta prática tende a diminuir a desigualdade, em comparação com uma situação em que homens muito bem pagos casam com mulheres muito bem pagas. Esta situação tem, de facto, vindo a verificar-se com mais frequência no último quarto de século. Greenwood et al. (2014) documentam a tendência crescente de homogamia (escolha de parceiro com características semelhantes) entre casais norte-americanos e consideram-na um dos fatores que contribuem para o aumento da desigualdade de rendimentos. É paradoxal que o aumento da desigualdade resulte de uma alteração das normas sociais que assistiu à taxa de participação das mulheres no mercado de trabalho a quase alcançar a dos homens (73 por cento para as mulheres, 84 por cento para os homens em 2010) e incentivou os casamentos baseados num modelo de parceria igual entre pessoas com interesses e antecedentes semelhantes, em vez de um modelo em que o marido é o «ganha-pão» e a mulher a «dona de casa». Esta tendência pode manter-se no futuro, à medida que se dissipa a disparidade entre homens e mulheres em termos de desempenho escolar e participação na força de trabalho. Embora seja socialmente desejável de algumas formas, contribuirá para a desigualdade de rendimentos [26].

Finalmente, chegamos ao quinto elemento que torna a inversão da desigualdade nos EUA particularmente difícil: a crescente importância do dinheiro na política eleitoral. Nenhuma campanha política pode, hoje em dia, ser realizada sem enormes quantias de dinheiro. Estima-se que as eleições presidenciais norte-americanas de 2012 tenham custado 2,6 mil milhões de dólares [27]. Embora os montantes gastos em eleições estaduais e locais sejam menores, o dinheiro não é menos indispensável para vencer, ou até participar. Os principais contributos para o financiamento das campanhas políticas são dados, por definição, pelos ricos (os pobres não têm meios para o fazer), que não estão interessados em desperdiçar o seu dinheiro. Acreditar que os ricos não utilizam o seu dinheiro para comprar influência e promover políticas que lhes agradam não é simplesmente ser-se ingénuo. Essa postura contradiria os princípios essenciais de economia, bem como as formas como os ricos acumularam a sua riqueza – seguramente não foi a distribuí-la sem esperar nada em troca.

Os senadores e congressistas norte-americanos estão muito mais preocupados com as questões que afetam os seus eleitores ricos do que com as que afetam os pobres, de acordo com estudos de Bartels (2010), Gilens (2012) e Gilens e Page (2014). Gilens (2012, 80, fig. 3.3 e 3.4) mostra num gráfico surpreendente que a recetividade dos políticos às preocupações das pessoas no 90.º percentil da distribuição de rendimentos aumenta de forma constante à medida que o assunto se torna mais premente (para os ricos). Por outras palavras, quanto maior a preocupação dos ricos relativamente a um assunto, maior é a recetividade dos legisladores. Pelo contrário, no que se refere aos pobres (pessoas no 10.º percentil da distribuição de rendimentos) e à classe média (pessoas no 50.º percentil), a recetividade dos legisladores é nula: o facto de os pobres ou a classe média se preocuparem muito ou nada com um determinado assunto não tem qualquer influência nos legisladores. Estas constatações demonstram que a disparidade existente em termos de influência política é enorme entre os ricos e os pobres, mas também entre os ricos e a classe média. Os ricos gastam milhares de milhões no financiamento de campanhas políticas e, como as indústrias farmacêutica e petrolífera, na representação de lóbis; consequentemente, são implementadas as políticas que são do seu interesse [28].

Num ciclo de retroação positiva, as políticas que favorecem os ricos aumentam ainda mais os seus rendimentos, o que, por sua vez, faz com que os ricos sejam praticamente as únicas pessoas capazes de fazer doações significativas aos políticos e, portanto, são os únicos a quem os políticos escutam. A importância política de cada indivíduo torna-se equivalente ao seu nível de rendimentos e, em vez de um sistema de «uma pessoa, um voto», aproximamo-nos de um sistema de «um dólar, um voto», o que constitui simplesmente a projeção no plano político da distribuição de rendimentos existente. Este sistema é evidente numa declaração talvez inconsciente de George W. Bush, quando discursava perante uma plateia de ricos em Washington, DC: «Esta plateia é impressionante – os ricos e os mais ricos. Algumas pessoas apelidam-vos de elites; eu chamo-vos a minha base» [29]. Assim nasceu uma plutocracia.

Estes cinco desenvolvimentos são todos fortemente pró-desigualdade e é difícil avistar de onde poderão surgir forças que consigam contrariar o aumento da desigualdade de rendimentos nos EUA [30]. A lógica económica da crescente percentagem do capital nos rendimentos líquidos é reforçada pela forma como os rendimentos elevados do capital e do trabalho são distribuídos (elevada concentração dos rendimentos do capital e associação pessoal entre rendimentos elevados do trabalho e rendimentos elevados do capital), por normas sociais (homogamia) e, finalmente, por políticas económicas. É esta confluência invulgar de fatores económicos, sociais e políticos que parece, provavelmente, manter a desigualdade num nível elevado no futuro próximo nos EUA. As forças que promovem políticas de contrabalanço como uma educação mais generalizada, um salário mínimo mais elevado e benefícios sociais mais generosos aparentam ser fracas quando comparadas às forças quase elementares que favorecem uma maior desigualdade.

Agora que analisámos os destinos recentes da desigualdade de rendimentos na China e nos EUA, podemos comparar os dois países de acordo com a metodologia desenvolvida no Capítulo 2. Observando de forma esquemática as alterações em termos de desigualdade de rendimentos, podemos concluir que a desigualdade de rendimentos na China poderá encontrar-se na porção descendente da primeira onda de Kuznets, enquanto a desigualdade nos EUA ainda está em ascensão ou, possivelmente, atingiu o pico da segunda onda de Kuznets (ver Figura 4.7).

Uma das consequências mais perniciosas do aumento da desigualdade nos países ricos à medida que escalam a segunda onda de Kuznets é o esvaziamento da classe média e o aumento da importância política dos ricos. Este perigo, contudo, está combinado com a sua némesis, uma rebelião da classe popular, que tende a transformar-se em populismo ou nativismo. Nem o populismo nem a plutocracia são compatíveis com a definição clássica de democracia. Portanto, a questão que se coloca é se a desigualdade constitui uma ameaça ao capitalismo democrático ocidental. Abordamos este assunto na próxima secção.

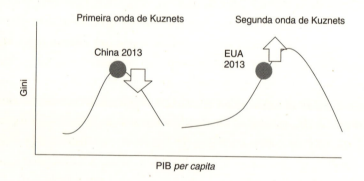

FIGURA 4.7 Ondas de Kuznets para os EUA e a China

Este gráfico apresenta uma estimativa estilizada da posição atual da China e dos EUA na primeira e na segunda onda de Kuznets. Os EUA, sendo uma economia que passou pela primeira revolução tecnológica há mais de um século, estão agora a aproximar-se do pico da segunda onda de Kuznets. A China pode estar próxima do pico da primeira onda de Kuznets, pronta para se tornar menos desigual.

Perigos da desigualdade: plutocracia e populismo

Para respondermos à pergunta «A desigualdade constitui uma ameaça à sustentabilidade do capitalismo democrático ocidental?» temos de a dividir em duas partes. Primeira: A desigualdade constitui uma ameaça ao capitalismo? E segunda: A desigualdade constitui uma ameaça ao capitalismo *democrático*?

A resposta à primeira pergunta, pelo menos a médio prazo, parece ser negativa. Pela primeira vez na história da humanidade, um sistema a que se pode chamar de capitalista, definido (habitualmente?) como constituído por um mercado de trabalho legalmente livre, capital de propriedade privada, coordenação descentralizada e procura do lucro, é dominante em todo o mundo. Não é preciso recuar muito tempo, ou ter um grande conhecimento de história, para perceber até que ponto este facto é singular e uma novidade. O socialismo planeado a nível central foi eliminado como concorrente apenas recentemente, mas não há hoje um lugar no mundo em que o mercado de trabalho sem ser livre desempenhe um papel económico importante, como acontecia até há cerca de 150 anos.

A hegemonia do capitalismo enquanto sistema mundial é tal que até aqueles que não estão satisfeitos com ele e com a desigualdade crescente, quer seja a nível local, nacional ou mundial, não têm alternativas realistas para propor. A «desglobalização» com um regresso ao «local» é impossível porque eliminaria a divisão do trabalho, um fator essencial do crescimento económico. É certo que os que defendem o localismo não pretendem propor uma enorme queda nos padrões de vida ou uma solução ao estilo dos Khmers Vermelhos para a desigualdade. Existe uma forma de capitalismo estatal, como na Rússia e na China, mas não deixa de ser capitalismo: a motivação do lucro privado e as empresas privadas são dominantes.

É referido com frequência que o Islão é o único concorrente ideológico que resta ao capitalismo liberal ocidental. Considero que seja verdade em muito aspetos no que se refere à sociedade liberal, mas não no que abordamos aqui, nomeadamente os efeitos da desigualdade no *capitalismo*. Isto porque o próprio Islão, não só na forma como existe em países predominantemente muçulmanos mas também em teoria, é de facto um tipo de capitalismo, dada a sua ênfase na propriedade privada dos meios de produção, na procura do ganho e na rejeição de um mercado de trabalho que não seja livre ([31]). O único domínio da economia em que os capitalismos ocidental e islâmico divergem é no tratamento dos juros (considerados de forma diferente dos lucros, que, ao contrário dos juros, são variáveis e não uma fonte de rendimentos fixa e dependem do êxito da empresa). No entanto, trata-se de uma questão relativamente menor que pode ser tida em conta e compatibilizada com a prática normal ocidental, como é feito na atividade bancária islâmica. Poderia até argumentar-se, e julgo haver aqui um fundo de verdade, que a rejeição de juros fixos e garantidos sobre uma dívida, como faz o Islão, permite que o sistema seja muito mais flexível e que não seja apanhado numa situação, como aconteceu na Grécia e na Argentina, em que os devedores não conseguem reembolsar a totalidade da dívida, mas não existe um mecanismo que o reconheça e permita seguir em frente.

Contudo, o aumento da desigualdade de rendimentos prejudica algum do domínio ideológico tradicional do capitalismo ao revelar os seus aspetos desagradáveis: concentração exclusiva no materialismo, ideologia de «o vencedor fica com tudo» e desprezo por motivações não pecuniárias. No entanto, uma vez que atualmente não existem alternativas ideológicas relevantes, e dado que não existem grupos ou partidos políticos poderosos que promovam alternativas, a hegemonia do capitalismo parece ser quase inatacável. É certo que nada garante que a situação será a mesma dentro de 20 ou 50 anos, pois podem ser inventadas novas ideologias, mas é assim que aparenta ser para um observador razoável atualmente.

No entanto, será o capitalismo *democrático* sustentável? Esta é uma questão muito diferente. Registe-se, antes de mais, que estas duas palavras (democracia e capitalismo) não foram muitas vezes combinadas ao longo da história. O capitalismo existiu sem democracia não só na Espanha de Franco, no Chile de Pinochet e no Congo de Mobutu, mas também na Alemanha, na França e no Japão, e até nos EUA, quando os negros estavam excluídos dos órgãos políticos, e no Reino Unido, com o seu direito de voto muito limitado. Portanto, não é preciso fazer um grande exercício de imaginação para ver que o capitalismo e a democracia podem ser dissociados. E a desigualdade pode desempenhar um papel importante nessa dissociação. Já o faz ao dar muito mais poder político aos ricos do que à classe média e aos pobres. Os ricos ditam a agenda política,

A DESIGUALDADE NO MUNDO NESTE SÉCULO E NO PRÓXIMO | 203

financiam os candidatos que protegem os seus interesses e asseguram-se de que as leis do seu interesse são aprovadas. O cientista político norte-americano Larry Bartels, cujo trabalho referi anteriormente, considera que os senadores norte-americanos têm cinco a seis vezes maior probabilidade de responder aos interesses dos ricos do que aos interesses da classe média. Além disso, Bartels (2005, 28) conclui que «não há evidências de que as opiniões dos eleitores com rendimentos baixos tenham qualquer influência no modo como os seus senadores votam». Além de a classe média estar a ser esvaziada, como veremos de seguida, também a própria democracia se está a esvaziar.

Não é por acaso que desde Aristóteles, e mais recentemente desde Tocqueville, a classe média tem sido o baluarte contra formas de governo não democráticas. Não há nenhuma virtude moral especial incorporada nos «intermédios» que faça com que uma pessoa que tenha, por exemplo, deixado de ser rica e passado a ser da classe média prefira, de repente, a democracia. Os indivíduos da classe média apoiaram a democracia porque tinham interesse em limitar o poder dos ricos e também dos pobres: impedir que os ricos os governassem e que os pobres lhes confiscassem a sua propriedade. O enorme número de pessoas que se inserem nas classes médias significa ainda que muitas pessoas partilham situações materiais semelhantes, desenvolvem gostos semelhantes e tendem a rejeitar o extremismo da esquerda e da direita. Portanto, a classe média permite a democracia e a estabilidade.

O declínio da classe média. A existência e a função da classe média estão a ser atacadas pela desigualdade crescente. A classe média nas democracias ocidentais é atualmente menos numerosa e economicamente mais débil em comparação com os ricos do que há 30 anos. Nos EUA, onde a mudança foi mais drástica, a percentagem da classe média, definida como as pessoas com rendimentos disponíveis (após dedução de impostos) próximos da mediana (mais exatamente, entre 25 por cento abaixo e 25 por cento acima da mediana), diminuiu de um terço da população em 1979 para 27 por cento em 2010. Por outras palavras, um quinto dos membros da classe média em 1979 já lá não se encontra, tendo a maioria caído para níveis inferiores ([32]). Simultaneamente, os rendimentos médios da classe média, que representavam 80 por cento do rendimento médio geral norte-americano em 1979, caíram para 77 por cento da média em 2010. O resultado desta descida em números relativos e rendimentos relativos é uma queda acentuada do poder económico da classe média. Em 1979, representava 26 por cento do rendimento (ou consumo) total; em 2010, apenas 21 por cento.

O declínio da classe média não está confinado aos EUA. Como acontece com outros indicadores em matéria de desigualdade, as alterações nos EUA foram mais drásticas do que em qualquer outro local no Ocidente e os dados que as permitem estudar são mais abundantes. No entanto, muitas vezes, os EUA apenas exibem de forma mais extrema as mesmas alterações que ocorreram em todas as economias avançadas. A Figura 4.8 mostra a queda da percentagem da classe média em democracias ocidentais selecionadas entre o início da década de 1980 e 2010. Em todos os países apresentados, e provavelmente em praticamente todos os membros da OCDE, a percentagem da classe média é atualmente inferior à que era há 35 anos. A figura mostra uma ligeira diferença no processo de esvaziamento da classe média entre os países europeus do norte (Alemanha, Holanda e Suécia), onde as quedas foram menores, e os EUA e o Reino Unido, onde estas foram maiores. Contudo, deparamo-nos com o mesmo fenómeno em todo o lado. A figura mostra igualmente que, embora os EUA se considerem muitas vezes uma sociedade de classe média, a sua percentagem da classe média era muito inferior à dos países europeus do norte, mesmo no início da década de 1980.

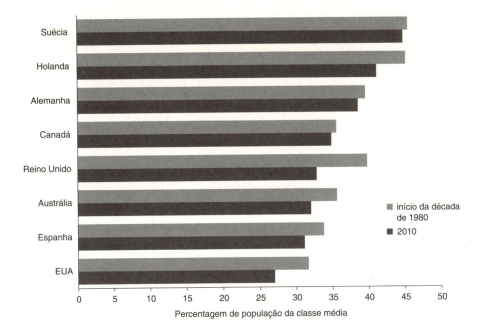

FIGURA 4.8 Queda da percentagem de população da classe média em democracias ocidentais selecionadas, início da década de 1980 a 2010

Este gráfico mostra a percentagem da população que se pode considerar de classe média, definida como a percentagem das pessoas que têm rendimentos disponíveis *per capita* entre 25 por cento abaixo e 25 por cento acima da mediana nacional, para democracias ocidentais selecionadas. Verificamos que em todos os países representados a percentagem da classe média diminuiu entre o início da década de 1980 e 2010. Os países estão ordenados pela percentagem de classe média em 2010. Fonte dos dados: calculados a partir da base de dados do Luxembourg Income Study (http://www.lisdatacenter.org/).

A queda do poder económico da classe média significa que os produtos e os serviços consumidos pela classe média (ou seja, os padrões de consumo da classe média) se tornaram muito menos importantes para os produtores. Com base nos dados utilizados para produzir a Figura 4.8, podemos igualmente calcular a percentagem de rendimentos (e portanto, aproximadamente, o consumo) da classe média. Como vimos, nos EUA esta percentagem caiu 5 pontos percentuais entre o início da década de

1980 e 2010. No entanto, a situação nos noutros países não foi muito diferente. Na Suécia, Austrália e Holanda, a queda foi de 4 pontos percentuais; na Espanha, 3; na Alemanha, 1.

No anverso do declínio da classe média temos a percentagem crescente de rendimentos no topo da distribuição dos rendimentos, conforme demonstrado na Figura 4.9. Os 5 por cento de topo nos EUA têm rendimentos que equivalem quase aos de toda a classe média norte-americana, conforme definida no presente texto. (Referimo-nos sempre a rendimentos disponíveis, após a dedução de impostos, salvo indicação em contrário.) A percentagem dos 5 por cento de topo aumentou em todos os países. O caso da Suécia é interessante, em que a percentagem da classe média diminuiu muito pouco, mas os 5 por cento de topo tornaram-se muito mais ricos e viram a percentagem dos seus rendimentos crescer 3 pontos percentuais. A deslocação do poder económico da classe média para o topo tem implicações nos padrões de consumo em termos gerais. Os ricos estão a consumir mais produtos de luxo, como automóveis caros, férias, refeições em restaurantes e joias, do que a classe média. Por sua vez, isso significa que é melhor para os produtores concentrarem-se no tipo de produtos e serviços consumidos pelos ricos.

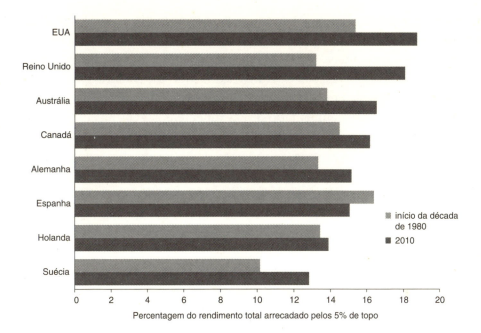

FIGURA 4.9 Percentagem crescente dos rendimentos dos 5% de topo em democracias ocidentais selecionadas, início da década de 1980 a 2010

Este gráfico mostra a percentagem dos rendimentos totais disponíveis recebidos pelos 5% mais ricos em cada país, para democracias ocidentais selecionadas. Vemos que em todos os países (exceto em Espanha) a percentagem de rendimentos recebidos pelos 5% de topo aumentou entre o início da década de 1980 e 2010. Os países estão ordenados pela percentagem dos 5% de topo em 2010. Fonte dos dados: calculados a partir da base de dados do Luxembourg Income Study (http://www.lisdatacenter.org/).

O declínio da classe média e o seu menor poder económico provocam uma série de efeitos sociais e políticos. Um desses efeitos é a diminuição do apoio à prestação pública de serviços sociais, principalmente saúde e educação. Os ricos podem preferir excluir-se e enveredar pelo consumo e financiamento privado desses serviços (como fazem frequentemente nas economias de mercado emergentes), garantindo-lhes uma melhor qualidade. O poder compensatório da classe média já não é suficientemente forte para os obrigar a financiar a saúde e a educação públicas e a participar nelas. Em vez de financiarem o ensino público, os ricos poderão preferir utilizar os fundos públicos num maior policiamento ou naquilo a que Marx apelidava de trabalho de guarda*. Num artigo influente, Bowles e Jayadev (2005) demonstraram que a percentagem de mão de obra envolvida em serviços de segurança pública e privada e produção de armas tinha aumentado drasticamente nos EUA nas últimas três décadas do século xx. A utilização de trabalho de guarda nos EUA em 1970 era já a mais elevada de todos os países ocidentais, com cerca de 1,6 trabalhadores do setor da segurança por cada 100 trabalhadores, mas disparou para mais de 2 por cento em 2000. Bowles e Jayadev estimam que mais de cinco milhões de trabalhadores nos EUA estejam empregados num trabalho de guarda. Além disso, afirmam que o trabalho de guarda é mais predominante em países mais desiguais ([33]).

Tudo isto nos leva a uma conclusão relativamente às alterações que ocorreram ao longo das últimas três décadas: separatismo social. Esta bifurcação social tem muitas implicações: em termos políticos, a classe média torna-se cada vez mais irrelevante; a produção desloca-se no sentido dos bens de luxo e as despesas sociais mudam de uma concentração no ensino e nas infraestruturas para o policiamento.

À medida que a importância política da classe média continua a diminuir, não é difícil projetar no futuro as tendências atuais, observadas com mais intensidade nos EUA, onde o apoio financeiro dos ricos e das empresas é indispensável para o sucesso político. Embora o sistema político se mantenha democrático na forma, porque a liberdade de expressão e o direito de associação foram preservados e as eleições são livres, o sistema cada vez mais se assemelha a uma plutocracia. Recorrendo a uma expressão de Marx, trata-se de «uma ditadura dos proprietários», ainda que pareça, formalmente, ser uma democracia. O governo fica reduzido, nas palavras de Marx no *Manifesto Comunista*, a «uma comissão que administra os negócios comunitários de toda a classe burguesa».

E, de facto, uma disparidade entre a ideologia e a realidade não será nada de novo para um estudante de política e história. Roma cresceu sem obstáculos tornando-se um império autocrático enquanto se apresentava como uma república governada por um senado. Uma classe burocrática governou a Europa de Leste enquanto alegava que o poder económico e político se

---

* No original, *Guard labor*. [N. da T.]

encontrava nas mãos do povo. Todos os ditadores atualmente afirmam que representam a vontade do povo – ou seja, consideram-se uns democratas.

O afastamento da democracia pode assumir duas formas. Uma delas pode ser apelidada de norte-americana e assemelha-se a uma plutocracia; a outra pode ser apelidada de europeia e é caracterizada pelo populismo ou nativismo.

Plutocracia. Consideremos primeiro a caminhada em direção à plutocracia. A prova A no caso da plutocracia consiste nos estudos referidos anteriormente, que demonstram que os titulares eleitos de cargos públicos respondem quase exclusivamente às preocupações dos ricos. O dinheiro desempenha um papel sem precedentes na política norte-americana e o acórdão do Supremo Tribunal que refere que as empresas devem ser tratadas como indivíduos (*Citizens United v. Federal Election Commission*) abriu as portas, legal e formalmente, a uma influência cada vez maior do dinheiro nas tomadas de decisões políticas. A Figura 4.10 mostra os custos totais das eleições desde 2000, em dólares ajustados à inflação, para cada ano em que houve eleições quer presidenciais quer para o Congresso. Os custos aumentaram em termos reais e enquanto percentagem do PIB (este último aspeto não é mostrado no gráfico).

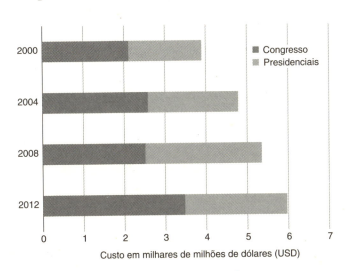

FIGURA 4.10 Custo das eleições presidenciais e para o Congresso norte-americanas, 2000–2012

Este gráfico mostra o custo das eleições presidenciais e para o Congresso norte-americanas (nos anos em que se realizaram ambas) em milhares de milhões de dólares norte-americanos (preços de 2000 constantes). Vemos que o custo aumentou consistentemente entre 2000 e 2012. Fonte dos dados: calculados a partir dos dados fornecidos pela organização Open Secrets: Center for Responsive Politics, disponíveis em https://www.opensecrets.org/bigpicture/index.php?cycle=2012.

Uma vez que é do interesse dos ricos promover o atual processo de globalização, do qual, como vimos nos Capítulos 1 e 2, extraem grandes benefícios, e dado que a classe média e os pobres podem, pelo menos em termos formais, travar esse processo, a atenção dos ricos recai sobre a supressão da democracia (apesar de algumas das medidas não serem conscientemente aplicadas com esse fim). Esta supressão implica uma abordagem em duas fases: (1) suprimir o voto dos pobres e (2) criar aquilo a que me irei referir como falsa consciência entre a classe média baixa e os pobres.

Analisemos a supressão direta e indireta do voto. Os EUA são um país com uma participação muito desequilibrada nas eleições, nas quais 80 por cento das pessoas no decil superior de rendimentos votam, em comparação com apenas 40 por cento no decil inferior ([34]). Registe-se que, de acordo com qualquer teoria económica, estes valores deveriam estar invertidos: uma vez que nenhum voto individual pode influenciar os resultados eleitorais, tem alguma lógica não votar; e é especialmente lógico não votar para pessoas cujo tempo é muito valioso, ou seja, para os ricos. O facto de a situação ser a inversa pode decorrer de vários fatores – maior consciência cívica dos ricos, desmotivação dos pobres («Porquê dar-me ao trabalho de ir votar?») ou políticas especificamente destinadas a impedir os pobres de votar, incluindo a realização das eleições num dia de semana e encerrar as urnas às 20h00, apenas algumas horas depois de a maioria das pessoas ter saído do trabalho e apressar-se para chegar a casa.

Muitas pessoas não estão recenseadas por terem cometido algum crime ou por estarem presas (tendo os EUA uma das taxas de encarceramento mais elevadas do mundo). A organização Human Rights Watch calcula que cerca de 2 por cento da população norte-americana em idade de votar não está recenseada, sendo um terço afro-americanos (Deaton 2013, 198). Por fim, há uma onda crescente de manipulação dos distritos eleitorais* com o objetivo de os redefinir de modo a diluir o voto dos pobres e das minorias. Estes processos, tal como a crescente desigualdade dos rendimentos, persistem há décadas e alguns remontam às próprias origens da democracia norte-americana, um sistema político criado como uma forma peculiar de democracia com posse de escravos. No entanto, ficaram mais evidentes agora porque se tornaram mais fortes e temos dados melhores para os documentar.

A segunda parte da estratégia dos ricos para suprimirem a democracia assemelha-se ao que a terminologia marxista refere como criação de falsa consciência ou, para utilizar a terminologia de Antonio Gramsci, hegemonia. Não gosto da expressão «falsa consciência», porque parece implicar que existe uma «verdadeira consciência», o que eu não acredito. Utilizo-a devido à falta de uma expressão melhor. O que quero dizer com ela é que a classe média e os pobres estão a ser desviados, em grande medida de forma deliberada, da defesa dos seus próprios interesses económicos para se preocuparem com outras questões, especialmente de cariz social ou religioso que muitas vezes são fraturantes. Esse desvio não surge necessariamente de algum tipo de conspiração nos bastidores, mas de um consenso da elite coletivamente fabricado. É, em certa medida, uma estratégia compreensível (e aceitável) porque as decisões de voto são pluridimensionais: as pessoas não votam apenas com base em assuntos económicos e podem preocupar-se profundamente com questões como migração, religião e aborto. Contudo, tendo em conta a enorme quantidade de fundos privados que são utilizados na política e nos meios de comunicação social, não podemos deixar de pensar que o objetivo destes investimentos é muito semelhante. Num caso (política), procura-se diretamente influência; noutro caso (meios de comunicação social), cria-se influência através da formatação da opinião pública para que esta concorde com a opinião dos financiadores. A criação de uma falsa consciência ocorre através de um *matraquage* ideológico (termo francês que significa bater repetidamente no cérebro com algo como um cassetete), em que os leitores de jornais, os telespectadores e os que navegam na Internet são

---

* No original, *Gerrymandering*. [N. da T.]

bombardeados com assuntos – desde o aborto e o controlo de armas até à ameaça do fundamentalismo islâmico – que distraem a atenção popular de problemas económicos e sociais básicos como o desemprego, a taxa de encarceramento, os negócios da guerra e as lacunas da lei fiscal que favorecem os ricos em milhares de milhões de dólares. Por outras palavras, a cultura da guerra tem uma função: mascarar a verdadeira transferência do poder económico para os ricos.

Uma parte importante da falsa consciência é a crença de que a mobilidade social é mais exequível do que na verdade é. Não entrarei aqui numa discussão sobre a crença extremamente influente (e muito debatida) de que as portas do sucesso estão abertas a praticamente todos nos EUA; limitar-me-ei a salientar que, agora que conseguimos pela primeira vez na história medir a mobilidade real intergeracional dos rendimentos e as perceções subjetivas que as pessoas têm da mobilidade, constatamos que a última supera grandemente a primeira. As pessoas com rendimentos mais baixos são especialmente propensas a sobrestimar a mobilidade geral ascendente (Kraus e Tan 2005) ([35]). Esta constatação é tranquilizadora para a estabilidade social. Contudo, é contrária àquilo que normalmente esperaríamos, nomeadamente que as pessoas na base acreditassem haver algumas características sistémicas que aí as mantinham. A menos que acreditemos que os pobres se culpam a si próprios pela sua pobreza, a única explicação para a visão extremamente otimista de mobilidade social que evidenciam é que a ideologia tem influência nesta matéria. (Registe-se que Kraus e Tan não perguntaram sobre a visão que as pessoas tinham sobre a probabilidade da sua própria mobilidade ascendente. Poderia esperar-se que os pobres acreditassem ter uma maior margem de ascensão do que os ricos que já se encontram no topo. A pergunta era sobre a sua avaliação da mobilidade nacional ascendente *em geral*.)

O sistema político norte-americano, composto apenas por dois partidos, é especialmente propício à disseminação deste tipo de ideologia, pois eventuais candidatos que quebrem o consenso de qualquer um dos partidos tendem a juntar-se ao grupo depois das primárias e as hipóteses de um candidato de um terceiro partido são praticamente nulas ([36]). Mesmo um candidato presidencial de um terceiro partido seria confrontado com um conjunto enorme de obstáculos técnicos e jurídicos só para surgir nos boletins de voto em todos os estados. O aparecimento de alternativas à narrativa dominante é, portanto, minimizado, embora as eleições de 2016 tenham lançado candidatos pouco convencionais, pelo menos nas primárias, tanto à esquerda como à direita.

Julgo que existem poucas dúvidas de que a natureza obsolescente e restritiva do sistema político norte-americano e a sua tendência em favor dos ricos teriam estado sobre intenso escrutínio se os EUA se tivessem tornado uma democracia apenas recentemente. No entanto, como têm uma respeitável tradição de dois séculos de democracia (de certo modo limitada), que demonstrou ser capaz de resolver os problemas de forma pacífica (com exceção da Guerra Civil), o sistema não é alterado. Na realidade, o sistema conduziu a um duopólio partidário, a um regime económico e social que é simultaneamente republicano e democrata (conforme refletido no facto de muitas empresas apoiarem candidatos de ambos os partidos) e a tentativas descaradas de manipular os resultados eleitorais ([37]). A recente aparência quase dinástica da política norte-americana, que o país partilha com a Índia, a Grécia, as Filipinas e o Paquistão, mas que não existe noutras democracias abastadas, é sintoma de um problema profundamente enraizado no sistema político norte-americano. Devido a estes aspetos do sistema político, o desenvolvimento de uma plutocracia é a resposta mais provável ao descontentamento da classe média nos EUA.

Populismo e nativismo. A situação na Europa é diferente da dos EUA. Por um lado, os sistemas europeus são multipartidários (em oposição ao sistema bipartidário norte-americano), mais democráticos e menos sujeitos à influência absoluta do dinheiro; portanto, é mais difícil transformá-los em plutocracias. Contudo, por outro lado, o problema da imigração e da absorção dos migrantes mesmo após uma ou duas gerações está a afetar fortemente, e até mesmo a «envenenar», a vida política. Os problemas da migração são somados às pressões normais da globalização que são comuns a todos os países ricos e conduziram à estagnação dos rendimentos da classe média baixa ao longo dos últimos 25 ou 30 anos. Por conseguinte, as pressões da globalização na Europa assumem duas formas distintas: uma devido à circulação de mão de obra (imigração) e outra devido à circulação de bens (importações) e de capitais (saídas). A resposta a estas pressões conduz ao populismo ou nativismo da classe média ([38]).

A primeira questão no que se refere à migração é reconhecer que se trata apenas de um aspeto da globalização. A circulação de pessoas não é, em princípio, diferente da circulação de bens e de tecnologia, ou da circulação de capitais. Portanto, é errado debatê-la como se fosse, de certo modo, independente das enormes disparidades a nível de rendimentos entre países que foram reveladas e muitas vezes exacerbadas pela globalização (especialmente no que se refere a África).

Contudo (e esta é a segunda questão), a migração assume especial importância para a Europa por diversas razões que não estão presentes noutros países ocidentais ricos. Por um lado, a Europa há muito que é um continente de emigrantes e não tem a experiência que os EUA, o Canadá e a Austrália possuem em lidar com a imigração. Por outro lado, os Estados-nação europeus têm sido historicamente homogéneos a nível étnico (ou têm sido apresentados como tal através de políticas dos governos centrais, como em França e na Alemanha) ou, quando tal não acontece (como em Espanha), os diversos grupos vivem lado a lado há tanto tempo que as diferenças culturais e normativas entre si pareceriam bastante pequenas a um observador objetivo ([39]). Porém, os migrantes que vêm para a Europa têm crenças religiosas, normas culturais e uma visão da vida diferentes.

A terceira questão, que decorre diretamente das duas primeiras, é que a Europa tem graves problemas de assimilação dos migrantes, não só os da primeira geração, mas também os da segunda e terceira. Este problema é talvez o mais difícil de todos porque não pode ser resolvido, numa primeira aproximação, pelo governo, e a ausência de contacto e de relações entre a população nativa e os imigrantes (especialmente se persistir durante várias gerações) conduz muitas vezes, como vemos em capitais europeias importantes, à criação de guetos étnicos. A ironia da situação é que o assunto da imigração na Europa faz lembrar de muitas formas os problemas raciais enfrentados pelos EUA nos anos 1960 – sendo que, naquela altura, a maneira de lidar com a situação foi duramente criticada na Europa. No entanto, ao contrário do que aconteceu nos EUA no que se refere às disparidades raciais, foi realizada pouca investigação na Europa sobre disparidades de rendimentos, diferenças a nível de aproveitamento escolar e a existência de relações sociais e familiares entre os migrantes e a população nativa. A falta de dados torna muito difícil a elaboração de uma política de assimilação. O exemplo extremo desta abordagem obsoleta e autodestrutiva é a insistência do Governo francês, até muito recentemente, na posição de que todos são simplesmente cidadãos franceses e que não podem ser recolhidos dados estatísticos sobre etnicidade ou filiação religiosa. Em muitos domínios oficiais, ainda não o são. Por exemplo, os inquéritos aos agregados familiares não fazem perguntas sobre a origem étnica ou religiosa dos agregados e, portanto, não há forma de comparar os grupos de acordo com a distribuição de rendimentos, o rendimento médio da família, a composição da família ou outras estatísticas pertinentes [40].

Afirmei que este problema não pode ser resolvido pelo governo «numa primeira aproximação» porque nenhum governo pode obrigar alguém a fazer amizade ou a casar-se com imigrantes. No entanto, tal não quer dizer que o papel do governo é inexistente. Ao recolher informações e, de seguida, ao definir políticas positivas em favor das minorias, pode gradualmente eliminar-se a disparidade de rendimentos e de nível de educação que existe entre elas e a população nativa. Não há dúvida de que este processo facilitaria a assimilação dos migrantes à medida que ascendiam na pirâmide económica e diminuiria a sua própria visão e a dos nativos de que são «outros». No futuro, a Europa pode, de facto, resolver o seu problema dos imigrantes desta forma – mas, no presente, esse dia parece muito distante.

A quarta questão é que os migrantes muitas vezes trazem normas culturais diferentes que podem prejudicar a sustentabilidade do Estado-Providência. Este tema está sujeito a desinformação, que tende a retratar os imigrantes como utilizadores desproporcionados dos serviços sociais. Embora isto não seja verdade, e os imigrantes contribuam de facto mais em impostos do que recebem em transferências e serviços sociais (em parte porque são mais jovens do que a população nativa), as perceções populares podem ser distorcidas precisamente porque frequentemente os migrantes são «diferentes» em termos de cor da pele, vestuário, forma de falar e comportamento e, portanto, são mais visíveis [41]. No entanto, embora a crença de que os migrantes são «parasitas» seja incorreta, não nos devemos esquecer de que o Estado-Providência europeu foi construído no pressuposto de uma homogeneidade étnica e cultural da população. A homogeneidade, além de aumentar a afinidade entre diferentes segmentos da população, assegura igualmente que a maioria das pessoas obedece a normas sociais semelhantes. Se ninguém fingir que é mais velho para obter uma pensão ou ficar de baixa sem estar doente, o Estado-Providência é autossustentado. Contudo, se estas normas não forem respeitadas por todos, o Estado-Providência tem tendência a desmoronar-se (ver Lindbeck 1994). Peter Lindert (2014) e, recuperando trabalho muito anterior, Kristov, Lindert e McClelland (1992) afirmaram que o principal motivo para o maior desenvolvimento do Estado-Providência na Europa, em comparação com os EUA, se deve precisamente à maior afinidade existente entre diferentes camadas da população ou, colocando-o de outra forma, à maior probabilidade de as pessoas jovens e com emprego conseguirem antever um momento no futuro em que precisarão de apoio social. Nos EUA, pelo contrário, afirma Lindert, foi precisamente a distância económica entre brancos e afro-americanos que conduziu a um Estado-Providência muito mais modesto. Uma situação semelhante – perda de afinidade – pode estar a desenvolver-se atualmente na Europa.

Esta pressão sobre o funcionamento e a sustentabilidade dos Estados-Providência europeus surge no topo da pressão, em parte imaginada e em parte real, exercida pela globalização sobre os Estados-Providência e a mão de obra, através de importações mais baratas e da externalização. Os inúmeros ataques ao Estado-Providência – incluindo os cortes nos serviços nacionais de saúde e no ensino público, o aumento das taxas nos serviços públicos, uma idade de reforma mais avançada, um mercado de trabalho «flexível» com empregos de zero horas (empregos para os quais os trabalhadores têm de se deslocar mas não têm trabalho garantido) – são, na verdade, ataques à classe média, porque a classe média era o maior apoiante e beneficiário do Estado-Providência. É verdade que a maioria dos estudos constatou que os pobres, através de subsídios de desemprego e de assistência social, recebem muito do Estado-Providência (Milanovic 2000, 2010a). No entanto, a classe média recebe ainda mais através de cuidados de saúde e de educação gratuitos ou subsidiados, pensões e, sobretudo, através da presença de uma rede de segurança que os apanha se alguma vez caírem para uma posição inferior na vida ([42]). O Estado-Providência foi, portanto, um elemento indispensável para o reforço da classe média europeia e do capitalismo democrático.

A reação das classes média e média baixa à perda gradual da proteção do Estado-Providência e à usurpação de outros direitos adquiridos

A DESIGUALDADE NO MUNDO NESTE SÉCULO E NO PRÓXIMO | 217

foi deslocarem-se politicamente para a direita, no sentido de partidos populistas e nativistas. Esta tendência foi facilitada, primeiro, pelo desaparecimento de alternativas à esquerda, que foram desacreditadas após a queda do comunismo; segundo, pela cooptação de partidos de esquerda (como o Partido Socialista em França e o PSOE em Espanha) por partidos centristas ou de centro-direita dos quais praticamente já não se conseguem distinguir; e, terceiro, pelo descrédito dos partidos tradicionais na sequência da sua incapacidade para lidarem com a Grande Recessão. O desmoronamento da esquerda e dos partidos tradicionais abriu caminho, em praticamente todos os países da Europa Ocidental e Central, à ascensão de partidos populistas ligeiramente antissistema. Utilizo o advérbio «ligeiramente» porque o objetivo destes partidos, ao contrário dos partidos verdadeiramente antissistema como os partidos fascistas e comunistas, não é destruir a ordem política existente. Contudo, no apelo ao voto apresentam-se como antissistema: a desilusão dos europeus com os seus sistemas e partidos políticos é de tal ordem que muitos entendem o facto de ser «antissistema» como uma vantagem adicional.

Praticamente nenhum país, da Grécia com o seu partido Aurora Dourada à Finlândia com o seu Verdadeiros Finlandeses, foi poupado à escalada do populismo. A Figura 4.11 mostra os resultados das votações mais recentes nos partidos populistas em eleições nacionais (em que poderemos presumir que a importância de um voto puramente de protesto, do qual estes partidos beneficiam com frequência, é menor do que em eleições para um, em grande medida insignificante, Parlamento Europeu). Os partidos populistas mais bem-sucedidos obtiveram cerca de 20 por cento dos votos, uma percentagem que pode tornar-se ainda maior nas próximas eleições em França. Em praticamente todos os países analisados neste trabalho, a popularidade dos partidos de direita é superior ao que era há 10 ou 15 anos, quando alguns dos partidos ainda nem sequer existiam. A única exceção é a Bélgica, onde o partido Vlaams Belang, formado após o partido Vlaams Blok ter sido proibido por motivos de racismo, não conseguiu repetir os seus resultados eleitorais anteriores; no entanto, muitas das suas ideias políticas foram absorvidas pelo partido Nova Aliança Flamenga, que se encontra no poder.

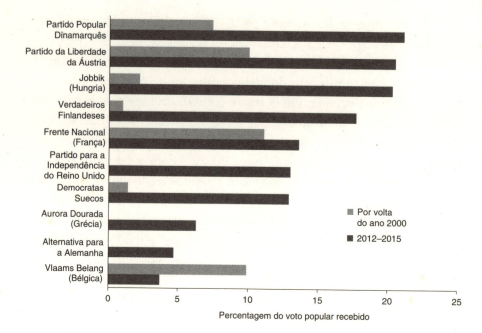

FIGURA 4.11 Percentagem de votos obtidos nas eleições legislativas por vários partidos populistas europeus por volta do ano 2000 e nos anos 2012–2015

Este gráfico mostra a percentagem do voto popular recebido em eleições nacionais por partidos nacionalistas ou populistas de direita em vários países europeus. O voto popular é um melhor indicador de apoio do que o número de deputados que os partidos têm nos parlamentos nacionais porque este depende das regras eleitorais dos países. O gráfico mostra, com exceção da Bélgica, um aumento do apoio popular aos partidos populistas de direita desde 2000. As eleições legislativas em 2012–2015 foram as últimas a serem realizadas no momento da redação do presente texto (agosto de 2015): França (2012), Alemanha e Áustria (2013), Bélgica, Suécia, Hungria (2014), Grécia, Finlândia, Dinamarca (2015). Os partidos estão ordenados de forma descendente de acordo com a sua percentagem nas eleições nacionais mais recentes. Fonte dos dados: compilados pelo autor a partir de várias fontes na Internet.

A ascensão destes partidos teve outro efeito: deslocar os partidos tradicionais de centro-direita mais para a direita. Esta deslocação é óbvia em França, onde o partido de centro-direita liderado por Nicolas Sarkozy é, em muitos aspetos, impossível de distinguir da Frente Nacional de extrema-direita (apesar das tentativas do partido de Sarkozy para realçar as diferenças e ignorar as semelhanças). É igualmente óbvio no Reino Unido, onde os conservadores se aproximaram, em muitos aspetos, de posições defendidas pelo Partido para a Independência do Reino Unido (UKIP) de extrema-direita.

É pouco provável que um partido populista chegue ao poder sozinho ou que se torne o membro mais importante de uma coligação, sobretudo porque muitos outros partidos se recusariam a governar com ele. Contudo, mesmo sem partilharem o poder, estes partidos já mudaram o cenário político europeu e continuarão a fazê-lo no futuro. Ideias que há apenas cinco anos pareciam impensáveis tornaram-se banais e quase dominantes: o Reino Unido sair da União Europeia, a Alemanha renegociar a sua posição na União, a França retirar a cidadania a cidadãos naturalizados com problemas com a polícia, a Dinamarca introduzir testes de cidadania e de língua extremamente difíceis, a Holanda declarar-se «lotada» e, portanto, fechada a mais imigração. Desta forma, o populismo entrou totalmente na vida política e caminhou gradualmente no sentido de substituir o convencional – ou, em vez disso, está ele próprio a tornar-se o convencional.

O movimento populista ou nativista prejudica a democracia ao redefinir ou revogar gradualmente alguns direitos fundamentais dos cidadãos, encarando-os não como invioláveis mas como estando dependentes da aprovação de maiorias nacionais. Prejudica igualmente a capacidade da Europa para participar de forma plena e produtiva na globalização ao rejeitar a utilização de um mecanismo óbvio, o afluxo de migrantes, através do qual a Europa poderia combater o seu declínio demográfico e abrir-se ao talento do estrangeiro. O populismo representa um afastamento da globalização e da democracia ([43]).

Estas duas reações (norte-americana e europeia) abordam de modos diferentes o problema da relação entre globalização e democracia. Com um governo plutocrático, como nos EUA, há uma tentativa de prosseguir a globalização ignorando, simultaneamente, as opiniões e os desejos das pessoas que se situam na base e até a meio da distribuição de rendimentos nacional, tornando, de muitas formas, a democracia insignificante.

No caso do populismo, como na Europa, a exposição à globalização é reduzida através de obstáculos à migração e de tentativas por parte dos países de se protegerem contra fluxos livres de capitais e de comércio, redefinindo simultaneamente a cidadania e os respetivos direitos. Expressando-o de uma forma extrema, a plutocracia tenta prosseguir a globalização enquanto sacrifica elementos-chave da democracia; o populismo tenta preservar um simulacro de democracia enquanto reduz a exposição à globalização. Até ao momento, nenhuma das duas teve êxito – mas o que abordamos aqui são as suas tendências naturais, que se podem tornar realidade nas próximas décadas.

5

O QUE VIRÁ A SEGUIR?

*Dez breves reflexões sobre o futuro da desigualdade
de rendimentos e da globalização*

[S]e quem aconselha o faz modestamente e, por contradição, esse conselho não é seguido, sendo outro conselho aprovado e conduzindo a uma ação ruinosa, resulta para o primeiro proponente uma glória enorme. E, se bem que a glória que se adquire com o mal da cidade ou do príncipe não possa ser motivo de satisfação, mesmo assim é coisa de ter em alguma conta.

— Nicolau Maquiavel, *Discursos Sobre
a Primeira Década de Tito Lívio**

Neste capítulo final, gostaria de analisar alguns dos temas e mensagens essenciais do livro. O capítulo consiste numa recapitulação dos principais pontos do livro, numa previsão das tendências futuras e num plano para a mudança. Está organizado em torno de dez perguntas sobre assuntos relacionados com a distribuição de rendimentos a nível mundial e que serão importantes nos próximos anos.

---

* A tradução da citação foi retirada da obra *Discursos Sobre a Primeira Década de Tito Lívio* (tradução de David Martelo), Lisboa: Edições Sílabo, 2010. [*N. da T.*]

1. Que forças irão moldar a desigualdade no mundo neste século?

As duas forças que irão moldar a desigualdade no mundo são a convergência económica e as ondas de Kuznets. As perspetivas de convergência, ou o alinhamento económico da Ásia com o Ocidente, parecem fortes. Mesmo que o crescimento da China fosse eliminado, as elevadas taxas de crescimento económico de pelo menos alguns dos países asiáticos muito populosos, como a Índia, a Indonésia, o Bangladeche, a Tailândia e o Vietname, irão manter-se. É pouco provável que todos abrandassem ao mesmo tempo. Até à entrada no século XXI, o crescimento chinês era em grande medida responsável pela diminuição da pobreza e da desigualdade, mas, no futuro, mais países asiáticos poderão ter influência e, consequentemente, a probabilidade de o processo continuar é mais elevada – os ovos não estarão todos no mesmo cesto.

O poder económico mundial irá deslocar-se muito mais no sentido da Ásia. Num exercício interessante que realizou durante vários anos, Danny Quah registou esta deslocação gradual. Na década de 1980, o centro de gravidade da produção do mundo situava-se a meio do Atlântico, entre a Europa e a América do Norte. Nos seus últimos cálculos, Quah situa o centro a meio do Irão e observa que se moveu quase diretamente para oriente durante os últimos 35 anos (Danny Quah, comunicação pessoal). Quah prevê que, por volta de 2050, se encontre entre a Índia e a China, que, portanto, terão assumido os papéis anteriormente desempenhados pela Europa e a América do Norte (Quah 2011).

O alinhamento dos rendimentos em muitos países asiáticos com os rendimentos dos países da Europa Ocidental e da América do Norte diminuirá igualmente a desigualdade no mundo. Contudo, neste caso, o papel da China torna-se ambíguo. Embora este país tenha sido uma enorme força na redução da desigualdade no mundo durante as últimas quatro décadas, e até sensivelmente ao ano 2000 foi de facto a única força, pois a China sozinha fez a diferença entre desigualdade crescente e decrescente no mundo, no futuro próximo o seu crescimento rápido começará a contribuir para a desigualdade no mundo. Este efeito será pequeno ao início, mas depois, dependendo do que acontecer em África e se a disparidade entre a China e os países pobres populosos aumentar, o efeito poderá tornar-se maior. A conclusão é que, para que a desigualdade no mundo diminua, o mundo precisa de um crescimento rápido noutros locais além da China. É mais provável que esse crescimento ocorra na Ásia; é pouco provável que ocorra em África.

O papel das ondas de Kuznets também não é simples. Mesmo que as ondas fossem «bem comportadas», ou seja, que a desigualdade de rendimentos começasse a acompanhar as partes descendentes das ondas de Kuznets, primeiro na China e posteriormente nos EUA e no resto do mundo rico, ainda poderia demorar uma década para que as diminuições das desigualdades nacionais se estabelecessem e tivessem um impacto a nível mundial. Além disso, não podemos ter a certeza de que a China e os EUA se encontram de facto no pico das respetivas primeira e segunda ondas de Kuznets. Na China, as principais forças contrárias – ou seja, aquelas que poderão manter a desigualdade elevada – são a percentagem crescente de rendimentos com origem em capital privado, a corrupção e as disparidades regionais em termos de rendimentos. Nos EUA, essas forças são a forte concentração de capital nas mãos dos ricos, a unificação de rendimentos elevados do capital e do trabalho nas mesmas pessoas (o «novo capitalismo») e o poder político dos ricos.

A desigualdade de rendimentos e os problemas políticos irão manter-se estreitamente ligados. Embora não possamos esperar que a desigualdade elevada ou até crescente altere fundamentalmente o sistema político norte-americano exceto empurrá-lo ainda mais no sentido da plutocracia, uma desigualdade elevada pode acabar por abalar o sistema político chinês e transformar o governo do Partido Comunista num regime mais nacionalista e autocrático ou conduzi-lo no sentido da democracia. Qualquer uma destas alterações políticas seria provavelmente acompanhada de uma enorme transformação económica e de uma queda da taxa de crescimento.

2. O que acontecerá às classes médias dos países ricos?

Os trabalhadores dos países ricos estão comprimidos entre aqueles que dispõem dos rendimentos mais elevados nos seus próprios países, que continuarão a ganhar dinheiro com a globalização, e os trabalhadores dos países emergentes, cuja mão de obra relativamente barata os torna mais atrativos para contratação. A enorme compressão da classe média (discutida nos Capítulos 1 e 2), impulsionada pelas forças da automatização e da globalização, não está a terminar. Esta compressão irá, por sua vez, polarizar ainda mais as sociedades ocidentais em dois grupos: uma classe muito bem-sucedida e rica no topo; e um grupo muito maior de pessoas cujos empregos implicarão servir a classe rica em profissões nas quais o trabalho humano não pode ser substituído por robôs. A educação poderá não ter muita influência nos acontecimentos porque muitas sociedades ricas já se encontram perto do limite superior em termos de quantidade de educação (medida pelo número de anos de escolaridade) e talvez até em termos de qualidade do ensino que pode ser oferecido; além disso, muitos dos que estão empregados no setor da prestação de serviços já possuem qualificações excessivas para a função que desempenham.

Poderemos ter de ajustar a nossa forma de pensar a uma situação em que a diferença em termos de competências e capacidades entre a classe de topo e os trabalhadores do setor dos serviços é pequena. O acaso e os antecedentes familiares irão desempenhar um papel muito mais importante do que anteriormente. Um indivíduo pode tornar-se um banqueiro de Wall Street em vez de instrutor de ioga simplesmente por descer a rua certa (e encontrar a pessoa certa) em determinada noite. Neste momento, entre os 10 por cento de topo dos que dispõem de rendimentos mais elevados, não conseguimos identificar diferenças em termos de características observáveis (educação, experiência) que possam explicar o motivo para que os salários entre os 1 por cento de topo e os restantes 9 por cento sejam diferentes por um fator de dez ou mais (Piketty 2014, cap. 9). A reduzida importância da educação enquanto explicação lógica para os salários auferidos pode propagar-se de forma descendente pela pirâmide dos salários à medida que o nível de instrução se torna mais semelhante. Ironicamente, poderá revelar-se que Tinbergen tinha razão quando afirmou que o prémio da educação deixaria praticamente de existir numa sociedade em que todos possuem uma boa educação, mas não acabaria com as enormes diferenças de salário. Além do mero acaso, os recursos familiares em termos de riqueza e, talvez mais importante, de contactos serão mais relevantes. É possível observar-se com grande clareza o efeito do dinheiro e das ligações da família nos EUA em profissões onde o poder e o dinheiro se acumulam. As dinastias políticas são mais comuns hoje em dia do que eram há 50 anos; as pessoas cujos pais foram atores ou realizadores têm quase garantida uma carreira na mesma indústria. O mesmo acontece no setor financeiro. Os filhos dos políticos, atores ou corretores da bolsa são os mais bem qualificados para esses empregos na próxima geração? Certamente que não. No entanto, o sucesso anterior nessas profissões produz mais sucesso, incluindo para os seus descendentes. O acesso a quem toma as decisões de contratação é fundamental e esse acesso é facilitado por antecedentes e contactos familiares ([1]).

O novo capitalismo, no qual a contradição entre trabalho e capital terá sido resolvida no topo (de uma forma curiosa, visto que as pessoas mais ricas serão, simultaneamente, as que mais recebem pelo seu trabalho e as principais capitalistas), será mais desigual. O êxito irá depender do acaso de se ter nascido em «boas famílias» e ter sorte na vida, mais do que acontecia no século passado (que foi um século de importantes convulsões políticas e sociais). O novo capitalismo assemelhar-se-á a um grande casino, mas com uma importante exceção: àqueles que ganharam algumas rondas (muitas vezes por nascerem na família certa) serão concedidas muito mais probabilidades de vencer. Aqueles que perderam algumas rondas assistirão às probabilidades subsequentes a virarem-se cada vez mais contra si.

Uma criança que tenha a sorte de nascer com os pais certos (ricos e com estudos) beneficiará de um forte envolvimento e investimento parental na educação. Comecemos com o objetivo principal que os pais colocam para os filhos: ter um emprego bom e bem pago. Para se conseguir um emprego destes, é preciso frequentar a melhor universidade; para entrar na melhor universidade, é preciso andar na melhor escola secundária; para entrar na melhor escola secundária, é preciso andar na melhor escola do ensino básico; para entrar na melhor escola do ensino básico, é preciso andar no melhor jardim de infância. Por conseguinte, o percurso da uma criança já está determinado aos cinco anos, desde que os pais tenham conhecimento, clarividência e, de facto, dinheiro suficientes. Muito poucos pais pobres ou com menos habilitações académicas terão os recursos ou o conhecimento para fazer estas escolhas numa fase tão precoce. Se só mais tarde a criança se aperceber do que é necessário para ter êxito, será muito mais difícil entrar neste percurso. Por outro lado, um filho de pais ricos entra num percurso de sucesso desde o início e somente se revelar desinteresse ou problemas graves de aprendizagem ou comportamento poderá desviar-se dele.

É difícil imaginar que um sistema com tamanha desigualdade possa ser politicamente estável. Mas talvez a desigualdade diminua e o problema da instabilidade desapareça. O que acontecerá a seguir depende (1) da natureza da evolução tecnológica, que se poderá desenvolver de uma forma favorável aos pobres, com a substituição de pessoas em algumas profissões muito bem pagas neste momento, como, por exemplo, professores universitários, por trabalhadores com salários inferiores e (2) da capacidade de os «vencidos» do sistema se organizarem politicamente. Se os vencidos continuarem desorganizados e sujeitos a uma falsa consciência, como acontece atualmente nos EUA, pouco irá mudar. Se, de facto, se organizarem e encontrarem defensores políticos que consigam aproveitar o seu descontentamento e obter o seu voto, então poderá ser possível aos países ricos executarem políticas que os colocariam no percurso descendente da segunda onda de Kuznets. Como pode isso ser feito?

3. Como se pode reduzir a desigualdade em Estados-Providência ricos?

O curto século XX é o único período sustentado da história em que os rendimentos médios crescentes foram acompanhados de uma diminuição da desigualdade de rendimentos. Esta situação não se verificou apenas em países ricos, mas também em muitos Estados em desenvolvimento e em todos os países comunistas. A segunda curva de Kuznets terá de repetir o comportamento da primeira para que a desigualdade possa diminuir novamente. Contudo, dificilmente esta segunda diminuição será realizada através dos mesmos mecanismos que reduziram a desigualdade no século XX: maior tributação e transferências sociais, hiperinflação, nacionalização da propriedade e guerras. Porque não? A globalização torna muito difícil a tributação do elemento que mais contribui para a desigualdade – nomeadamente, os rendimentos do capital; não é só difícil, é altamente improvável, sem uma ação plenamente concertada por parte da maioria dos países, o que hoje em dia nem remotamente parece possível. Colocando-o de uma forma simples, o capital é difícil de tributar porque é muito móvel e os países que beneficiam dessa mobilidade não têm qualquer incentivo para ajudar os que ficam a perder. Os paraísos fiscais não existem apenas em microestados, mas também em países grandes como os EUA e o Reino Unido. Pense-se, por exemplo, na recente relutância dos EUA em investigar e extraditar cidadãos chineses acusados de fraude pelo seu governo (julga-se que 66 das 100 pessoas «mais procuradas» acusadas de crimes económicos pelo governo chinês estejam escondidas nos EUA e no Canadá) ([2]), ou nos corretores de Londres ávidos por aceitar dinheiro russo, independentemente da sua origem. Até o trabalho com elevados rendimentos se está a tornar mais difícil de tributar, pois pode facilmente ser deslocado de um país para outro: não há motivos evidentes para que um executivo de topo não possa trabalhar em Singapura ou Hong Kong em vez de Londres ou Nova Iorque. A hiperinflação e a nacionalização deixaram de ser apreciadas como forma de espoliar credores e grandes proprietários. A terra já não será nacionalizada. O equilíbrio de poderes deslocou-se para o lado dos capitalistas, com os proprietários de bens e os credores a deterem o poder político. Por fim, espera-se que sejam evitadas grandes guerras, embora nenhuma pessoa sensata possa, infelizmente, excluir essa possibilidade.

As intervenções realizadas antes de impostos e de transferências constituem uma abordagem muito mais promissora para o século XXI. Nelas incluem-se a redução da desigualdade em termos de recursos, especialmente a desigualdade em matéria de propriedade de bens e de educação. Se os recursos (riqueza privada e competências) se tornarem menos desiguais, e pressupondo que as taxas de rendibilidade da riqueza não diferem grandemente entre fortunas pequenas e grandes, os rendimentos do mercado (ou seja, rendimentos antes de impostos e de transferências) seriam distribuídos de forma muito mais equitativa do que atualmente. Se a desigualdade em termos de rendimentos do mercado pudesse ser controlada, e restringida ao longo do tempo, a redistribuição efetuada pelo Estado através de transferências e impostos poderia ser muito menos relevante. Uma menor incidência na redistribuição deixaria satisfeitos os que consideram que os impostos elevados têm efeitos negativos no crescimento e que defendem uma estrutura estatal menor, bem como aqueles que consideram que uma menor desigualdade em termos de rendimentos disponíveis é importante por si só ou que apoiam esta ideia porque promove a igualdade de oportunidades e é benéfica para o crescimento económico. Além disso, eliminaria um dos aspetos mais perniciosos da herança transmitida pela família, um assunto abordado na secção anterior.

Os modelos económicos que combinam desigualdade reduzida dos rendimentos do mercado e uma estrutura estatal relativamente pequena não são inauditos; de facto, existem em vários países asiáticos. A Figura 5.1 mostra uma comparação de países ocidentais selecionados com três países asiáticos ricos (Coreia do Sul, Taiwan e Japão). O coeficiente de Gini para os rendimentos disponíveis (depois de impostos e transferências) é mostrado no eixo vertical e o coeficiente de Gini para os rendimentos do mercado no eixo horizontal. Os três países asiáticos têm sensivelmente o mesmo nível de desigualdade em termos de rendimentos disponíveis que os países ocidentais ricos, mas os seus valores de Gini relativos aos rendimentos do mercado são muito inferiores, com a diferença a chegar quase aos 15 pontos de Gini. Consequentemente, a fim de alcançar um determinado nível de desigualdade em termos de rendimentos disponíveis, a redistribuição pelo Estado na Ásia pode ser muito menor, permitindo que a estrutura estatal seja igualmente menor. Consideremos Taiwan e o Canadá. Ambos os países apresentam rendimentos disponíveis de 33 pontos de Gini. Contudo, para chegar a este ponto, Taiwan praticamente não efetua qualquer redistribuição (ou seja, os seus valores de Gini em termos de rendimentos disponíveis e do mercado são sensivelmente os mesmos) e as suas transferências sociais correspondem apenas a 12 por cento dos rendimentos do mercado. O Canadá, por sua vez, possui um enorme sistema de impostos e transferências (três vezes superior ao de Taiwan em termos relativos) que reduz o seu nível de desigualdade de 47 pontos de Gini (a nível dos rendimentos do mercado) para 33 pontos de Gini (a nível dos rendimentos disponíveis).

A Figura 5.1 mostra igualmente que, nos países ocidentais, as diferenças em termos de desigualdade de rendimentos disponíveis resultam de diferenças no montante da redistribuição (por exemplo, os EUA e Israel redistribuem muito menos do que a Alemanha e França) e não de diferenças na desigualdade em matéria de rendimentos do mercado. É por este motivo que muita atenção académica se tem concentrado no papel redistributivo do Estado, como se a redistribuição detivesse a exclusividade para a redução da desigualdade. A distribuição dos recursos é praticamente tomada como um dado adquirido. No entanto, como se pode ver no caso dos países asiáticos ricos, não é bem assim: os recursos podem ser tornados mais iguais. Portanto, o mesmo nível de desigualdade em rendimentos disponíveis pode ser alcançado através de grandes impostos e transferências ou de intervenções muito mais modestas por parte do Estado sobrepostas a uma estrutura de recursos relativamente igual.

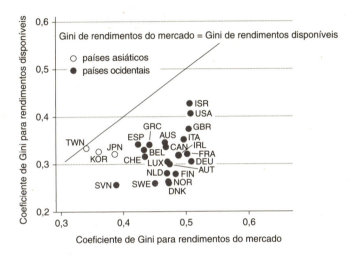

FIGURA 5.1 Desigualdade em termos de rendimentos do mercado e rendimentos disponíveis em países asiáticos e ocidentais ricos selecionados (por volta de 2010)

Este gráfico mostra a relação entre a desigualdade de rendimentos disponíveis (rendimentos depois de transferências sociais e impostos diretos) e a desigualdade de rendimentos do mercado (rendimentos antes de transferências sociais e de impostos diretos) para países asiáticos e ocidentais ricos selecionados. A linha mostra a situação em que a desigualdade de rendimentos disponíveis é igual à desigualdade de rendimentos do mercado. A distância entre a linha e os pontos mostra quanto da desigualdade de rendimentos do mercado é reduzida em resultado de redistribuição por parte do Estado através de transferências socais e de impostos. Os três países asiáticos têm uma desigualdade de rendimentos do mercado reduzida e uma redistribuição pelo Estado também reduzida (os seus pontos situam-se próximo da linha). Abreviatura dos países: *Ásia:* JPN Japão, KOR Coreia do Sul, TWN Taiwan; *Países ocidentais:* AUS Austrália, AUT Áustria, BEL Bélgica, CAN Canadá, CHE Suíça, DEU Alemanha, DNK

Dinamarca, ESP Espanha, FIN Finlândia, FRA França, GBR Grã-Bretanha, GRC Grécia, IRL Irlanda, ISR Israel, ITA Itália, LUX Luxemburgo, NLD Holanda, NOR Noruega, SVN Eslovénia, SWE Suécia, USA Estados Unidos. Fonte dos dados: calculados a partir de dados do Luxembourg Income Study (http://www.lisdatacenter.org/)

Como pode ser alcançada a equalização dos recursos? Também aqui, como no passado, o papel do Estado é fundamental, embora o Estado, neste caso, não trabalhe sobre rendimentos atuais (tributando-os e redistribuindo-os), mas sim no sentido de uma equalização a longo prazo da propriedade de capital e da educação. Entre as políticas que trabalhariam no sentido desta equalização a longo prazo incluem-se (1) impostos elevados sobre as sucessões (como defendido por Piketty), o que impediria os pais de poderem transferir uma enorme quantidade de ativos para os filhos, (2) políticas de tributação das sociedades que estimulem as empresas a distribuir ações pelos trabalhadores (caminhando no sentido de um sistema de capitalismo limitado dos trabalhadores) e (3) políticas fiscais e administrativas que permitam aos pobres e à classe média possuírem e manterem ativos financeiros. Também se encontra em consonância com esta proposta o apelo formulado por de Soto (1989) para uma propriedade muito mais alargada dos ativos, juntamente com a legalização daqueles que os pobres já detêm, tais como propriedades que em muitos países são detidas sem que haja um título legal e, portanto, não podem ser utilizadas como garantia de empréstimos.

Contudo, estas políticas não seriam suficientes. A enorme volatilidade da rendibilidade do capital e a necessidade de muita informação para se tomarem decisões de investimento inteligentes, além do problema de combinar o risco de trabalhar para uma empresa com o risco de possuir ações da mesma empresa, tornam um «capitalismo do povo» muito difícil de concretizar. A fim de reduzir a desigualdade em termos de recursos, é necessário combinar uma propriedade muito mais disseminada do capital com uma maior igualdade na distribuição da educação. Com isto refiro-me não só a garantir que todas as pessoas tenham o mesmo número de anos de escolaridade, mas equalizar um acesso *relevante* à educação. Alcançar este tipo de acesso exige uma nova ênfase na educação financiada pelo Estado. O motivo é o seguinte: se o objetivo for simplesmente tornar o número de anos de escolaridade igual para todos, poderíamos concluir que quatro anos na Universidade de Harvard e quatro anos numa pequena universidade com menos prestígio têm igual valor, sendo o objetivo facilmente atingido. Mas se o acesso a Harvard permanecer, para todos os efeitos práticos, limitado aos filhos dos ricos e os retornos de uma educação de quatro anos em Harvard ultrapassarem inúmeras vezes os retornos de uma educação de quatro anos numa universidade de menor prestígio, não haverá qualquer mudança fundamental. Haveria uma equalização aparente mas não fundamental dos recursos educativos. Para obtermos uma equalização fundamental, precisamos de equalizar o acesso às escolas que produzem melhores retornos da educação e/ou de equalizar os retornos de todas as escolas. Equalizar os retornos por decreto é impossível numa economia de mercado, uma vez que ninguém pode ordenar a empresas que atribuam pagamento igual a pessoas que estudaram em escolas diferentes, independentemente da qualidade dessas escolas [3]. A única forma sensata que resta para equalizar os recursos educativos é tornar o acesso às melhores escolas mais ou menos igual, independentemente dos rendimentos dos pais, e, mais importante, equalizar a qualidade do ensino em todas as escolas [4]. Este último aspeto só pode ser concretizado com investimento e apoio financeiro do Estado.

Num sistema concentrado na equalização dos recursos, o Estado desempenha um papel extremamente importante – mas esse papel é muito diferente daquele que desempenhou durante o Grande Nivelamento, quando o Estado trabalhou no sentido de expandir o acesso ao ensino e em mecanismos de redistribuição dos rendimentos constituídos por seguros (por exemplo, a Segurança Social nos EUA) e apoio (por exemplo, vales de alimentação nos EUA). Durante a segunda onda de Kuznets, o Estado deve trabalhar mais nos recursos e menos em impostos e transferências.

Contudo, mesmo que tais políticas sejam possíveis num plano teórico, e mesmo que tenhamos exemplos de países que as usaram, tal não significa que serão executadas. Os Estados-Providência europeus, e em menor grau os EUA, foram administrados durante quase um século com base em premissas completamente diferentes e alterá-las agora não será fácil. A forte oposição antiequalização por parte da globalização irá torná-lo ainda mais difícil, bem como a assimetria da rendibilidade do trabalho

4. «O vencedor fica com tudo» continuará a ser a regra?

Diz-se muitas vezes que «o vencedor fica com tudo» é uma das características da globalização atual. Porque só assim se poderá explicar as enormes diferenças de rendimentos entre pessoas com sensivelmente as mesmas capacidades. Tal como acontece no ténis, em que uma diferença mínima em termos de nível de competências é suficiente para tornar uma pessoa a número 1 a nível mundial, ganhando milhões, e outra a número 150, cobrindo os custos do seu próprio bolso (ou, mais provavelmente, do dos seus pais) para poder participar em torneios. Uma forma prática de visualizar a regra de «o vencedor fica com tudo» é pensar no redimensionamento das diferentes profissões. Conforme escreve Nassim Taleb em *O Cisne Negro*, as profissões escaláveis são aquelas em que a mesma unidade de trabalho de uma pessoa pode ser vendida muitas vezes ([5]). Um exemplo clássico é o de uma pianista de topo que no passado apenas conseguia vender a sua capacidade àqueles que se deslocavam para a ouvir. Depois, com a invenção do gira-discos, conseguia vendê-la a todos os que comprassem os seus discos; atualmente, através da Internet, do YouTube e da difusão Web, pode vendê-la a praticamente todo o mundo. Aqueles que são pianistas apenas ligeiramente menos bons, ou que talvez não tenham tido tanta sorte, dificilmente serão escutados por alguém. As profissões com trabalho escalável, portanto, criam enormes diferenças de rendimentos dentro da mesma profissão. Além disso, estas diferenças de rendimentos são desproporcionadamente elevadas em comparação com qualquer avaliação objetiva das diferenças de capacidades.

A Figura 5.2 é constituída por um gráfico esquemático que mostra a relação entre a quantidade de vezes que uma unidade de trabalho pode ser vendida (dimensão da escalabilidade) e a classificação de profissões de acordo com a escalabilidade. As profissões mais à esquerda do eixo horizontal são constituídas por trabalho não escalável: um serviço de pedicura apenas pode ser prestado ao cliente que o está a receber; uma refeição, após ser cozinhada e preparada, só pode ser vendida uma vez;

uma viagem de táxi só pode ser vendida a uma pessoa ou grupo de pessoas de cada vez. O seu valor no eixo vertical é 1. Uma pessoa tem de produzir mais destes bens e serviços para poder ganhar mais. O rendimento destas profissões (em comparação com o das de trabalho escalável) é necessariamente limitado, porque o número de unidades que se consegue produzir é limitado pelo número de horas que se consegue trabalhar. Os progressos em matéria de produtividade podem aumentar o número de unidades produzidas por dia, mas não alteram a falta de escalabilidade desses produtos. (Estes podem ser caracterizados como bens e serviços privados, sujeitos a exclusão e rivais. Os bens e serviços escaláveis, pelo contrário, são privados e sujeitos a exclusão, mas não são rivais; ou seja, são bens cujo maior consumo por uma pessoa não reduz a possibilidade de consumo por outra pessoa.)

FIGURA 5.2 Escalabilidade de bens e serviços

Este gráfico mostra a quantidade de vezes que se pode vender a mesma unidade de trabalho em diferentes tipos de atividades. Para aquelas do lado esquerdo do eixo horizontal, uma unidade de trabalho pode ser vendida apenas uma vez; para as do lado direito, pode ser vendida muitas vezes. Quantas mais vezes se puder vender a mesma unidade de trabalho, mais escalável é a atividade. A linha a tracejado mostra o aumento da dimensão da escalabilidade decorrente da evolução tecnológica e da globalização.

À medida que nos deslocamos para a direita no eixo horizontal, chegamos a profissões que são cada vez mais escaláveis. Os nossos exemplos de um jogador de ténis ou de uma pianista a que qualquer pessoa no planeta pode assistir (mediante o pagamento de uma taxa) são os exemplos extremos de escalabilidade. Novak Djokovic e Rafael Nadal não precisam de jogar uma partida por cada espectador: jogam uma partida uma vez e são pagos através de milhões de taxas de venda individuais. A sua unidade de trabalho é escalável a um nível praticamente infinito (ou seja, até 7 mil milhões de pessoas no mundo).

No entanto, se as atividades escaláveis empregassem um número muito reduzido de pessoas, o seu impacto na desigualdade de rendimentos em geral seria limitado. Contudo, com a globalização, há mais profissões que se tornaram escaláveis e, portanto, passaram a empregar mais pessoas. Além disso, a dimensão da escalabilidade aumenta. Este facto pode ser observado por um movimento ascendente da curva na Figura 5.2. A nova curva da escalabilidade é demonstrada pela linha a tracejado que é superior para todas as profissões individuais: uma unidade de trabalho pode agora ser vendida mais vezes do que anteriormente. Como é evidente, se houver mais profissões com desigualdades internas muito acentuadas, a desigualdade de rendimentos em geral tenderá, igualmente, a ser maior. Por conseguinte, as enormes diferenças salariais que existem dentro dos mesmos tipos de profissões são uma combinação de (1) evolução tecnológica, que, em princípio, torna as profissões escaláveis (sem a capacidade de gravar som, a atuação de um pianista não seria escalável), e de (2) globalização, ou seja, a capacidade de chegar a todos os cantos do mundo. Conforme discutido no Capítulo 2, vemos mais uma vez que os efeitos da evolução tecnológica e da globalização não podem ser facilmente separados: as duas, embora conceptualmente distintas, caminham lado a lado.

Talvez a alteração mais importante continue a ser o número crescente de atividades que são escaláveis. Em *O Cisne Negro*, Nassim Taleb apresenta os exemplos de uma prostituta e de um cozinheiro como pessoas cujas atividades não são escaláveis. Mas este já não é necessariamente o caso. Indústrias inteiras cresceram na Internet com pessoas a publicitarem a sua própria nudez ou ensinando a cozinhar e a fazê-lo em simultâneo para milhares de espectadores pagantes ([6]). A questão é a seguinte: a tecnologia aumentou extraordinariamente a capacidade de prostitutas, cozinheiros, treinadores pessoais, professores e muitos outros venderem os seus serviços: um produto rival tornou-se não rival. Ou vejamos o exemplo de pessoas que se tornaram famosas nos meios de comunicação social e agora são pagas por empresas para referirem (ou seja, publicita-rem) os seus produtos. Numa entrevista recente, Josh Ostrovsky, que é famoso pelo seu nome no Instagram «Fat Jew»*, explica a vantagem da escalabilidade: «Eu quero que o maior número possível de pessoas saiba que eu sou muito (...) engraçado, (...) mas porque havia de andar pelo mundo a fazer um espetáculo de *stand-up* para centenas, talvez milha-res, de pessoas quando posso chegar a números muito maiores através do meu Instagram?» [7] Existem algumas atividades que, pelo menos atual-mente, não conseguimos imaginar que se tornem escaláveis: um corte de cabelo é uma delas; a mesma refeição não pode ser comida duas vezes. Mas há muitas coisas, e especialmente serviços, que se tornarão cada vez mais escaláveis.

Contudo, é importante não confundir escalabilidade dos serviços com a capacidade de vender um serviço de forma mais abrangente. Uma cirur-gia pode agora ser realizada remotamente, com um cirurgião em Houston, EUA, a controlar robôs que empunham um bisturi e a operar um doente em Chennai, na Índia. Isto aumenta os rendimentos do cirurgião, mas envolve ainda a venda de uma unidade de trabalho específica uma única vez. O mesmo não se verifica com a capacidade de um professor univer-sitário vender os seus ensinamentos: pode vendê-los em todo o mundo, muitas vezes. Tenho apenas de trabalhar uma vez para preparar a aula, mas posso (se houver interessados) vendê-la milhares ou milhões de vezes na Internet a quem quiser pagar para a ouvir. São estes tipos de profis-sões (professor universitário, *chef*) que se continuarão a expandir com a segunda revolução tecnológica; e, à medida que mais profissões combi-nam a escalabilidade com uma vasta abrangência, a desigualdade salarial tenderá a aumentar.

---

* Literalmente, «Judeu Gordo». [N. *da T.*]

5. Por que motivo é errada a concentração exclusivamente na desigualdade horizontal?

No seu livro *The Killing Fields of Inequality* [*Os Campos da Morte da Desigualdade*], Göran Therborn coloca uma questão intrigante: por que motivo as sociedades ricas têm tido muito mais êxito na redução das desigualdades jurídicas entre vários grupos (negros e brancos, homens e mulheres, heterossexuais e homossexuais) do que na redução das desigualdades gerais em termos de rendimentos e de riqueza? Uma concentração na desigualdade «existencial», ou «categórica», era considerada uma posição radical na Europa do século XIX, onde era associada aos desenvolvimentos pós-1789. Assim que as distinções formais de classes entre o clero, a aristocracia e o povo foram abolidas, defendia-se que não seria necessária uma concentração nas diferenças de rendimentos. Tal como Piketty nos relembra em *O Capital no Século XXI*, esta visão atingiu o seu auge na Terceira República francesa, quando a desigualdade de rendimentos estava a aumentar muito rapidamente, mas a existência de uma igualdade formal era utilizada como argumento contra as tentativas de tomar medidas perante a efetiva desigualdade de rendimentos.

Göran Therborn interroga-se se existe uma relação entre a igualdade existencial e a desigualdade de rendimentos. Será a concretização, ou quase concretização, da primeira considerada um tal sucesso que será esquecida a prossecução da redução das desigualdades em termos de rendimentos e de riqueza? Ou consideramos que a concretização da desigualdade existencial irá, em última análise, traduzir-se, como que de forma automática, numa menor desigualdade de rendimentos? Irá a equalização dos salários médios de mulheres e homens, por exemplo, conduzir a uma menor expansão entre assalariados em geral?

Houve progressos substanciais nos últimos 30 anos em termos de igualdade de tratamento jurídico de diferentes grupos. Por exemplo, não existe oficialmente em nenhum lugar do mundo um regime de *apartheid* e os direitos dos homossexuais estão a ser aceites por um número crescente de países. No entanto, até há cerca de 30 anos, existia o *apartheid* na África do Sul e, até há sensivelmente 40 anos, a Organização Mundial da Saúde inscrevia a homossexualidade na rubrica das doenças mentais. Houve igualmente um enorme impulso em defesa da igualdade «horizontal», que é o termo utilizado em economia para indicar que, em média, não devia haver diferenças salariais entre, por exemplo, homens e mulheres, negros e brancos, heterossexuais e homossexuais. Ou, mais exatamente, se existirem diferenças, devem ser explicadas através de fatores mensuráveis como melhores competências ou maior experiência. Houve igualmente uma enorme evolução neste domínio, embora não tão substancial como na igualdade jurídica. Por exemplo, nos países da OCDE, a disparidade de salários entre homens e mulheres diminuiu de uma média de 20 por cento em 2000 para 16 por cento em 2016 (OCDE 2012, 166) [8].

Contudo, uma concentração quase exclusiva na desigualdade existencial nem sempre é benéfica e, nalguns casos, pode ser totalmente prejudicial para a consecução de uma redução das desigualdades de rendimentos e de riqueza. Registe-se que o êxito na redução da desigualdade de rendimentos diminuiria igualmente as diferenças de rendimentos decorrentes de discriminação racial e de género. Por outras palavras, defender a redução da desigualdade de rendimentos em termos gerais pode ser preferível mesmo que o nosso principal objetivo seja reduzir desigualdades de rendimentos especificamente de natureza racial ou de género. Esta não foi, porém, a abordagem adotada. Em vez disso, a tónica foi colocada nas desigualdades horizontais, enquanto, em termos globais, a desigualdade geral foi deixada «entregue a si própria».

A concentração exclusiva na desigualdade existencial é errada por, no mínimo, três motivos.

Primeiro, uma ênfase em diferenças de grupo rapidamente se propaga a políticas de identidade, fragmentando os grupos que têm interesse em lutar pela mudança. A frente comum desmorona-se, com diversos grupos a concentrarem-se apenas nas respetivas situações; assim que a sua reclamação seja resolvida, ficam indiferentes às dificuldades de outros grupos.

Segundo, uma concentração na desigualdade existencial deixa o problema básico por resolver, porque a forma como coloca a questão está errada. Tomemos como exemplo os debates relacionados com a legalização da prostituição. Para muitas feministas e outras pessoas, a prostituição é uma atividade condenável que gostariam de proibir, desincentivar através da educação ou travar a procura mediante a punição dos clientes, que são predominantemente masculinos. A questão é enquadrada em termos de género. No entanto, esta abordagem apenas empurra o problema para a clandestinidade sem o resolver. Além disso, é inútil, pois a principal causa da prostituição não é resolvida. A fonte do problema atualmente (e talvez ao longo da história) é a desigualdade de rendimentos e de riqueza. Há muitos (maioritariamente) homens com rendimentos elevados e muitas mulheres (maioritariamente jovens) com fracas perspetivas de emprego e sem dinheiro. Esta situação impulsiona a prostituição a nível nacional e mundial, como o turismo sexual – contexto em que é mais óbvia. O importante não é abordar a desigualdade em termos de género em si, mas a sua causa económica. Pensemos no que aconteceria se a igualdade de rendimentos horizontal entre homens e mulheres fosse alcançada, algo que poderá acontecer em breve, tendo em conta as taxas de licenciatura mais elevadas entre as mulheres do que entre os homens e os números crescentes de mulheres ricas. A prostituição poderia transformar-se numa situação em que, em vez de 90 por cento dos clientes serem homens e 90 por cento dos trabalhadores do sexo serem mulheres, haveria uma distribuição «justa» e «neutra em termos de género» de clientes e trabalhadores, com 50 por cento de homens e 50 por cento de mulheres. Os ativistas antiprostituição ficariam agradados com este resultado? É óbvio que não: a prostituição tornar-se-ia simplesmente equilibrada em termos de género. Este cenário hipotético revela que a verdadeira causa do problema se encontra noutro local, na desigualdade de rendimentos e de riqueza, não apenas na disparidade de rendimentos entre homens e mulheres.

Terceiro, uma ênfase na igualdade existencial é relativamente fácil em termos políticos (e os seus resultados são limitados), porque não vai ao fundo da questão. Não enfrenta verdadeira oposição dos políticos da direita e conservadores porque não afeta a estrutura subjacente do poder económico e político. Em vez de lutarem por uma alteração significativa, os proponentes da igualdade existencial preocupam-se apenas até ao ponto em que é estabelecida a igualdade jurídica. Dão pouca importância a questões em que, nos últimos 30 anos, a evolução tem sido muitas vezes mínima, especialmente nos EUA, mas que alterariam o rácio salário/lucro em favor do trabalho e, portanto, enfrentariam a forte oposição das empresas (por exemplo, mais dias de férias *para todos*, menos horas de trabalho por semana *para todos*, licenças de maternidade e de paternidade mais longas e melhores condições de trabalho *para todos* os pais e mães, um salário mínimo mais elevado *para todos*). Em rigor, os capitalistas também sabem que a igualdade existencial é do seu interesse; a discriminação é ineficiente para os empregadores que a praticam. Por outro lado, medidas gerais que melhorem a posição dos trabalhadores não agradam aos que detêm poder económico. Portanto, os proponentes da igualdade existencial ficam a meio do caminho. A igualdade formal é, sem dúvida, uma condição necessária para uma melhoria geral. No entanto, não é suficiente. Um movimento no sentido de uma equalização mais generalizada da condição humana exige não só igualdade jurídica entre os diferentes grupos em que os humanos se dividem, mas também uma igualdade de rendimentos e de riqueza substancialmente maior.

A igualdade existencial é equivalente ao que John Rawls apelida de «igualdade meritocrática» – aquilo que considera como o nível inferior de igualdade, em que todos os participantes são legalmente livres de seguir qualquer carreira que escolham, mas em que as posições de partida são muitas vezes bastante diferentes. Aqueles que se preocupam exclusivamente com «identidades» procuram colocar toda a gente na mesma linha de partida, mas não se preocupam que alguns aí cheguem de Ferrari e outros de bicicleta. O seu trabalho está feito assim que todos estejam na mesma linha de partida. Caso encerrado: precisamente quando os verdadeiros problemas começam.

6. O trabalho continuará diferente dos outros fatores de produção?

No que se refere ao trabalho e à migração, a governação a nível mundial praticamente de qualquer tipo é inexistente. Pelo contrário, existem instituições mundiais que se dedicam ao desenvolvimento económico (o Banco Mundial), à balança de pagamentos e dívida internacional (o Fundo Monetário Internacional), à saúde (a Organização Mundial da Saúde), ao comércio, incluindo em termos de direitos de propriedade intelectual (a Organização Mundial do Comércio), aos bancos centrais (o Banco de Pagamentos Internacionais) e agora ao comércio regional (os acordos comerciais do Atlântico e do Pacífico). Quanto ao trabalho, a Organização Internacional do Trabalho, que é a mais antiga de entre as instituições aqui mencionadas, tem pouco poder e lida principalmente com leis laborais nacionais. A Organização Internacional para as Migrações é uma guardiã de contas e estatísticas, seguindo rigorosamente todas as catástrofes, em vez de ser uma construtora de políticas. O motivo para esta falta de instituições multilaterais no que se refere ao trabalho e à migração é óbvio: os países ricos e poderosos não têm interesse em abordar este assunto. Mas ignorar o problema seguindo a «política da avestruz» está a tornar-se mais difícil, à medida que a globalização torna as pessoas mais conscientes das diferenças gritantes nos níveis de vida nacionais e a distância física é um obstáculo muito menor do que alguma vez foi. A Europa, que enfrenta um êxodo proveniente de África e, mais recentemente, do Médio Oriente e do subcontinente indiano, será provavelmente a primeira a começar a definir uma política multilateral sobre o movimento das pessoas. No entanto, ao contrário do que está previsto neste momento (multilateralismo apenas entre os Estados-Membros da UE), essa política tem de incluir igualmente os países de origem. Um mundo com uma migração mais organizada, e com possíveis quotas ao nível dos países de origem e de acolhimento, deve ser o objetivo.

Para que tal alteração se torne viável, temos de mudar o caráter binário das regras atuais relativas à cidadania nacional (conforme discutido no Capítulo 3). Com algumas exceções, a cidadania confere atualmente à pessoa que a obtém os mesmos direitos e deveres gozados por todos os outros cidadãos. É esta natureza binária da cidadania que faz com que os cidadãos atuais se sintam relutantes em partilhar a sua «renda de cidadania» com os migrantes: em termos monetários, as cidadanias dos países ricos são muito valiosas. Estão a ser construídos muros físicos entre jurisdições devido, em parte, ao enorme muro financeiro que se ergue entre o ser e o não ser cidadão de um país rico. Porém, os cidadãos dos países ricos poderiam ser mais abertos à migração estrangeira se este muro financeiro pudesse ser reduzido através da introdução de um nível intermédio de cidadania que fosse menos valioso (porque, por exemplo, poderia implicar uma tributação mais elevada, acesso mais restrito a serviços sociais ou uma obrigação de regressar para trabalhar no país de origem a intervalos periódicos). Uma política deste género traria para a globalização o fator de produção esquecido, o trabalho, e diminuiria, através da migração, a pobreza e a desigualdade no mundo. Para que tal aconteça, há duas alterações que são essenciais: (1) a redefinição de cidadania e (2) um multilateralismo que envolva os países de origem e de acolhimento.

Mas mesmo que a migração se tornasse mais comum do que é atualmente, ainda é extremamente improvável que a alteração fosse tão significativa que conduzisse a uma abertura plena das fronteiras e a uma situação em que as taxas de crescimento do PIB dos países pobres deixariam de ser relevantes porque as pessoas poderiam simplesmente sair sempre que quisessem. Portanto, o crescimento dos países pobres continuará a ser de importância vital. Abordamos esse assunto de seguida.

7. O crescimento económico continuará a ser importante?

O crescimento económico continuará a ser bastante importante no próximo século: é a ferramenta mais importante para a redução da pobreza e da desigualdade no mundo (bem como para a redução da pobreza a nível nacional). Dificilmente se pode sobrestimar a sua importância nos países mais pobres como forma de melhorar a vida das pessoas comuns. O menosprezo do crescimento que emerge de vez em quando surge principalmente de pessoas ricas em países ricos que consideram poder prescindir de mais crescimento económico. No entanto, estas pessoas estão iludidas ou são hipócritas: o seu próprio comportamento (por exemplo, quando negoceiam os seus salários e honorários) demonstra que se preocupam de facto com incentivos materiais. Além disso, se o crescimento não fosse necessário, por que motivo não celebraríamos a recessão em vez de tentar sair dela? Se o crescimento não fosse importante, por que motivo o debate do referendo sobre a independência da Escócia, ou dos possíveis futuros referendos sobre a permanência do Reino Unido na União Europeia ou sobre a secessão da Catalunha de Espanha, se centra em assuntos económicos e frequentemente é decidido por estes? Se as pessoas ricas se preocupam com o crescimento económico e dos rendimentos, porque não haveriam de o fazer ainda mais afincadamente as pessoas pobres?

Aqueles que estão a apelar a um abrandamento do crescimento devido a preocupações ambientais são, muitas vezes, eles próprios os que mais contribuem para a degradação ambiental e o aquecimento global. Basta pensar na hipocrisia das conferências sobre neutralidade do carbono, em que os organizadores tentam convencer os abastados participantes a não se sentirem mal por apanharem voos de 15 horas para chegar à conferência se pagarem as chamadas compensações pelas emissões de carbono – uma prática semelhante à antiga compra de indulgências para expiação dos pecados na Igreja Católica. Se analisarmos a quantidade de atividades de climatização do ar, de condução e de consumo de carne realizadas a nível mundial pelos 1 ou 10 por cento de topo, percebemos que os ricos são os que mais contribuem para as alterações climáticas. Contudo, são frequentemente os que apelam a uma redução do crescimento (implicitamente, tanto nos países ricos como nos pobres) com base na insustentabilidade ecológica eventual de um mundo em que os pobres de hoje gozassem do nível de vida dos ricos de hoje.

Existe uma discrepância nas emissões de carbono que raramente é reconhecida e sobre a qual não existe investigação empírica, apesar da disponibilidade de dados. Poderia facilmente calcular-se a distribuição de emissões de CO_2 pela população mundial por classe de rendimentos e não, como acontece atualmente, por país. Se a elasticidade dos rendimentos das emissões de carbono for unitária (ou seja, um aumento de 10 por cento nos rendimentos reais pressupõe um aumento de 10 por cento nas emissões de carbono), então o coeficiente de Gini das emissões de carbono mundiais é de cerca de 70 pontos, o que significaria que mais de metade de todas as emissões tem origem nos 10 por cento de topo a nível mundial [9]. Praticamente todas as pessoas que se encontram no decil de topo mundial são, como sabemos, dos países ricos. Não de África.

Taxas de crescimento económico elevadas continuarão a ser essenciais, especialmente para os países pobres em África e uns quantos na Ásia e na América Central. Por conseguinte, a nossa principal preocupação não deve ser como gerir um abrandamento do crescimento, mas sim como aumentar as taxas de crescimento nos países muito pobres. Existe igualmente uma ligação direta entre as taxas de crescimento dos países pobres e a pressão migratória discutida anteriormente. Se o crescimento dos países pobres melhorar, também resolveremos mais facilmente o problema da procura reprimida de migração, bem como outros problemas políticos associados à migração nos países de acolhimento. Tal significaria menos política populista e frequentemente xenófoba na Europa e uma menor utilização da migração como arma política nos EUA.

É importante compreender que é necessário realizar um exercício exímio de equilíbrio entre três variáveis: taxas de crescimento dos países pobres (e populosos), migração e sustentabilidade ambiental. A migração e o desenvolvimento dos países pobres são, do ponto de vista da pobreza e da desigualdade no mundo, equivalentes: as pessoas pobres ficariam mais ricas, quer nos seus próprios países ou em qualquer outro local. Politicamente, como é óbvio, não são equivalentes. Contudo, este objetivo positivo de aumentar os rendimentos das pessoas tem de ser contrabalançado com a garantia de que é ecologicamente sustentável. Tal exigiria, em princípio, os maiores sacrifícios aos ricos. Por outras palavras, se, devido às melhorias no nível de vida dos pobres de hoje (quer através de migração ou de um crescimento mais rápido em África e na Ásia), o equilíbrio ecológico for perturbado, devem ser impostos entraves ao crescimento dos ricos. Tenho consciência de que se trata de uma proposta especialmente pouco popular para se fazer enquanto a Grande Recessão ainda decorre ou mal terminou, mas a lógica subjacente parece-me incontestável.

8. Irá a preocupação com a desigualdade desaparecer da economia?

Até há poucos anos, a preocupação com a desigualdade poderia parecer apenas «o assunto do mês» ou, quando muito, do ano e que, à medida que os meses e os anos passassem, os economistas iriam passar para outro tema. Considero que esta deixou de ser uma opinião razoável.

Primeiro, ocorreram avanços metodológicos na economia, graças à reintrodução da desigualdade na forma de pensar dos economistas, que serão difíceis de esquecer ou ignorar. A economia está a passar de uma preocupação quase unânime com agentes representativos e médias para uma preocupação com a heterogeneidade. E assim que se entra no território da heterogeneidade, está a lidar-se com a desigualdade. Não é preciso ser desigualdade apenas em termos de riqueza e de rendimentos; pode ser desigualdade em termos de educação, estado de saúde, resultados de QI e de provas de aptidão académica, confiança, corrupção ou qualquer outra coisa. Contudo, como já não se pensa apenas em termos de médias, a perspetiva que se tem do mundo muda drasticamente. Pode ser comparado a passar-se de um mundo bidimensional para um tridimensional.

Neste momento, estas preocupações estão profundamente enraizadas nas novas gerações de economistas e cientistas sociais. Os economistas estão a incluí-las nas suas dissertações, projetos de investigação e documentos empíricos e, à medida que estes projetos a longo prazo vão sendo concluídos e à medida que a nova geração começa a assumir cargos académicos e de investigação, o paradigma irá mudar gradualmente. A substituição de um paradigma antigo demora muito tempo; por vezes, requer que um acontecimento económico importante revele a discrepância existente entre aquilo que um paradigma ensina e como o mundo realmente funciona. (Foi precisamente isso que a Grande Recessão fez ao paradigma do agente representativo de maximização dos rendimentos que vivia infinitamente com informações perfeitas.) O novo paradigma baseado na heterogeneidade e na desigualdade, que está atualmente a ser criado, demorará algum tempo a impor-se, mas, por outro lado, não será fácil de substituir.

O crescente interesse pela desigualdade estimulou igualmente uma importante alteração ideológica em que, além de observarmos as semelhanças entre as pessoas, observamos também as diferenças. Já não tentamos dissimular as diferenças entre agentes económicos, empresas ou indivíduos através do processo de médias, ou seja, analisando as médias do grupo. Em vez disso, fazemos exatamente o contrário: tentamos revelar diferenças. Assim que começamos a ver o mundo através destas novas lentes, não conseguimos voltar atrás, às formas antigas.

9. Porque é que o nacionalismo metodológico se está a tornar menos relevante?

O conceito de nacionalismo metodológico é utilizado para transmitir a ideia de que, na investigação das ciências sociais, muitas vezes tomamos o Estado-nação como uma unidade de análise natural. Portanto, a desigualdade de rendimentos, como vimos no presente livro, é medida com frequência ao nível de um país, os efeitos das políticas económicas são comparados entre diferentes países, as despesas públicas ou as importações e exportações são calculadas para países, etc. De facto, para muitas variáveis económicas faz sentido utilizar o país como a unidade de observação, não só porque as contas são feitas dessa maneira mas também porque a maioria das políticas é executada por governos nacionais – ou seja, não por organismos supranacionais nem por governos locais ou regionais.

Contudo, em muitas outras situações, o nacionalismo metodológico está a tornar-se menos importante ou poderá revelar-se diretamente contraproducente para a nossa compreensão dos novos fenómenos. Vejamos alguns exemplos em que o nacionalismo metodológico não é útil ou não pode ser aplicado. Talvez o melhor exemplo seja a introdução do euro. De um dia para o outro, as estatísticas monetárias de países individuais (a chamada base monetária, M0, ou a moeda em sentido lato, M2), que durante décadas foram indicadores-chave das políticas nacionais, desapareceram. Já não existiam autoridades monetárias nacionais separadas ou séries monetárias para França, Itália ou Espanha. Ninguém sabe ao certo quantos euros em numerário são detidos atualmente em Espanha por oposição à Alemanha. Outra forma de os governos poderem perder toda ou parte da política monetária nacional é através da adoção da moeda de outro país (como fizeram o Panamá e o Peru em relação ao dólar norte-americano). A Reserva Federal norte-americana estima que circulem cerca de 1,3 biliões de dólares norte-americanos fora dos EUA [10]. Qualquer pessoa que já tenha viajado para a Rússia deve ter reparado que, apesar dos 25 anos de capitalismo e da livre circulação de rublos, muitas transações são feitas, e os preços indicados, em dólares norte-americanos. Uma vez que os dólares representam poder de compra real e é pouco provável que regressem aos EUA em breve, a política monetária russa tem de ter em conta a sua existência. Por outras palavras, limitam a capacidade das autoridades nacionais conduzirem a política monetária [11].

Ou vejamos o exemplo das leis da UE que substituem as leis nacionais ou exigem uma harmonização entre as leis de diferentes países. O nacionalismo metodológico é claramente inadequado para esta situação. É igualmente pouco clara a relevância que as importações e exportações nacionais têm numa economia integrada e globalizada em que as grandes empresas, mediante a determinação dos preços de transferência ou «exportações» e «importações» internas concebidas para minimizar os impostos, podem afetar fortemente as estatísticas comerciais nacionais, indicando que as exportações de um país são superiores ou inferiores sem que nada tenha sido efetivamente transacionado. Da mesma forma, se, por exemplo, uma percentagem elevada das exportações de um país for proveniente de empresas que são propriedade de estrangeiros (como acontece na Irlanda), as estatísticas relativas às exportações podem parecer elevadas e o Produto Interno Bruto pode aumentar, mas o Produto Nacional Bruto (que inclui apenas os rendimentos de cidadãos) pode ser muito inferior ou pode apresentar um comportamento diferente do PIB. De facto, na Irlanda a diferença entre o PIB e o PNB é de cerca de 20 por cento. Com o aumento da globalização, a discrepância entre o PIB e o PNB irá tornar-se mais comum. A situação torna-se ainda menos clara quando nos interrogamos sobre quem são estes cidadãos estrangeiros. Muitas pessoas têm dupla nacionalidade e muitas residem em vários países diferentes. Consequentemente, o rendimento líquido dos fatores (a rendibilidade dos investimentos) que sai da Irlanda pode aparentar ir para os cidadãos dos EUA se a empresa aí estiver registada, mas pode acontecer que esses residentes nos EUA sejam igualmente cidadãos russos que possuem uma residência fiscal nas Baamas. Estes rendimentos que saíram da Irlanda foram para os EUA, a Rússia ou as Baamas? Quando o rendimento mais importante são serviços financeiros e a saída líquida dos fatores visa ocultar indivíduos sob empresas de fachada nas Ilhas Caimão (ou no Luxemburgo, onde o PNB representa apenas dois terços do PIB), o assunto torna-se ainda mais complexo. Conforme salientado por Gabriel Zucman (2015), é intencionalmente tornado complexo, para que os rendimentos sejam impossíveis de detetar e se proceda à evasão fiscal.

A diferença entre a cidadania original, geralmente conferida pelo local de nascimento, e a cidadania ou residência atual, embora afete apenas 3 por cento da população mundial, põe em causa até os indicadores estatísticos mais respeitáveis, como o PIB e o PNB. Clemens e Pritchett (2008) alegam que o produto «nacional» deve ser calculado de acordo com as pessoas que nasceram num determinado país e não, como acontece atualmente, de acordo com as pessoas que residem presentemente no país. Por exemplo, pode existir uma grande disparidade entre os rendimentos *per capita* das pessoas que nasceram nas Filipinas e os dos atuais residentes nesse país.

A circulação transfronteiras de pessoas, rendimentos e capitais conduz a questões estatísticas que eram totalmente desconhecidas até há cerca de 20 ou 30 anos. Os agregados familiares mexicanos apresentam, entre as suas transferências sociais, pensões recebidas por mexicanos que trabalharam nos EUA, mas que, entretanto, se reformaram e regressaram ao México. Devemos tratar estas pensões da mesma forma que tratamos as pensões mexicanas «normais», dando assim uma ideia errada sobre a dimensão e a distribuição das transferências sociais mexicanas? Ou devemos tratá-las como remessas, apesar de as remessas serem transferências sem contrapartida entre diferentes indivíduos e não (como as pensões) um pagamento por serviços passados entregue à mesma pessoa? O México e os EUA são apenas um par representativo: o mesmo problema surge noutras partes do mundo onde uma percentagem significativa da população nacional trabalha ou trabalhou no estrangeiro.

Os estudos sobre a desigualdade no mundo transcendem os limites do nacionalismo metodológico. Contudo, como verificámos neste livro, a melhor forma de entender o nível mundial é como uma camada nova e adicional por cima das camadas nacionais. O nível mundial pode, em muitos casos, ser mais útil para estudos, mas a análise ainda não pode prescindir do Estado-nação. Por exemplo, vimos nos Capítulos 2 e 3 como as desigualdades dentro de países e entre países, respetivamente, entram no cálculo da desigualdade no mundo e como ambas ainda são importantes. Porém, assim que estamos recetivos a observar o mundo no seu conjunto em vez de o observarmos como uma aglomeração de Estados-nação, há uma série de assuntos que surge sob uma luz nova e mais reveladora. Discutimos no Capítulo 3 dois exemplos deste género: o Estado de direito e a igualdade de oportunidades. Acreditar que os ricos têm sempre interesse em lutar pelo Estado de direito ou pelos direitos de propriedade nos seus próprios países poderá ter feito sentido quando a circulação transnacional de capitais era difícil ou impossível. Atualmente, já não faz sentido. A igualdade de oportunidades não pode ser um objetivo limitado ao nível do Estado-nação. Temos de a procurar a nível mundial.

À medida que o mundo se torna mais integrado, muitas mais destas revisões afetarão as ferramentas económicas básicas que utilizamos. Já referi anteriormente que as contas nacionais se tornarão menos relevantes e que a política monetária pode já não ser conduzida por Estados. (E podemos ainda refletir sobre o papel que poderá desempenhar o dinheiro privado como o Bitcoin.) No entanto, mesmo conceitos económicos essenciais como «vantagem comparativa», que se baseia num pressuposto implícito de nacionalismo metodológico, ou seja, de contabilidade nacional e imobilidade de alguns fatores de produção, poderão ter de ser revistos. Num mercado único, tanto o vinho como os tecidos seriam, segundo o famoso exemplo de David Ricardo, produzidos em Portugal, porque os trabalhadores e as máquinas mudar-se-iam todos para lá (e não ficaria nenhum em Inglaterra). À medida que o mundo se altera e se torna mais integrado, as nossas formas de pensar e as ferramentas que utilizamos para compreendê-lo tornam-se obsoletas. São necessárias novas formas de observar a realidade na era da globalização. Este livro é um pequeno passo nessa direção.

10. A desigualdade irá desaparecer à medida que a globalização prossegue?

Não. Os ganhos obtidos com a globalização não serão distribuídos de forma equitativa.

NOTAS

1. A ascensão da classe média mundial e dos plutocratas mundiais

Epígrafe: Geminiano Montanari, *Della Moneta*: *trattato mercato* (1683), citado em Marx (1973, 782).

[1] O rendimento *per capita* dos agregados familiares é calculado somando o rendimento anual auferido por todos os membros do agregado familiar e dividindo pelo número de membros do agregado familiar.

[2] Uma comparação com o período imediatamente anterior à Primeira Guerra Mundial é instrutiva. Em 1913, as exportações representavam uma percentagem do PIB mundial de cerca de 9 por cento; quase exatamente 100 anos depois, em 2012, representavam 30 por cento. Os bens estrangeiros representavam 17,5 por cento do PIB mundial em 1914; representavam 57 por cento em 1995 e provavelmente são ainda mais elevados hoje (Crafts 2000, 26–27). Apenas a mão de obra tem menor mobilidade atualmente: os movimentos anuais de trabalhadores entre países são, apesar do recente aumento de migrantes e refugiados, inferiores ao que eram há 100 anos.

[3] É impressionante (mas não é esse o nosso tema) que, para cada decil contabilizado, o crescimento do rendimento real foi maior na China urbana e na Indonésia urbana do que na China rural e na Indonésia rural, o que significa que a disparidade entre urbano e rural, já grande em ambos os países, aumentou ainda mais.

[4] Em todos estes países, os rendimentos médios aumentaram ainda mais do que a mediana, o que resultou no aumento da desigualdade. (As distribuições de rendimentos estão todas desviadas para a direita; ou seja, têm uma cauda longa do lado direito, e em tais distribuições a média é sempre maior que a mediana. Quando a média aumenta mais do que a mediana, a distribuição torna-se mais enviesada e desigual.)

[5] A OCDE é uma organização económica e política que inclui países ricos da Europa Ocidental, o Japão, a Oceânia (Austrália e Nova Zelândia) e a América do Norte (o que apelidamos de «velha rica» OCDE), assim como membros mais recentes da Europa de Leste e o Chile, o México e a Coreia do Sul.

[6] O cálculo é o seguinte: os 1 por cento de topo a nível mundial são constituídos por quase 70 milhões de pessoas, das quais cerca de 36 milhões são norte-americanas. Este número, 36 milhões, corresponde a 12 por cento da população norte-americana.

(⁷) A literatura é vasta. É suficiente citar três relatórios pormenorizados da OCDE: *Growing Unequal?* [*Crescimento Desigual?*] (2008), *Divided We Stand* [*Divididos Venceremos*] (2011) e *In It Together* [*Nisto Juntos*] (2015). Note-se o contraste entre o segundo e o terceiro títulos.

(⁸) Para os diferentes testes da «curva elefante», ver Lakner e Milanovic (2013).

(⁹) O número 100 no eixo horizontal refere-se ao topo, o percentil 100. O número 99 refere-se às pessoas entre o valor anterior no eixo horizontal (percentil 95) e o percentil 99. Consequentemente, inclui os percentis 96 a 99, ou os 2 a 5 por cento de topo.

(¹⁰) Convém recordar ao leitor que os 1 por cento de topo a nível mundial são compostos quase inteiramente por pessoas ricas das economias avançadas.

(¹¹) Note-se que na comparação dos rendimentos indicados nos inquéritos aos agregados familiares falamos da China urbana, não de toda a China. Até 2013, a China realizava dois inquéritos separados aos agregados familiares, um para as áreas rurais e outro para as áreas urbanas, que os investigadores com muita dificuldade, e recorrendo a muitos pressupostos, conseguiam conjugar de forma a representarem a China como um todo. No meu trabalho, optei por tratar os dois inquéritos em separado, não só porque não são idênticos na sua conceção, mas também porque os níveis de preços na China rural e urbana são diferentes e porque a China não faculta os dados dos inquéritos aos agregados familiares que seriam necessários para que a combinação dos dois inquéritos fosse conduzida com algo semelhante a precisão. Os resultados do inquérito de 2013 a toda a China ainda não tinham sido publicados à data em que o presente livro foi escrito (janeiro 2015).

(¹²) Baseado em estimativas de Angus Maddison para 1890 (Maddison Project 2013).

(¹³) Com base em inquéritos aos agregados familiares, o rendimento médio chinês em 2012 era de sensivelmente 4300 dólares, em comparação com uma média na UE de 14 600 dólares (todos os valores em dólares internacionais de 2011 com base no Projeto de Comparação Internacional do mesmo ano). Pressupondo um crescimento médio de 1 por cento para a UE e de 5 por cento para a China, os dois rendimentos irão convergir dentro de 31–32 anos.

(¹⁴) Edward Gibbon descreveu muito bem a primeira inversão de destinos, quando se questionou o quão bizarro seria uma pessoa da Antiguidade Tardia imaginar uma situação em que todo o subcontinente da Índia fosse governado por uma empresa de mercadores de uma pequena e remota ilha do mar do Norte: «Desde o reinado de Aurangzeb, o império hindu foi dissolvido, os tesouros de Deli foram saqueados por ladrões persas e o mais rico dos reinos é agora propriedade de mercadores cristãos, de uma ilha remota do mar do Norte» (Gibbon 1996, 3:853*).

(¹⁵) Os super-ricos não estão incluídos nos inquéritos aos agregados familiares por duas razões. O facto de serem em número tão reduzido (por exemplo, os EUA têm cerca de 500 multimilionários) faz com que seja muito improvável a sua inclusão em inquéritos

---

* Estas referências remetem para versão inglesa, uma vez que a citação aqui presente, traduzida livremente, não está incluída na versão (abreviada) desta obra publicada em Portugal. [*N. da T.*]

aleatórios nacionais. Até os censos à população dos EUA (os «US Current Population Census»), que têm uma amostra relativamente grande de 80 mil agregados familiares (200 mil pessoas), teriam uma hipótese insignificante de entrevistar um multimilionário (3 em 10 000). Em segundo lugar, considera-se que os ricos ou muito ricos estejam menos disponíveis, mesmo que sendo selecionados, a aceitarem ser entrevistados (apesar de os dados serem anónimos). Ver também o Excurso 1.1 sobre os dados de inquéritos aos agregados familiares.

([16]) São ligeiramente mais de 80 por cento as pessoas nos 1 por cento de topo a nível mundial que vêm de países WENAO (Europa Ocidental, América do Norte e Oceânia).

([17]) Ambos os tipos de dados sobre rendimentos excluem ganhos e perdas de capital. A WTID está disponível em http://topincomes.parisschoolofeconomics.eu/.

([18]) Dados do LIS para 2010 (disponíveis em http://www.lisdatacenter.org/). A disparidade entre os 9,4 por cento da parcela dos 1 por cento de topo nos rendimentos antes de transferências e de impostos para os Estados Unidos, calculados a partir de inquéritos aos agregados familiares, e os cerca de 17 por cento para o mesmo ano que Alvaredo et al. (2013, fig. 1) calculam a partir de fontes fiscais dos EUA pode ser explicada por dois fatores: a diferença entre unidades de receção (unidades fiscais vs. a métrica *per capita* aqui utilizada) e a subestimação da parcela dos rendimentos de topo em inquéritos aos agregados familiares.

([19]) No que se refere aos EUA, 19 por cento da população possui uma riqueza líquida negativa ou zero (Wolff 2010, 43, apêndice B); em relação à Alemanha, a percentagem é de 27 por cento (Frick e Grabka 2009, 64, quadro 1).

([20]) Para alguns ricos, as mudanças na riqueza podem ser negativas (como quando a bolsa de valores cai), embora ainda possam manter milhares de milhões em riqueza líquida.

([21]) Não há uma métrica (rendimentos, consumo ou riqueza) que seja melhor do que a outra. Temos sempre de ponderar a acessibilidade e fiabilidade dos dados e o seu significado. Portanto, quando se considera o poder político da plutocracia, são certamente os dados da riqueza que são mais reveladores. Mas, se estivermos interessados no nível de vida de 95 ou 99 por cento das pessoas, utilizar os rendimentos ou o consumo faz muito mais sentido.

([22]) As segunda e terceira estimativas são baseadas, respetivamente, em Lakner e Milanovic (2013) e Zucman (2013).

([23]) Precisamos deste pressuposto sobre a rendibilidade dos bens para nos afastarmos da estimativa de Zucman (2013) sobre o património de capital oculto e nos aproximarmos de uma estimativa de rendimentos anuais recebidos destes bens ocultos.

([24]) Em análises da riqueza, usamos dólares nominais (ou seja, reais) em vez de dólares PPP. A lógica, apresentada por Davies et al. (2011) no primeiro estudo sobre desigualdade em termos de riqueza a nível mundial, é que para o «poder de compra» da riqueza, e sobretudo dos maiores detentores de riqueza, apenas importam os preços mundiais e não os nacionais. Quando se pensa nos super-ricos, este facto é bastante óbvio: consomem bens e serviços para os quais os preços são sensivelmente os mesmos a nível mundial.

([25]) Ver http://www.forbes.com/sites/seankilachand/2012/03/21/forbes-history-the--original-1987-list-of-international-billionaires/. A estimativa de 450 mil milhões de

dólares é obtida somando cerca de 290 mil milhões de dólares da lista de multimilionários estrangeiros a menos de 220 mil milhões de dólares relativos aos EUA (o total de
1987 da lista de riqueza norte-americana é de 220 mil milhões de dólares, mas inclui
pessoas com riqueza inferior mil milhões de dólares).

[26] De 450 mil milhões de dólares nominais de entre 16,4 biliões de dólares do PIB
mundial (2,7 por cento) para 4,5 biliões de dólares de entre um PIB mundial de 73 biliões de dólares (6,1 por cento).

2. A desigualdade dentro dos países

Epígrafe: Kuznets (1955, 21).

[1] Simon Kuznets declarou a sua hipótese pela primeira vez em 1955 no discurso
presidencial dirigido à American Economic Association; mais tarde, reafirmou-a e expan-
diu-a (Kuznets 1966). Um precursor importante de Kuznets é Sergey N. Prokopovitch,
cujo artigo de 1926 no *Economic Journal* comparava desigualdades de rendimentos nos
EUA (1910, 1918), Austrália (1914–1915) e Prússia e Saxónia (1913). Escreveu: «Existe
uma relação definitiva [negativa] entre [o nível médio de rendimentos de um país] e os
níveis de desigualdade» (p. 78), descrevendo assim o segmento descendente da curva de
Kuznets. Kuznets mencionou o artigo de Prokopovitch no seu discurso (1955, 5). Há
imensa literatura sobre a curva de Kuznets; não vou debruçar-me sobre ela, a menos
que trate estritamente da questão em causa.

[2] Numa crítica ao livro de Tinbergen, Sahota (1977, 726) escreveu: «As projeções
de Tinbergen para 1990 indicam que, devido meramente às forças de oferta e procura
[a longo prazo], as rendas que foram ganhas pelos trabalhadores com formação universitária chegarão ao fim».

[3] O coeficiente de Gini é a medida mais popular da desigualdade de rendimentos.
Toma em consideração a distribuição total (ou seja, os rendimentos de todos), ao contrário, por exemplo, de medições baseadas nas parcelas dos rendimentos de topo, que
ignoram toda a distribuição, exceto o topo. O coeficiente de Gini varia de 0, para o caso
teórico em que todos têm os mesmos rendimentos, a 1, para o caso igualmente teórico
em que um indivíduo possui todos os rendimentos de um país. O coeficiente de Gini é
frequentemente expresso em percentagem (por exemplo, 41 em vez de 0,41) e é referido
simplesmente como Gini. Quando o Gini aumenta de, digamos, 30 para 33, dizemos
que aumentou 3 pontos de Gini. No mundo real, os valores de Gini vão desde os 20 e
muitos (nos países escandinavos e da Europa Central) até meados de 60 (na África do
Sul, Namíbia e Colômbia).

[4] Piketty não afirma de facto que a desigualdade aumenta necessariamente sob o
capitalismo, mas é compreensível que se infira tal afirmação porque ele presta pouca
atenção às forças económicas autónomas que podem moderar a desigualdade. Alguns
comentadores assumem, então, que Piketty acredita que elas não existem. Mas isso não
é verdade: podemos realmente calcular qual o estado estacionário máximo de desigualdade que haveria no sistema de Piketty. Suponhamos que o rácio capital/produção em

NOTAS | 253

estado estacionário nos EUA rondava os 10 (com o rácio das economias do PIB a 10 por cento e a taxa de crescimento do PIB a 1 por cento). Este é cerca do dobro do atual rácio capital/produção nos EUA. Com a taxa de rendibilidade padrão real de Piketty a 5 por cento, o rendimento do capital iria representar metade do rendimento líquido. Além disso, com a atual concentração de coeficientes de rendimento do capital e do trabalho, respetivamente cerca de 0,8 e 0,4, o coeficiente de Gini seria 60 (0,5 × 80 + 0,5 × 40). Este é o nível da desigualdade existente hoje no Brasil e na África do Sul.

(^{5}) O mesmo se aplica às sociedades modernas (como veremos adiante), mas por razões diferentes.

(^{6}) A fórmula para o valor de Gini máximo exequível é $\frac{\alpha-1}{\alpha}$ em que α representa o número de vezes que o rendimento médio é maior do que a subsistência. Para $\alpha = 2$, o Gini máximo é 0,5; para $\alpha = 10$, o Gini máximo é 0,9. Se usarmos o valor padrão para o nível de subsistência de cerca de 400 dólares internacionais por pessoa por ano, o rendimento médio atual nos EUA seria 100 vezes maior, por isso o valor de Gini máximo seria 0,99, ou quase igual a 1.

(^{7}) Kuznets afirmou: «É ainda mais plausível afirmar que o recente estreitamento da desigualdade de rendimentos observado nos países desenvolvidos se deveu a uma combinação da redução intersetorial das desigualdades no produto por trabalhador, a uma diminuição da parcela dos rendimentos de propriedade nos rendimentos totais dos agregados familiares e a mudanças institucionais que refletem decisões que dizem respeito à segurança social e ao pleno emprego» (1966, 217).

(^{8}) As forças malignas e benignas foram reunidas como explicação para a emergência do Estado-Providência moderno por Max Beloff (1984) num livro influente com o título, não surpreendente, *Wars and Welfare: Britain 1941–1945* [*Guerras e Estado- -Providência: Grã-Bretanha 1941–1945*].

(^{9}) A nossa utilização dos termos «serviços» ou setor «terciário» é problemática, precisamente porque engloba sob a mesma designação uma variedade incrível de empregos e competências, com escalas de pagamento amplamente diferentes. Contudo, afigura- -se-nos impossível encontrar uma classificação melhor.

(^{10}) Tanto no Reino Unido como nos EUA, as despesas do Estado enquanto percentagem do PIB estão atualmente ao mesmo nível que no final dos anos 1970 e início de 1980.

(^{11}) A dificuldade de tributar capital móvel já era conhecida por Adam Smith: «O proprietário do capital é propriamente um cidadão do mundo e não está necessariamente ligado a qualquer país em particular. Estaria inclinado a abandonar o país em que estivesse exposto ao vexame de uma investigação com a finalidade de lhe lançar um imposto oneroso, e transferiria o seu capital para um outro país onde pudesse continuar o seu negócio, ou usufruir mais à vontade a sua riqueza.»* (*Riqueza das Nações*, livro V, capítulo II, parte II, artigo II).

(^{12}) Vale a pena salientar que um gráfico como o apresentado na Figura 2.4 apresenta um resumo muito sucinto das principais características de uma economia: faculta

---

* A tradução da citação foi retirada da obra *Riqueza das Nações* (tradução de Luís Cristóvão de Aguiar), volume II, Lisboa: Fundação Calouste Gulbenkian, 1980. [*N. da T.*]

o esquema do segundo momento da distribuição de rendimentos pessoais (se os rendimentos estiverem distribuídos de uma forma logarítmica normal, o coeficiente de Gini é unicamente determinados pela variância) em relação ao primeiro momento da distribuição (rendimento *per capita* médio).

[13] Neste capítulo, em que lidamos com séries históricas de longa duração, todos os dados de rendimentos (PIB *per capita*) provêm do Maddison Project, que é uma continuação do trabalho pioneiro de Angus Maddison. Uso a atualização de 2013 dos dados Maddison, disponível em http://www.ggdc.net/maddison/maddison-project/data.htm. As estimativas são discutidas em Bolt e van Zanden (2014). O PIB *per capita* é expresso em dólares internacionais de 1990.

[14] Esta baliza irá ocorrer numa altura diferente em sociedades que experienciaram a Revolução Industrial muito mais tarde, algumas só na segunda metade do século XX.

[15] Entre 1400 e 1800, a produção *per capita* aumentou menos de 20 por cento (ver Álvarez-Nogal e Prados de la Escosura 2007, quadro 4).

[16] Alfani (2014, 25) mostra-se cético em relação à tese «fascinante» de Herlihy (1978), baseada em provas escassas de uma cidade (Pistoia) na Toscana, de que a peste florentina de 1348 levou ao aumento da desigualdade. Herlihy defende que muitas propriedades perderam os seus donos em resultado da peste; essas propriedades foram depois compradas por baixo valor por aqueles que sobreviveram, assim concentrando riqueza. Alfani escreve que, mesmo que isto tivesse acontecido no século XIV, em meados do século XVII, quando se deu a última grande peste, estavam em vigor novos acordos institucionais, tornando muito mais difícil que pequenas parcelas de terra que perderam os proprietários fossem compradas e concentradas em propriedades maiores. O erro de Herlihy, segundo Alfani e Ammannati (2014, 23), parece ter sido não ter calculado de forma adequada as diferenças na cobertura da riqueza e dos rendimentos nas duas fontes que usou, a *quota d'estimo* (o mecanismo antigo de tributação usado pelo estado florentino) e o mais conhecido *catasto* de 1427.

[17] Esta diminuição corresponde à crise ou fase de desmoronamento do Estado numa classificação de quatro partes (expansão, estagflação, desmoronamento, depressão) introduzida por Turchin e Nefedov (2009, cap. 1). Nesta fase de crise, quando a desintegração social está no auge, os salários reais aumentam e as rendas da terra diminuem, fazendo diminuir a desigualdade. A evolução da desigualdade no Império Romano a partir do século III, discutida no Excurso 2.1, ilustra bastante bem a tese de Turchin-Nefedov.

[18] Um aspeto interessante é que Fochesato (2014) afirma que esta diferença em termos de reação aos efeitos da peste no século XIV teve consequências a longo prazo: os salários mais elevados no Norte tornaram as máquinas substitutas de mão de obra muito mais atrativas e acabaram por conduzir à Revolução Industrial. Robert Allen (2003, 2011) também defende esta ideia.

[19] Ver Milanovic (2010b, quadro 1). As fontes são de Ward-Perkins (2005), Allen (2007), Maddison (2007, 2008) e Scheidel e Friesen (2009).

[20] As tabelas sociais, inventadas por Gregory King no século XVII em Inglaterra, facultam uma descrição resumida da estrutura social de uma sociedade ao enumerar as classes sociais-chave (camponeses sem terra, camponeses com pequenas propriedades,

NOTAS | 255

etc., até à nobreza mais rica e à corte) e apresentam uma estimativa dos rendimentos médios e da população. Na ausência de inquéritos aos agregados familiares ou de dados fiscais, as tabelas sociais são a nossa melhor fonte de informação sobre a distribuição de rendimentos antes do século xx.

(21) A história aqui contada está um pouco simplificada, porque a parte oriental do Império Romano continuou mais ou menos como antes. Portanto, durante todo o período, o rendimento médio no mundo Egeu e no Levante foi mais ou menos igual (excluindo flutuações de curto prazo) ao que era na altura de Octávio.

(22) Mendershausen (1946) também afirma que o pico da desigualdade ocorreu em 1933.

(23) Há também forças sociais e demográficas que podem influenciar a desigualdade, mas que nós, nesta abordagem muito geral, temos de deixar de fora. Por exemplo, o enve-lhecimento da população e a maior prevalência de agregados familiares de uma pessoa (incentivados pelo aumento de riqueza de um país) exercem um efeito de aumento da desigualdade em todas as nossas estatísticas, especialmente se usarmos a medição *per capita*, como fazemos aqui. Outra força demográfica é o casamento ou união de indi-víduos com rendimentos similares. Esta situação também se tornou mais comum nos países ricos e exerce igualmente um efeito ascendente na desigualdade medida. Contudo, não acredito que a longo prazo estes fatores sejam tão importantes como os fatores eco-nómicos e políticos.

(24) Um caso em que aconteceu foi nas sociedades socialistas; ver Excurso 2.2.

(25) O aumento da desigualdade no Reino Unido tem sido motivo de controvérsia. Os nossos dados aqui apresentados, baseados nos valores de Gini calculados a partir das tabelas sociais (ver Milanovic, Lindert e Williamson 2011), são praticamente idên-ticos aos resultados indicados por Lindert e Williamson (1982, 1983). Feinstein (1988), no entanto, argumenta que a desigualdade inglesa era muito elevada, mas estável, pelo menos um século antes da Revolução Industrial. Daí os dados de Feinstein não mostra-rem a oscilação ascendente na curva de Kuznets que devia, em princípio, coincidir com a Revolução Industrial.

(26) Clark (2005) mostra uma duplicação dos salários reais ingleses entre a altura da publicação de *Princípios de Economia Política e de Tributação* (1817) de David Ricardo e *O Capital* de Karl Marx (1867), com o crescimento real dos salários a conti-nuar e a acelerar na última parte do século xix. Feinstein (1988) constata um aumento mais lento, mas mesmo assim percetível.

(27) O nível de rendimentos a que o pico espanhol ocorreu é similar ao nível britâ-nico e norte-americano de cerca de 2500 dólares (nos mesmos PPP). A única diferença é que este nível de rendimentos foi alcançado em Espanha quase um século mais tarde.

(28) Os dados para Itália são do trabalho diligente e inovador de Brandolini e Vecchi (2011).

(29) O rácio de Williamson é o do rendimento médio para a taxa salarial não qua-lificada. Um aumento do rácio implica uma maior desigualdade.

(30) A expansão fronteiriça levou a uma redução da desigualdade no Chile porque não houve migração. Assim, os trabalhadores não qualificados tornaram-se mais escassos

e os salários aumentaram. Em contraste, na Nova Zelândia e na Argentina, onde houve migração, a expansão levou a um aumento da desigualdade.

([31]) Estas curvas de Kuznets, que estão bem delineadas quando indicadas em termos temporais, são muito mais difíceis de encontrar, ou chegam mesmo a desaparecer, quando indicadas em termos de rendimento *per capita*. No entanto, só no primeiro período identificado por Rodríguez Weber (1850–1903) é que podemos tratar a evolução no Chile como uma evolução num país sem qualquer aumento do rendimento médio – em que, de facto, não esperamos ver uma relação entre o valor de Gini e o nível de rendimentos. Durante essa metade de século, o crescimento do rendimento *per capita* foi de cerca de 1 por cento por ano; depois, ou seja, durante todo o século xx, ultrapassou os 2 por cento por ano.

([32]) A base de dados mundial de rendimentos de topo mostra que o declínio na parcela dos 1 por cento de topo se deu inteiramente durante a guerra. Uma vez que não temos dados distributivos entre 1937 e 1962, é impossível dizer se o declínio se deveu inteiramente à guerra ou se continuou depois. Para dificultar ainda mais a situação, a qualidade dos dados sobre a distribuição dos rendimentos japoneses não é muito boa (Tachibanaki e Yagi 1997) e o Instituto Nacional de Estatística japonês não permite o acesso aos microdados.

([33]) Num artigo inovador, Albaquerque Sant'Anna (2015) mostrou uma correlação estatística significativamente negativa (controlada para fatores relevantes como taxas de impostos marginais e abertura financeira) entre a parcela de rendimentos dos 1 por cento de topo e a densidade dos sindicatos e o poder militar relativo (face ao país) da URSS. O poder militar relativo da URSS é aproximado pelo rácio das despesas militares soviéticas com as do país relevante, ajustado pela distância de Moscovo (o poder relativo da URSS diminui com a distância).

([34]) A mudança dos pontos de Gini por década é, para efeitos de simplificação, calculada enquanto média aritmética: o número de pontos de Gini perdidos durante a porção descendente da curva de Kuznets divide-se pelo número de décadas (ambos como ilustrado no Quadro 2.2).

([35]) Pode haver uma histerese ou dependência de percursos no movimento de impostos. Assim que se introduzem impostos mais elevados na altura da guerra, e são introduzidas grandes burocracias para gerir vários programas novos, nem os impostos nem as burocracias podem ser facilmente restabelecidos nos níveis anteriores depois de a guerra ter terminado. Consequentemente, as guerras, normalmente consideradas uma força maligna, podem ser importantes catalisadores de mudança social.

([36]) Piketty escreve: «O declínio dos rendimentos elevados está intimamente ligado às duas guerras mundiais, e o facto de os rendimentos elevados nunca terem recuperado na totalidade parece ser provavelmente explicado por um fator sobretudo político (tributação progressiva dos rendimentos e das heranças) e certamente não por desenvolvimentos variáveis nos setores agrícola e industrial. Pode, portanto, verificar-se que a teoria de Kuznets e, de um modo mais geral, qualquer teoria baseada na ideia de uma diminuição inevitável da desigualdade de rendimentos nas fases avançadas de desenvolvimento capitalista parecem incapazes de enquadrar os factos que caracterizam a história

NOTAS | 257

da desigualdade no século xx, pelo menos no que respeita à França» (Piketty 2001a, 147–148).

([37]) Na década de 1990, as propriedades deixadas pelos 1 por cento mais ricos dos 1 por cento de topo (entre aqueles que deixaram propriedades) valiam quase um quarto do que tinham valido em 1900–1910 (Piketty 2001a, 139; 2001b, 24).

([38]) A exploração era tomada como um dado adquirido pela maioria dos economistas orientados para o mercado livre. Vilfredo Pareto, não exatamente um defensor do terceiro mundo, que costumava queixar-se da exploração capitalista, escreveu em 1921: «Nós temos (...) de tomar em consideração a exploração de regiões vastas de África e Ásia [como forma de aumentar o rendimento dos colonizadores]. Isto irá muito provavelmente revelar-se especialmente benéfico para a Inglaterra, os Estados Unidos e a França; mas pode ter pouco ou nenhum benefício para Itália que simplesmente apanhou as migalhas que estes gulosos vorazes deixaram das suas mesas festivas» (Pareto 1966, 325; originalmente de «Trasformazione della democratia», 1921).

([39]) Sobre a má distribuição de rendimentos: «A razão última de todas as crises reais permanece sempre a pobreza e [a] restrição de consumo das massas frente ao impulso da produção capitalista para desenvolver as forças produtivas como se apenas a capacidade absoluta de consumo da sociedade formasse o seu limite» (Marx [1894] 1991, 615). Sobre a crise ser «exportada»: «A contradição interna procura compensar-se através da extensão do campo externo da produção» (p. 353).*

([40]) A característica mais importante destas teorias do imperialismo é que a raiz de toda a política externa tem de ser procurada nas relações internas, sociais e económicas, e não, como por exemplo na teoria do imperialismo de David Landes (1961), na desproporção do poder económico e militar entre os Estados.

([41]) O início da Primeira Guerra Mundial sempre foi um problema extremamente desagradável para aqueles que acreditam no caráter fundamentalmente benigno da globalização e não estão preocupados com a desigualdade dos rendimentos. Em 2004, antes de se ter tornado mais cético relativamente aos benefícios da globalização, Martin Wolf publicou o livro *Por Que Funciona a Globalização*, no qual atribui a culpa da guerra ao militarismo e nacionalismo alemães (p. 125). Mas o militarismo não era específico da Alemanha. O que foi específico foi que os capitalistas alemães, tendo chegado tarde ao jogo, queriam ter as mesmas vantagens que os franceses e os ingleses, mas a maior parte do mundo já tinha sido parcelada.

([42]) Ver a publicação do meu blogue «The economics of Niall Ferguson in the "Pity of War": unwittingly back to Marx?» [«A economia de Niall Ferguson em "O Horror da Guerra": involuntariamente de volta a Marx?»] disponível em: http://glineq.blogspot.com/2014/09/the-economics-of-niall-ferguson-in-pity.html.

---

* A tradução da primeira citação foi retirada da obra *O Capital* (tradução de José Barata-Moura), Livro Terceiro, Tomo VII, Lisboa: Edições Avante, 2016, p. 549. A tradução da segunda citação foi retirada da mesma obra, Tomo VI, Lisboa: Edições Avante, 2012, p. 277. As referências dizem respeito à versão da obra consultada pelo autor.

([43]) Embora Ferguson (1999, 140) escreva que «já não está na moda» falar das origens internas da guerra, acaba por fazê-lo ele próprio.

([44]) Ver Lydall (1968), Atkinson e Micklewright (1992) e Redor (1992). Ver também o primeiro capítulo de Milanovic (1998).

([45]) Utilizo os termos Revolução Industrial e primeira revolução tecnológica de forma intermutável.

([46]) Dados da OCDE, disponíveis em https://stats.oecd.org/Index.aspx?DataSetCode =UN_DEN.

([47]) Por exemplo, em 1995, a filiação nos sindicatos em setores públicos e privados no Reino Unido era mais ou menos idêntica (cerca de 3,5 milhões cada). Vinte anos mais tarde, a filiação no setor público era quase de 4 milhões e no setor privado apenas de 2,5 milhões (ver gráfico 2.1 em https://www.gov.uk/government/uploads/system/uploads/attachment_data/file/313768/bis-14-p77-trade-union-membership-statistical--bulletin-2013.pdf).

([48]) Baseado na apresentação de Robert Solow no Graduate Center, Universidade da Cidade de Nova Iorque, em 30 de abril de 2015. Não houve qualquer artigo escrito até maio de 2015.

([49]) Para uma discussão da «concorrência» entre tecnologia e globalização, ver Krugman (1995), Slaughter e Swagel (1997) e Slaughter (1999). A literatura sobre a mudança tecnológica argumenta que a desigualdade salarial aumentou sobretudo em resultado da competição entre tecnologia e competências (com períodos de grande procura de competências a não serem acompanhados por um aumento suficiente da oferta). Esta ideia é discutida de forma aprofundada em Autor, Katz e Kearney (2008) e Goldin e Katz (2010). A literatura sobre a mudança tecnológica como a principal força por detrás do aumento da desigualdade salarial assume duas formas. A primeira, que foi dominante nos anos 1980, encara a mudança tecnológica favorável a quem tem qualificações como um fator que aumenta a diferença salarial ao longo da distribuição dos salários, conduzindo a maiores disparidades salariais entre todos os tipos de competências. A segunda, que dominou nos anos 1990, entende a mudança tecnológica como um elemento que trabalha através de computação e robôs, que substitui o trabalho humano em tarefas de rotina, mas não em tarefas sofisticadas e altamente qualificadas no topo da escala salarial nem em empregos de serviços de baixa qualificação mas não rotineiros. De acordo com a segunda hipótese, defendida por David Autor (ver, por exemplo, Autor e Dorn 2010), o aumento da desigualdade salarial está associado à polarização salarial. Constatações recentes da OCDE (OCDE 2015) facultam algum apoio a esta hipótese. (Registe-se que, de acordo com a segunda hipótese, a disparidade salarial entre o trabalho de médias e baixas qualificações devia diminuir, enquanto, segundo a primeira, devia aumentar.) Para a ênfase no papel da globalização nos salários, ver Ebenstein et al. (2014). Feenstra e Hanson (1999) concluem que a globalização explica 15 a 33 por cento do alargamento da distribuição salarial nos EUA, entre o final dos anos 1970 e o início dos anos 1990. Para uma boa abordagem teórica do efeito da globalização na desigualdade do trabalho, tanto nas economias desenvolvidas como em vias de desenvolvimento, ver um artigo por publicar de Kremer e Maskin (2003).

NOTAS | 259

(⁵⁰) Esta ideia foi apresentada por Ann Harrison numa comunicação privada.

(⁵¹) Conjunto de dados sobre sucesso educacional Barro-Lee, disponível em http://www.barrolee.com/.

(⁵²) Reshef (2013) defende que há uma mudança tecnológica favorável a quem tem baixas qualificações no setor dos serviços nos EUA, em que supostamente a produtividade dos trabalhadores pouco qualificados aumenta mais depressa do que a dos trabalhadores com formação universitária.

3. A desigualdade entre países

Epígrafe: Jan Pieterszoon Coen, procônsul da Companhia das Índias Orientais Neerlandesa em Batavia, dirigindo-se ao conselho de administração da companhia, 27 de dezembro de 1614, citado em Landes (1988, 43).

(¹) Uma forma menos positiva de o afirmar é dizer que a desigualdade no mundo atingiu hoje praticamente o ponto mais alto de sempre na história.

(²) Neste tipo de cálculo, a desigualdade no mundo é estimada do seguinte modo: um rendimento médio, que constitui um dado estatístico mais ou menos fiável, é retirado da série económica de longo prazo de Maddison (Maddison Project 2013); seguidamente, é gerada uma distribuição lognormal em torno da média de cada país, com um desvio padrão que é mais ou menos estimado com base em fontes históricas. Após o cálculo da distribuição para cada país, estas distribuições nacionais são combinadas, de modo a obter-se uma distribuição em termos mundiais. Bourguignon e Morrisson (2002) fornecem informação adicional ao estimarem os decis dos rendimentos, não de países individuais mas de áreas geográficas alargadas (33 no total). Pressupõem que todos os países dentro de cada área geográfica apresentam a mesma distribuição de rendimentos.

(³) Outros estudos realizados após o trabalho pioneiro de Bourguignon e Morrisson (2002), utilizando metodologias ligeiramente diferentes, encontraram exatamente o mesmo padrão de um aumento da desigualdade no mundo a longo prazo no século XIX (Milanovic 2011b; van Zanden et al. 2014). Os três estudos baseiam-se, fundamentalmente, nas estimativas de Maddison quanto ao PIB *per capita*, o que essencialmente impulsiona as alterações em termos de desigualdade no mundo. Van Zanden et al. (2014) utilizaram todos os tipos de evidências adicionais, incluindo rácios salário/PIB e a distribuição das pessoas por altura (ambos enquanto estimativas de desigualdades de âmbito nacional), ao passo que Milanovic (2011b) utilizou dados de tabelas sociais relativas ao início do século XIX.

(⁴) O meu trabalho anterior (Milanovic 2002a) demonstrou a ocorrência de um aumento da desigualdade no mundo entre 1988 e 1993.

(⁵) Em teoria, como é óbvio, uma avaliação diferente dos rendimentos chineses, por exemplo, pode afetar as nossas estimativas de alterações no valor de Gini e não apenas o seu nível. Contudo, na prática, as revisões no padrão de alteração de Gini são mínimas.

(⁶) Dados não publicados do autor.

(7) Conforme referido no Capítulo 2, estranhamente não existiam dados para o conjunto dos EUA (ou para as 13 colónias que constituíam os EUA originais) relativamente ao período anterior a 1929. Estavam disponíveis muitos dados sobre a riqueza incluída em processos de sucessões, por exemplo, mas eram fragmentados e abrangiam apenas estados ou cidades individuais. Não havia tabelas sociais contemporâneas, o que não deixa de ser estranho, dado que eram produzidas na Grã-Bretanha com alguma frequência. Contudo, Lindert e Williamson (2016) elaboraram recentemente tabelas sociais pormenorizadas para os EUA relativas a 1774, 1850, 1860 e 1870. Estes dados foram utilizados no Capítulo 2 para estimar a desigualdade nos EUA a longo prazo.

(8) Os países que constituem a UE 15 são: Alemanha, Áustria, Bélgica, Dinamarca, Espanha, Finlândia, França, Grécia, Irlanda, Itália, Luxemburgo, Holanda, Portugal, Reino Unido e Suécia.

(9) Os 13 países adicionais são: Bulgária, Chipre, Croácia, Eslováquia, Eslovénia, Estónia, Hungria, Letónia, Lituânia, Malta, Polónia, República Checa e Roménia.

(10) Outra vantagem da medida Theil (0), conforme salientado por Anand e Segal (2008), é algo técnica, mas não menos importante. A Theil (0), também conhecida por índice de entropia, é a única das medidas populares de desigualdade em que os valores absolutos da desigualdade calculados para a classe (ou localização) não se alteram quando a outra componente (localização ou classe) é totalmente equalizada. Consequentemente, se a componente de classe de Theil for calculada para ser x com os dados reais, então a eliminação hipotética de todas as desigualdades de localização deixará a componente de classe (e, portanto, a Theil total) em x.

(11) É pertinente referir o aumento da expansão do colonialismo europeu, que atingiu um dos seus pontos altos em 1914. Neste ano, quase 42 por cento da população mundial vivia em colónias. As potências mais importantes eram a Grã-Bretanha, que controlava 24 por cento da população mundial, e a França, com cerca de 6 por cento.

(12) Nalguns casos individuais, porém, os europeus poderiam ter obtido mais sucesso indo para as colónias do que ficando no seu país.

(13) «[A]s análises marxistas dev[e]m ser sempre ligeiramente distendidas de cada vez que se aborda o problema colonial. (...) Não são as fábricas, nem as propriedades, nem as contas bancárias que caracterizam, em primeiro lugar, a "classe dirigente". A espécie dirigente é, em primeiro lugar, a que vem de fora, a que não se parece com os autóctones, com "os outros"»* (Fanon 2015, 5).

(14) Karl Marx e Friedrich Engels, *Sochineniya*, xxii, 360 (citado em Carr [1952] 1973, 187). Conforme escreve Carr, a ideia foi referida pela primeira vez por Engels numa carta dirigida a Marx em 1858.

(15) O número de migrantes estimado de acordo com os censos próximos do ano 2000 era de 165 milhões (Özden et al. 2011). Os dados menos pormenorizados mas mais atuais da ONU apontavam para 230 milhões em 2013.

---

* A tradução da citação foi retirada da obra *Os Condenados da Terra* (tradução de António Massano), Lisboa: Letra Livre, 2015. As referências dizem respeito à versão da obra consultada pelo autor. [*N. da T.*]

NOTAS | 261

([16]) No documento original em que surgem estes números (Milanovic 2015), os pré-mios de rendimentos eram calculados a partir dos rácios logarítmicos dos rendimentos, ou seja, o prémio para os EUA era expresso em percentagem dos rendimentos logarít-micos (naturais) dos EUA acima dos rendimentos logarítmicos (naturais) do Congo. Os prémios expressos utilizando logaritmos são, obviamente, muito inferiores ao que aqui se relata. Agradeço a Simone Bertoli e a Jesús Fernández-Huertas Moraga por salientarem este facto.

([17]) Abstenho-me de abordar nesta situação outros elementos, muitas vezes impor-tantes, que podem influenciar os padrões de migração: proximidade geográfica, língua, religião, as diásporas já existentes, etc.

([18]) Pedir emprestado em vez de depender de ajuda aplica-se apenas ao que Rawls apelida de sociedades «bem ordenadas», ou seja, sociedades em que a pobreza não as impede de desenvolverem instituições de certa forma, se não mesmo plenamente, demo-cráticas e liberais. A ajuda destina-se exclusivamente às sociedades «sobrecarregadas» – cuja própria pobreza as impede de se tornarem liberais. Segundo a terminologia de Rawls, a Sociedade dos Povos trata-se de uma combinação das Nações Unidas com o Banco Mundial.

([19]) David Miller (2005, 71) escreve: «A fim de preservar a igualdade, teríamos de transferir constantemente recursos de países que tivessem alcançado uma situação económica relativamente melhor para aqueles que não se tivessem saído tão bem, com-prometendo a responsabilidade política e, em certo sentido, comprometendo igualmente a autodeterminação». É impressionante como os argumentos contra as transferências entre países revelam paralelismos com os argumentos apresentados por aqueles que se opõem a Rawls no que se refere a transferências dentro de países. Quase parece que todos os argumentos que Rawls rejeitou ao nível do Estado-nação são agora aceites ao nível do mundo na sua totalidade.

([20]) Utilizando dados comparáveis disponibilizados pela OCDE, os únicos três paí-ses que apresentavam mais de 2000 horas de trabalho por pessoa por ano em 2013 eram a Grécia, o Chile e o México. Os trabalhadores em países ricos (França, Dinamarca, Alemanha e Holanda) trabalhavam menos de 1500 horas. Consultar https://stats.oecd. org/Index.aspx?DataSetCode=ANHRS. Não possuímos dados fidedignos relativamente às horas trabalhadas em países pobres (fora da OCDE), mas verificamos em inquéritos sobre a utilização do tempo que as pessoas pobres tendem a trabalhar mais horas do que as ricas (Lee, McCann e Messenger 2007, 27–33).

([21]) Rosenzweig (2010) mostra que a variação entre países em termos de preços de competências (salário por unidade de competência) ultrapassa largamente a varia-ção entre países em termos de níveis médios de educação ou de retornos da educação. Rosenzweig conclui que níveis maiores de educação, isoladamente, em países pobres não contribuirão para a equalização dos salários a nível mundial (desde que, como é óbvio, esses níveis maiores de educação não se traduzam num PIB *per capita* superior e, por-tanto, em salários médios mais elevados).

([22]) A questão de Cannan é citada de Frenkel (1942, 177). Agradeço a Anthony Atkinson por me chamar a atenção para esta referência injustamente pouco conhecida.

(²³) Poderíamos interrogar-nos se a abordagem de Shachar podia ser ainda mais abrangente. Por exemplo, a sua proposta excluiria os que não têm qualquer ligação social (por exemplo, família e amigos) num país para o qual gostassem de emigrar por motivos sociais ou económicos.

(²⁴) Inquéritos a agregados familiares realizados em 2008 demonstram que o rendimento médio anual *per capita* ajustado à paridade de poder de compra em Israel se encontra um pouco acima de 11 000 dólares, em comparação com 1100 dólares na Cisjordânia e em Gaza.

(²⁵) Um artigo do *International New York Times* (7 de abril de 2015) sobre a vedação búlgara observa que «um dos motivos por que os dirigentes búlgaros estão ansiosos por concluir o muro é para demonstrar aos líderes europeus que o país merece ser admitido no grupo dos países de Schengen cujos membros não precisam (...) de passaporte para viajar entre si». Esta afirmação está repleta de ironia, uma vez que, sob o regime comunista, a Bulgária construiu um muro semelhante para demonstrar aos líderes soviéticos que turistas de outros países da Europa de Leste não conseguiriam fugir para a Turquia ou a Grécia.

(²⁶) Numa reviravolta interessante, Tan (2006) escreve que «aceitar a legitimidade das leis restritivas em matéria de migração (...) deve ter como condição o facto de haver algum compromisso distributivo mundial». Por outras palavras, um direito humano pode ser comercializado em troca de rendimentos.

(²⁷) Talvez a primeira afirmação sobre a incompatibilidade entre os limites à migração e a maximização dos rendimentos seja de Jean-Baptiste Say, que no seu *Treatise on Political Economy or the Production, Consumption and Distribution of Wealth* [*Tratado sobre Economia Política ou a Produção, Consumo e Distribuição da Riqueza*], publicado pela primeira vez em 1804, escreveu que «a Europa (...) ganhou com a eliminação parcial das barreiras internas entre os seus diferentes Estados políticos; e o mundo em geral recolheria benefícios semelhantes da demolição daquelas que isolam (...) as várias comunidades nas quais a raça humana está dividida» ([1821], 1971, 167).

(²⁸) Consultar Departamento dos Assuntos Económicos e Sociais das Nações Unidas (disponível em http://www.un.org/en/development/desa/population/migration/data/index.shtml).

(²⁹) Consultar os resultados da Gallup de 2010–2012 em http://www.gallup.com/poll/161435/100-million-worldwide-dream-life.aspx. Consultar também Minter (2011, 40).

(³⁰) Hanson (2010) calcula que a migração atual do México para os EUA aumentou os rendimentos mundiais num montante equivalente a cerca de 1 por cento do PIB norte-americano.

(³¹) Registe-se que, tecnicamente, não existem requisitos equivalentes de alteração de políticas para os países de origem, uma vez que o princípio da liberdade de abandonar o próprio país é observado na grande maioria dos países. Subsistem apenas algumas exceções, como a Coreia do Norte e Cuba.

NOTAS | 263

4. A desigualdade no mundo neste século e no próximo

Epígrafe: Carta de Alfred Marshall dirigida a A. L. Bowley, 3 de março de 1901, *in* Marshall (1961, 2:774).

[1] A previsão inepta da crise financeira mundial de 2008, mesmo após o seu início, encontra-se documentada em Wieland e Wolters (2012).

[2] É igualmente extraordinário que os autores deste período não conseguissem definir a «nova sociedade» sem ser de uma forma negativa, ou seja, em relação ao que já não era. Daí a proliferação de prefixos «pós» na obra *The Coming of Post-Industrial Society* (1973) de Bell: uma análise superficial revela «pós-industrial», «pós-burguês», «pós-marxista», «pós-capitalista» e «pós-escassez».

[3] *Os Limites do Crescimento* (1972) foi igualmente o primeiro relatório do Club of Rome. O segundo relatório, *Mankind at the Turning Point* [*A Humanidade no Ponto de Viragem*] (1974), de Mihajlo Mesarovic e Eduard Pestel, foi ainda mais quantitativo e ostensivamente científico.

[4] Sicco Mansholt, então presidente da Comissão Europeia, foi um forte proponente do crescimento zero. Ver igualmente Kahn e Wiener (1968). Uma imagem muito mais realista e, em alguns domínios como a migração, extraordinariamente premonitória foi a apresentada por Alfred Sauvy no seu *Crescimento Zero?* (1976) (o original francês foi publicado em 1973).

[5] Ver a entrevista concedida por Francis Fukuyama ao jornal *Spiegel International*, «A Model Democracy Is Not Emerging in Iraq» [«Não Está a Surgir um Modelo de Democracia no Iraque»] (22 de março de 2006), disponível em http://www.spiegel. de/international/interview-with-ex-neocon-francis-fukuyama-a-model-democracy-is- -not-emerging-in-iraq-a-407315.html.

[6] Pode ser que os produtores de armamento chineses, que são todos propriedade do Estado, sejam menos beligerantes do que os seus homólogos norte-americanos, pois não têm nada a ganhar em caso de guerra.

[7] A tecnologia de navios a vapor demorou quase 100 anos a expandir-se dos países ricos para os pobres, enquanto os desenvolvimentos tecnológicos da atualidade ficam quase imediatamente disponíveis para os países pobres (ver Comin 2014). Contudo, os dispendiosos direitos e licenciamentos de patentes constituem um problema.

[8] Foi envidado um esforço especial no sentido de não permitir que o aumento da dimensão da amostra (o número de países), provocado pelo desmembramento da URSS, da Checoslováquia, da Jugoslávia, do Paquistão, da Etiópia, do Sudão, etc., influencie os resultados. Portanto, para todos os anos relativamente aos quais possuímos esses dados, tratamos os que eram naquela altura relativos ao PIB *per capita* de províncias ou repúblicas (por exemplo, Ucrânia, Croácia, Sudão do Sul) como se se tratassem do PIB *per capita* de países independentes. Ainda assim, em 1980 há um enorme aumento do número de países na base de dados do Banco Mundial (Indicadores de Desenvolvimento Mundial), devido à inclusão de muitas pequenas economias, especialmente Estados insulares. A amostra é praticamente fixa, ou seja, quase não há países adicionados ou retirados, desde 1980.

(⁹) Estes valores são ponderados por população; a ponderação por PIB total apresenta resultados muito semelhantes.

(¹⁰) O abrandamento da China ainda é compatível com este cenário auspicioso, mas uma inversão do crescimento da China pode não o ser.

(¹¹) A inclinação negativa mantém-se, mesmo se excluirmos a China.

(¹²) Para que uma região tenha um valor de 1, todos os países têm de se encontrar no seu pico histórico em termos de rendimentos.

(¹³) Encontram-se em situação apenas ligeiramente melhor a Zâmbia, que atingiu pela primeira vez o nível atual de PIB *per capita* em 1953, e o Zimbabué, que provavelmente o fez em meados da década de 1950. Pode dizer-se que desperdiçaram cerca de 60 anos.

(¹⁴) A condição exata na qual a China começa a contribuir para a desigualdade no mundo é, porém, um pouco mais complicada (ver a discussão que se segue e as notas).

(¹⁵) Os resultados são praticamente idênticos em termos de PIB *per capita* em dólares internacionais. Em 2013, o PIB *per capita* da China era 18 por cento inferior à média mundial e era superior ao PIB *per capita* de 48,5 por cento da população mundial (presumindo, como anteriormente, que cada pessoa possui o PIB *per capita* do seu país).

(¹⁶) No caso do coeficiente de Gini (com que trabalhamos aqui), o ponto em que uma unidade começa a contribuir para a desigualdade depende da sua classificação (chamemos-lhe «classificação do ponto de viragem»), ou seja, o número de unidades relativamente às quais possui um rendimento superior, mas também do Gini inicial. A fórmula da classificação do ponto de viragem é $i > \frac{1}{2}(G+1)(n+1)$ que para um n grande se simplifica para $i > \frac{1}{2}(G+1)n$, em que i = classificação do ponto de viragem (a classificação i vai de 1 a n), n = número total de unidades, G = coeficiente de Gini. Registe-se que o ponto de viragem é n/2 (ou seja, a mediana) apenas quando o Gini é zero. Para a derivação da fórmula, consultar Milanovic (1994).

Com o atual nível de Gini mundial ponderado por população em cerca de 0,54, a classificação do ponto de viragem é 0,77n. Isto significa que o rendimento médio da China tem de ser de tal ordem que, quando todas as pessoas do mundo forem classificadas pelos rendimentos médios dos seus países, 77 por cento da população mundial fique atrás da China. No entanto, como a população da China constitui 20 por cento da população mundial, para uma pessoa chinesa estar nesse ponto («de viragem») tem de deixar para trás apenas 57 por cento (77 – 20) da população mundial. Atualmente, como vimos, o rendimento médio da China ultrapassa o rendimento médio de 49 por cento da população mundial. Isto significa que a China precisa de deixar para trás apenas mais 8 por cento das pessoas no mundo para começar a contribuir para a desigualdade no mundo ponderada por população. Tal poderá já estar a acontecer no momento em que este livro é lido.

(¹⁷) Zhang (2014, 3) calcula a desigualdade entre salários médios em diferentes setores industriais que, porém, não incluem trabalhadores de empresas privadas ou trabalhadores independentes. Impõem-se, portanto, duas advertências importantes: a desigualdade intersetorial constitui simplesmente a desigualdade calculada das médias de salários setoriais (os salários de trabalhadores individuais em cada setor são ignorados) e os dados omitem os salários do setor privado (cuja importância na economia está a aumentar), que provavelmente são distribuídos de forma mais desigual.

NOTAS | 265

([18]) Além disso, a percentagem crescente de rendimentos de capital na China pode tornar menos pertinentes as conclusões baseadas na evolução da desigualdade de salários (ver Chi 2012).

([19]) Para ser exato, os elevados rendimentos do capital tornam os capitalistas ricos.

([20]) No que se refere à classe média, a habitação é, de longe, o tipo de riqueza dominante.

([21]) A grande percentagem de ativos financeiros detidos pelos ricos é o motivo pelo qual as empresas de investimento e os fundos de cobertura estão interessados em «indivíduos com elevado valor financeiro líquido», ou seja, nos ricos que possuem recursos potencialmente suscetíveis de serem investidos. Aqueles cuja riqueza é constituída maioritariamente pela habitação não possuem muitos recursos disponíveis para investir.

([22]) Para as pessoas na metade inferior dos 1 por cento de topo, os rendimentos do trabalho em 1998 constituíam 70 por cento dos rendimentos totais; em 1929, os rendimentos do trabalho entre o mesmo grupo representavam apenas 40 por cento dos rendimentos totais (Piketty e Saez 2003, 16).

([23]) No outro polo (socialismo), a correlação entre capital e trabalho seria zero: todos (independentemente dos seus rendimentos do trabalho) receberiam os mesmos rendimentos de capital. O conceito de Arthur Pigou de um «dividendo social», que é distribuído de forma igual pelos cidadãos, não está longe dessa situação.

([24]) O relatório do Pell Institute sobre a equidade do ensino superior nos EUA revela uma disparidade constantemente crescente no sucesso entre alunos de famílias ricas e alunos de famílias pobres. A percentagem dos pertencentes ao quartil de rendimentos mais abastados (25 por cento) que obtêm uma licenciatura aumentou de 40 para 77 por cento entre 1970 e 2013. No que se refere aos que pertencem ao quartil mais pobre, a percentagem teve apenas um ligeiro aumento, de 6 para 9 por cento. Por conseguinte, a disparidade aumentou de 34 pontos percentuais para uns surpreendentes 68 pontos. Disponível em http://www.pellinstitute.org/downloads/publications-Indicators_of_Higher_Education_Equity_in_the_US_45_Year_Trend_Report.pdf (consultado em 3 de fevereiro de 2015).

([25]) Baseado nos microcensos decenais norte-americanos; resultados apresentados em van der Weide e Milanovic (2014, quadro 2).

([26]) Contudo, é necessária prudência na distinção entre dois efeitos que, mesmo que afetem a desigualdade de forma idêntica, são substancialmente diferentes. O primeiro é o efeito de composição: o simples facto de, mesmo que a escolha de parceiro seja feita de forma totalmente aleatória, um aumento da percentagem de mulheres com educação superior e rendimentos elevados conduzir a um aumento notório de casamentos entre pessoas com educação superior. O segundo tem que ver com preferências: a escolha de parceiro com características semelhantes aumentou para lá do nível que resulta apenas do primeiro efeito ou, por outras palavras, será que as pessoas manifestam agora uma maior preferência pelo casamento com pessoas semelhantes a si?

([27]) Dados da organização Open Secrets: Center for Responsive Politics, disponíveis em https://www.opensecrets.org/bigpicture/index.php?cycle=2012.

([28]) Uma política que *não* seja apoiada pelos ricos tem apenas 18 por cento de hipóteses de ser aprovada, contra 45 por cento de uma política não apoiada pelos que não são ricos (Gilens e Page 2014). Os resultados de Gilens (2012) são especialmente impressionantes nos casos em que as preferências dos ricos, da classe média e dos pobres divergem. Nestes casos, só contam as opiniões dos ricos. Se as preferências dos três grupos forem idênticas, os políticos respondem às preferências dos pobres e da classe média, mas apenas porque os pobres e a classe média são influenciados pelos ricos.

(29) Citado de Hacker e Pierson (2010, 222).

(30) É possível que exista um sexto fator, a constatação de van der Weide e Milanovic (2014) de que uma maior desigualdade agora tende a significar uma taxa de crescimento maior dos ricos no futuro. Defendem que este efeito da desigualdade funciona através do «separatismo social», em que os ricos se excluem de financiar serviços sociais (porque prestam melhores a si próprios no setor privado). A inexistência de serviços sociais de qualidade, como saúde e educação, tem um efeito particularmente negativo sobre os pobres e prejudica a taxa de crescimento dos seus rendimentos. A conclusão que se pode retirar do trabalho de van der Weide e Milanovic é que os ricos não têm interesse em reduzir a desigualdade porque esta é benéfica para o crescimento dos seus rendimentos.

(31) Os textos islâmicos não proíbem explicitamente a escravatura (o mesmo se verifica nos textos cristãos ou judeus), apenas a consideram reprovável. Contudo, em vários países maioritariamente muçulmanos (Mauritânia, Sudão), a escravatura era tolerada até recentemente.

(32) A percentagem daqueles que se encontram abaixo do limite inferior da classe média (rendimento mediano menos 25 por cento) aumentou de 32 para 35 por cento da população dos EUA. A percentagem daqueles que se encontram acima do limite superior da classe média (mediana mais 25 por cento) aumentou de 36 para 38 por cento. Estas alterações não implicam necessariamente que as mesmas pessoas mudem de uma categoria para outra, pois utilizamos neste caso dados transetoriais (dados do Luxembourg Income Survey baseados nos inquéritos mensais a agregados familiares norte-americanos «Current Population Surveys» de 1979 e 2010).

(33) Todos os que visitam a cidade de Nova Iorque pela primeira vez ficam impressionados com a omnipresença de seguranças na maioria das grandes lojas de Manhattan. Um mero olhar de relance para as dezenas de pessoas que por ali andam em pé com casacos elegantes e auriculares relembra-nos que uma parte significativa da mão de obra é desperdiçada em atividades de proteção (em comparação com o que os mesmos trabalhadores poderiam contribuir noutro lado).

(34) A participação nas eleições aumenta uniformemente com o nível de rendimentos. Consultar Demos para informações sobre as eleições de 2008, disponível em http://www.demos.org/data-byte/voter-turnout-income-2008-us-presidential-election (dados do departamento de estatística dos EUA «US Census Bureau»).

(35) Ver igualmente Kraus, Davidai e Nussbaum (2015).

(36) Existem, obviamente, exceções: se Ralph Nader não tivesse concorrido como candidato de um terceiro partido em 2000, é pouco provável que George W. Bush tivesse sido eleito.

(37) É extraordinário que, apesar de Bartels considerar que a recetividade ao desnível de rendimentos ser mais acentuada nos senadores republicanos do que nos democratas,

a diferença entre ambos é pequena. (Um desnível de rendimentos positivo significa que a recetividade dos senadores aos assuntos aumenta com o nível de rendimentos dos eleitores.) Ver Bartels (2010, 270, fig. 9.3).

[38] A Europa está igualmente assolada por um reduzido crescimento da população, a habitual disfunção da União Europeia e um mal-estar geral, mas, apesar de estes fatores influenciarem a política europeia, os seus efeitos são secundários.

[39] Estou ciente de que diferenças «objetivamente» pequenas podem parecer grandes na perspetiva das pessoas em causa.

[40] A situação em França está a mudar, conforme demonstrado pela primeira análise estatística pormenorizada dos imigrantes, publicada em 2012 (INSEE 2012).

[41] O relatório anual sobre migração *International Migration Outlook 2013* (OCDE 2013), o estudo mais completo sobre os custos e os benefícios da migração na Europa, constata que, em média, um agregado familiar de imigrantes contribuiu mais 2000 euros em impostos do que recebeu em benefícios.

[42] O termo «rede» neste contexto é retirado de Sumarto, Suryahadi e Pritchett (2003).

[43] Esta atitude não está presente apenas nos movimentos populistas e nativistas. Todd (1998) visa da uma forma semelhante a globalização ao enfatizar os valores da família e as culturas nacionais.

5. O que virá a seguir?

Epígrafe: Machiavelli (1970, 502).

[1] De acordo com o inquérito social geral realizado nos EUA em 2010, 46 por cento dos norte-americanos consideram que conhecer as pessoas certas é importante para se ter sucesso. As pessoas que responderam ao inquérito classificaram esta característica como a terceira mais importante para o sucesso pessoal, logo após o trabalho árduo e a educação dos pais. (Baseado na apresentação de Leslie McCall no Graduate Center CUNY em Nova Iorque, 3 de junho de 2015.)

[2] Consultar http://www.bloomberg.com/news/articles/2015-04-23/finance-industry-tops-china-list-of-most-wanted-graft-fugitives.

[3] No entanto, este tipo de equalização é possível, embora não desejável, em sistemas mais burocráticos e dirigidos pelo Estado, nos quais os salários são determinados em função do número de anos de escolaridade, independentemente da sua qualidade, e nos quais não pagar a um trabalhador de acordo com essa regra poderia ser contestado judicialmente.

[4] Piketty (2014, 485–486) escreve que os dados sobre os rendimentos dos pais daqueles que frequentaram escolas de elite são segredos bem guardados. Contudo, estima que os rendimentos médios dos pais de estudantes da Universidade de Harvard se encontram no 2.º percentil do topo, enquanto no que se refere aos estudantes da prestigiada universidade francesa Sciences Po se encontram no decil de topo.

[5] O debate sobre a escalabilidade e os vencimentos de topo remonta ao artigo de Sherwin Rosen (1981) sobre a economia das superestrelas. Num trabalho muito anterior,

268 | A DESIGUALDADE NO MUNDO

Kuznets e Friedman (1954) discutiram os rendimentos das pessoas nas «profissões liberais»: médicos, dentistas, contabilistas, advogados e engenheiros consultores.

[6] Pode afirmar-se que os produtos vendidos remotamente são apenas aproximações dos produtos «verdadeiros» e que, para se comer uma verdadeira refeição confecionada por um *chef* ou para se ter efetivamente relações sexuais, é preciso encontrar o prestador do serviço «fisicamente». Porém, tendo em conta a popularidade das aproximações, devem ser muito parecidas com o original.

[7] «Lunch with the FT» [«Almoço com o FT»], entrevista de Josh Ostrovsky efetuada por John Sunyer, *Financial Times* online, 24 de julho de 2015. Disponível em http://www.ft.com/cms/s/2/15fe6c4a-3127-11e5-8873-775ba7c2ea3d.html#axzz3pgehPaEK.

[8] A disparidade salarial é medida como o rácio entre os rendimentos de homens e mulheres nas medianas das respetivas distribuições. A disparidade não é ajustada para algumas características como educação ou experiência; uma vez que estas tendem a favorecer os homens, a «verdadeira» disparidade salarial poderá ser menor.

[9] Chancel e Piketty (2015, 31) estimam em 45 por cento a percentagem de emissões de CO_2 produzidas pelos 10 por cento de topo dos emitentes (indivíduos) no mundo. Tal pressupõe uma elasticidade de rendimentos de 0,9.

[10] Consultar http://www.federalreserve.gov/faqs/currency_12773.htm. Este montante equivale a cerca de um terço da massa monetária dos EUA em 2015.

[11] Além disso, estes dólares proporcionam receitas de senhoriagem significativas aos EUA.

REFERÊNCIAS

Acemoglu, Daron, e James Robinson. 2012. *Why Nations Fail: The Origins of Power, Prosperity, and Poverty.* Nova Iorque: Crown.

Albaquerque Sant'Anna, André. 2015. «A Spectre Has Haunted the West: Did Socialism Discipline Income Inequality?» Manuscrito não publicado. Disponível em https://mpra.ub.uni-muenchen.de/64756/1/MPRA_paper_64756.pdf.

Alfani, Guido. 2010. «The Effects of Plague on the Distribution of Property: Ivrea, Northern Italy 1630». *Population Studies* 64(1): 61–75.

Alfani, Guido. 2014. «Economic Inequality in Northwestern Italy: A Long-term View (Fourteenth to Eighteenth Century)». Documento de trabalho de Dondena n.º 61, Universidade Bocconi, Milão. Disponível em ftp://ftp.dondena.unibocconi.it/WorkingPapers/Dondena_WP061.pdf.

Alfani, Guido, e Francesco Ammannati. 2014. «Economic Inequality and Poverty in the Very Long Run: The Case of the Florentine State (Late Thirteenth–Early Nineteenth Centuries)». Documento de trabalho de Dondena n.º 70, Universidade Bocconi, Milão. Disponível em ftp://ftp.dondena.unibocconi.it/WorkingPapers/Dondena_WP070.pdf.

Allen, Robert C. 2003. «Poverty and Progress in Early Modern Europe». *Economic History Review* 56(3): 403–433.

Allen, Robert C. 2005. «Capital Accumulation, Technological Change, and the Distribution of Income during the British Industrial Revolution». Universidade de Oxford, Série de documentos de reflexão n.º 239 do Departamento de Economia. Disponível em http://www.economics.ox.ac.uk/materials/working_papers/paper239.pdf.

Allen, Robert C. 2007. «How Prosperous Were the Romans? Evidence from Diocletian's Price Edict (301 AD)». Universidade de Oxford, Série de documentos de reflexão n.º 363 do Departamento de Economia. Disponível em http://www.economics.ox.ac.uk/materials/working_papers/paper363.pdf.

Allen, Robert C. 2011. *Global Economic History: A Very Short Introduction.* Oxford: Oxford University Press.

Alvaredo, Facundo, Anthony B. Atkinson, Thomas Piketty, e Emmanuel Saez. 2013. «The Top 1 Percent in International and Historical Perspective». *Journal of Economic Perspectives* 27(3): 3–20.

Álvarez-Nogal, Carlos, e Leandro Prados de la Escosura. 2007. «The Decline of Spain, 1500–1850: Conjectural Estimates». *European Review of Economic History* 11: 319–366.

Álvarez-Nogal, Carlos, e Leandro Prados de la Escosura. 2009. «The Rise and Decline of Spain (800–1850)». Artigo apresentado no 15.º Congresso Mundial de História Económica, Utrecht, Holanda.

Álvarez-Nogal, Carlos, e Leandro Prados de la Escosura. 2013. «The Rise and Fall of Spain (1270–1850)». *Economic History Review* 66(1): 1–37.

Anand, Sudhir, e Paul Segal. 2008. «What Do We Know about Global Income Inequality?» *Journal of Economic Literature* 46(1): 57–94.

Atkinson, Anthony B., e John Micklewright. 1992. *Economic Transformation in Eastern Europe and the Distribution of Income.* Cambridge: Cambridge University Press.

Autor, David, e David Dorn. 2010. «The Growth of Low-skill Service Jobs and the Polarization of US Labor Market». *American Economic Review* 103(5): 1553–1597.

Autor, David H., Lawrence F. Katz, e Melissa S. Kearney. 2008. «Trends in US Wage Inequality: Revising the Revisionists». *Review of Economics and Statistics* 80(2): 300–323.

Bairoch, Paul. 1997. *Victoires et déboires: Histoire économique et sociale du monde du XVIᵉ siècle à nos jours*, vol. 2. Paris: Gallimard.

Banco Mundial. 2006. *Global Economic Prospects: Economic Implications of Migration and Remittances.* Washington, DC: Banco Mundial. Disponível em https://openknowledge.worldbank.org/bitstream/handle/10986/7306/343200GEP02006.pdf?sequence=1.

Bartels, Larry M. 2005. «Economic Inequality and Political Representation». Manuscrito não publicado. Disponível em http://www.princeton.edu/~bartels/economic.pdf.

Bartels, Larry M. 2010. *Unequal Democracy: The Political Economy of the New Gilded Age.* Princeton: Princeton University Press.

Beitz, Charles. 1999. «International Liberalism and Distributive Justice: A Survey of Recent Thought». *World Politics* 51: 269–296.

Bell, Daniel. 1973. *The Coming of Post-Industrial Society: A Venture in Social Forecasting.* Nova Iorque: Basic Books.

Beloff, Max. 1984. *Wars and Welfare: Britain, 1914–1945.* Baltimore: E. Arnold.

Bértola, Luis, Cecilia Castelnovo, Javier Rodríguez, e Henry Willebald. 2009. «Income Distribution in the Latin American Southern Cone during the First Globalization Boom and Beyond». *International Journal of Comparative Sociology* 50: 452–485.

Bilmes, Linda, e Joseph Stiglitz. 2008. *The Three-Trillion Dollar War: The True Cost of the Iraq Conflict.* Nova Iorque: W. W. Norton.

Bolt, Jutta, e Jan Luiten van Zanden. 2014. «The Maddison Project: Collaborative Research on Historical National Accounts». *Economic History Review* 67(3): 627–651.

Bourguignon, François, e Christian Morrisson. 2002. «Inequality among World Citizens: 1820–1992». *American Economic Review* 92(4): 727–744.

Bowles, Samuel, e Arjun Jayadev. 2005. «Guard Labor». Documento de trabalho do Santa Fe Institute, 2005-07-30. Disponível em http://www.santafe.edu/media/workingpapers/05-07-030.pdf.

REFERÊNCIAS | 271

Brandolini, Andrea, e Giovanni Vecchi. 2011. «The Well-Being of Italians: A Comparative Historical Approach». Banco de Itália, Documento de trabalho n.º 19 sobre História Económica. Disponível em https://www.bancaditalia.it/pubblicazioni/quaderni-storia/2011-0019/index.html?com.dotmarketing.htmlpage.language=1.

Bukharin, Nikolai. 1929. *Imperialism and World Economy*. Com introdução de V. I. Lenine. Nova Iorque: Monthly Review Press; reimpressão da edição de 1929 da Progress Publishers. (Edição original russa publicada em 1917.)

Canbakal, Hülya. 2012. «Wealth and Inequality in Ottoman Bursa, 1500–1840». Manuscrito não publicado. Disponível em http://www.econ.yale.edu/~egcenter/Wealth%20and%20Inequality%20in%20Ottoman%20Bursa-Canbakal.pdf.

Caney, Simon. 2002. «Cosmopolitanism and the Law of Peoples». *Journal of Political Philosophy* 10(1): 95–123.

Carr, E. H. (1952) 1973. *The Bolshevik Revolution, 1917–1923*, vol. 3. Harmondsworth: Penguin Books.

Chancel, Lucas, e Thomas Piketty. 2015. «Carbon and Inequality: From Kyoto to Paris». Paris School of Economics, novembro. Disponível em http://piketty.pse.ens.fr/files/ChancelPiketty2015.pdf.

Chau, Nancy H., e Ravi Kanbur. 2013. «On Footloose Industries and Labor Disputes with Endogenous Labor Asymmetry». *Review of Development Economics* 17(2): 319–341.

Chi, Wei. 2012. «Capital Income and Income Inequality». *Journal of Comparative Economics* 40: 228–239.

Clark, Gregory. 2005. «The Condition of the Working Class in England, 1209–2004». *Journal of Political Economy* 113(6): 1307–1340.

Clemens, Michael, e Lant Pritchett. 2008. «Income per Natural: Measuring Development for People Rather Than Places». *Population and Development Review* 34(3): 395–434.

Comin, Diego. 2014. «The Evolution of Technology Diffusion and the Great Divergence». Documento sobre políticas para a Mesa Redonda Brookings Blum sobre Pobreza no Mundo, agosto. Disponível em http://www.brookings.edu/~/media/Programs/global/bbr-final-briefs-2014/Session-3–Leapfrogging–Comin_POST-FINAL.pdf?=en.la

Corak, Miles. 2013. «Income Inequality, Equality of Opportunity, and Intergenerational Mobility». *Journal of Economic Perspectives* 27(3): 79–102.

Crafts, Nicholas. 2000. «Globalization and Growth in the Twentieth Century». Documento de trabalho do FMI 00/44. Disponível em https://www.imf.org/external/pubs/ft/wp/2000/wp0044.pdf.

Credit Suisse Research Institute. 2013. *Global Wealth Databook 2013*. Zurique: Credit Suisse. Disponível em https://publications.credit-suisse.com/tasks/render/file/?fileID=1949208D-E59A-F2D9-6D0361266E44A2F8.

Credit Suisse Research Institute. 2014. *Global Wealth Databook 2014*. Zurique: Credit Suisse. Disponível em https://publications.credit-suisse.com/tasks/render/file/?fileID=5521F296-D460-2B88-081889DB12817E02.

Davies, James B., Susanna Sandström, Anthony B. Shorrocks, e Edward N. Wolff. 2011. «The Level and Distribution of Global Household Wealth». *Economic Journal* 121: 223–254.

Deaton, Angus. 2005. «Measuring Poverty in a Growing World (or Measuring Growth in a Poor World)». *Review of Economics and Statistics* 87: 353–378.

Deaton, Angus. 2013. *The Great Escape and the Origins of Inequality*. Princeton: Princeton University Press.

Deaton, Angus, e Bettina Aten. 2014. «Trying to Understand the PPPs in ICP 2011: Why Are the Results So Different?» Documento de trabalho n.º 20244 do National Bureau of Economic Research, junho. Disponível em http://www.nber.org/papers/w20244.

de Soto, Hernando. 1989. *The Other Path: The Invisible Revolution in the Third World*. Nova Iorque: Basic Books.

Ebenstein, Avraham, Ann Harrison, e Margaret McMillan. 2015. «Why Are American Workers Getting Poorer? China, Trade and Offshoring». Documento de trabalho n.º 21027 do National Bureau of Economic Research, março. Disponível em http://www.nber.org/papers/w21027.

Ebenstein, Avraham, Ann Harrison, Margaret McMillan, e Shannon Phillips. 2014. «Estimating the Impact of Trade and Offshoring on American Workers Using the Current Population Surveys». *Review of Economics and Statistics* 96(4): 581–595.

Ehrlich, Paul R. 1968. *The Population Bomb*. Nova Iorque: Ballantine.

Elsby, Michael W. L., Bart Hobijn, e Ayşegül Şahin. 2013. «The Decline of US Labor Share». Artigo preparado para o Painel Brookings sobre Atividade Económica (setembro de 2013), versão de 18 de outubro de 2013. Disponível em http://www.newyorkfed.org/research/economists/sahin/LaborShare.pdf.

Esping-Andersen, Gøsta. 1990. *The Three Worlds of Welfare Capitalism*. Princeton: Princeton University Press.

Fanon, Frantz. 2005. *The Wretched of the Earth*. Traduzido por Richard Philcox. Nova Iorque: Grove Press. (Original francês editado em 1961.)

Feenstra, Robert, e Gordon H. Hanson. 1999. «The Impact of Outsourcing and High--Technology Capital on Wages: Estimate for the United States, 1979–90». *Quarterly Journal of Economics* 114: 907–940.

Feinstein, Charles H. 1988. «The Rise and Fall of the Williamson Curve». *Journal of Economic History* 48: 699–729.

Feinstein, Charles H. 1998. «Pessimism Perpetuated: Real Wages and the Standard of Living in Britain During and After the Industrial Revolution». *Journal of Economic History* 58(3): 625–658.

Ferguson, Niall. 1999. *The Pity of War: Explaining World War I*. Nova Iorque: Basic Books.

Ferreira, Francisco H. G., Phillippe G. Leite, e Julie A. Litchfield. 2008. «The Rise and Fall of Brazilian Inequality, 1981–2004». *Macroeconomic Dynamics* 12(S2): 199–230.

Fochesato, Mattia. 2014. «Demographic Shocks, Labor Institutions and Wage Divergence in Early Modern Europe». Manuscrito não publicado. Disponível em http://econ.sciences-po.fr/sites/default/files/file/mattia-fochesato.pdf.

REFERÊNCIAS | 273

Freeman, Richard. 2006. «People Flows in Globalization». Documento de trabalho n.º 12315 do National Bureau of Economic Research, julho. Disponível em http://www.nber.org/papers/w12315.pdf.

Frenkel, Herbert. 1942. «Presidential Address: World Economic Solidarity». *South African Journal of Economics* 10(3): 169–192.

Frick, Joachim, e Markus Grabka. 2009. «Wealth Inequality on the Rise in Germany». DIW Berlin, Instituto Alemão para a Investigação Económica, relatório semanal, vol. 5, n.º 10. Disponível em http://www.diw.de/documents/publikationen/73/diw_01.c.98509.de/diw_wr_2009-10.pdf.

Galbraith, James K. 2012. *Inequality and Instability: A Study of the World Economy Just Before the Great Crisis*. Oxford: Oxford University Press.

Gasparini, Leonardo, Guillermo Cruces, e Leopoldo Tornarolli. 2011. «A Turning Point? Recent Trends in Income Inequality in Latin America». *Economía* 11(2): 147–190.

Gibbon, Edward. 1996. *The History of the Decline and Fall of the Roman Empire*. 3 volumes. Londres: Penguin Classics.

Gilens, Martin. 2012. *Affluence and Influence*. Princeton: Princeton University Press.

Gilens, Martin, e Benjamin I. Page. 2014. «Testing Theories of American Politics: Elites, Interest Groups, and Average Citizens». *Perspectives on Politics* 12(3): 564–581.

Goldin, Claudia, e Lawrence F. Katz. 2010. *The Race between Education and Technology*. Cambridge, MA: Belknap Press of Harvard University Press.

Goldsmith, Selma, George Jaszi, Hyman Kaitz, e Maurice Liebenberg. 1954. «Size Distribution of Income since the Mid-Thirties». *Review of Economics and Statistics* 36(1): 1–32.

Goldsworthy, Adrian Keith. 2009. *How Rome Fell: Death of a Superpower*. New Haven, CT: Yale University Press.

Grant, Oliver Wavell. 2002. «Does Industrialization Push Up Inequality? New Evidence on the Kuznets Curve from Nineteenth Century Prussian Tax Statistics». Universidade de Oxford, Documento de trabalho n.º 48 de Economia e História Social de Oxford, setembro. Disponível em http://www.economics.ox.ac.uk/materials/papers/2284/48grant.pdf.

Greenwood, Jeremy, Nezih Guner, Georgi Kocharkov, e Cezar Santos. 2014. «Marry Your Like: Assortative Mating and Income Inequality». *American Economic Review* 104(5): 348–353.

Hacker, Jacob S., e Paul Pierson. 2010. *Winner-Take-All Politics: How Washington Made the Rich Richer–and Turned Its Back on the Middle Class*. Nova Iorque: Simon and Schuster.

Hanson, Gordon H. 2010. «International Migration and Human Rights». Documento de trabalho n.º 16472 do National Bureau of Economic Research, outubro. Disponível em http://www.nber.org/papers/w16472.

Hellebrandt, Tomáš, e Paolo Mauro. 2015. «The Future of Worldwide Income Distribution». Documento de trabalho n.º 15-7 do Peterson Institute for International Economics, abril. Disponível em https://www.piie.com/publications/wp/wp15-7.pdf.

Herlihy, David. 1978. «The Distribution of Wealth in a Renaissance Community: Florence 1427». *In Towns in Societies: Essays in Economic History and Historical Sociology*, editado por Philip Abrams e E. A. Wrigley, 131–157. Cambridge: Cambridge University Press.

Hobson, John A. (1902) 1965. *Imperialism: A Study*. Introdução de Philip Siegelman. Ann Arbor: University of Michigan Press.

INSEE. 2012. Immigrés et descendants d'immigrés en France: Édition 2012. INSEE (Institut national de la statistique et des études économiques), Paris. Comunicado de imprensa (incluindo valores e quadros) disponível em http://www.insee.fr/fr/ppp/comm_presse/comm/dossier_presse_complet_web.pdf.

Jongman, Willem M. 2014. «Re-constructing the Roman Economy». *In The Cambridge History of Capitalism*, vol. 1: *The Rise of Capitalism: From Ancient Origins to 1848*, editado por Larry Neal e Jeffrey G. Williamson, 75–100. Cambridge: Cambridge University Press.

Kahn, Herman, e Anthony J. Wiener. 1968. *The Year 2000: A Framework for Speculation on the Next Thirty-Three Years*. Nova Iorque: Collier McMillan.

Karabarbounis, Loukas, e Brent Neiman. 2013. «The Global Decline of the Labor Share». *Quarterly Journal of Economics* 129(1): 61–103.

Keynes, John Maynard. (1936) 1964. *The General Theory of Employment, Interest and Money*. Nova Iorque: Harcourt, Brace and World.

Kraus, Michael W., Shai Davidai, e A. David Nussbaum. 2015. «American Dream? Or Mirage?» *New York Times*, 3 de maio de 2015, p. SR9.

Kraus, Michael W., e Jacinth J. X. Tan. 2015. «Americans Overestimate Social Class Mobility». *Journal of Experimental Social Psychology* 58: 101–111.

Kremer, Mark, e Eric Maskin. 2003. «Globalization and Inequality». Manuscrito não publicado. Disponível em http://219.223.223.125/userfiles/2008-12-17/2008 1217100448217.pdf.

Kristov, Lorenzo, Peter Lindert, e Robert McClelland. 1992. «Pressure Groups and Redistribution». *Journal of Public Economics* 48(2): 135–163.

Krugman, Paul R. 1995. «Growing World Trade: Causes and Consequences». Brookings Papers on Economic Activity, 1:1995, pp. 327–377. Disponível em http://www.brookings.edu/~/media/Projects/BPEA/1995-1/1995a_bpea_krugman_cooper_srinivasan.PDF.

Kuznets, Simon. 1955. «Economic Growth and Income Inequality». *American Economic Review* 45: 1–28.

Kuznets, Simon. (1958) 1965. «Regional Economic Trends and Levels of Living». *In Economic Growth and Structure: Selected Essays*. Nova Iorque: W. W. Norton. Publicado originalmente em Philip M. Hauser (ed.), *Population and World Politics*, Nova Iorque: Free Press, 1958. O artigo foi apresentado no 30.º Instituto da Fundação Norman Wait Harris na Universidade de Chicago, 24–28 de novembro de 1954.

Kuznets, Simon. 1966. *Modern Economic Growth*. New Haven: Yale University Press.

Kuznets, Simon, e Milton Friedman. 1954. «Income from Independent Professional Practice». National Bureau of Economic Analysis. Disponível em http://papers.nber.org/books/frie54-1.

Lakner, Christoph, e Anthony Atkinson. 2014. «Wages, Capital and Top Incomes: The Factor Income Composition of Top Incomes in the USA, 1960–2005». Manuscrito não publicado, versão de novembro.

Lakner, Christoph, e Branko Milanovic. 2013. «Global Income Distribution: From the Fall of the Berlin Wall to the Great Recession». Banco Mundial, Documento de trabalho n.º 6719 de Investigação Política, dezembro. Disponível em http://elibrary. worldbank.org/doi/pdf/10.1596/1813-9450-6719.

Lakner, Christoph, e Branko Milanovic. 2015. «Global Income Distribution: From the Fall of the Berlin Wall to the Great Recession». *World Bank Economic Review*, acesso prévio, publicado em 12 de agosto de 2015, doi: 10.1093/wber/lhv039.

Landes, David. 1961. «Some Thoughts on the Nature of Economic Imperialism». *Journal of Economic History* 21(4): 496–512.

Landes, David. 1988. *The Wealth and Poverty of Nations*. Nova Iorque: W. W. Norton.

Lee, Sangheon, Deirdre McCann, e Jon C. Messenger. 2007. *Working Time around the World: Trends in Working Hours, Laws and Policies in a Global Comparative Perspective*. Routledge Studies in the Modern World Economy. Londres: Routledge; Genebra: International Labour Office.

Levy, Frank, e Peter Temin. 2007. «Inequality and Institutions in the 20th Century America». MIT, Documento de trabalho 07-002 do Industrial Performance Center, 27 de junho. Disponível em https://ipc.mit.edu/sites/default/files/documents/07-002.pdf.

Lindbeck, Assar. 1994. «Welfare State Disincentives with Endogenous Habits and Norms». Universidade de Estocolmo, Artigo de seminário n.º 589 do Instituto de Estudos Económicos Internacionais. Disponível em http://www.diva-portal.org/ smash/get/diva2:342937/FULLTEXT01.pdf.

Lindert, Peter H. 2014. «Private Welfare and the Welfare State». *In The Cambridge History of Capitalism*, vol. 2: *The Spread of Capitalism: From 1848 to the Present*, editado por Larry Neal e Jeffrey G. Williamson, 464–500. Cambridge: Cambridge University Press.

Lindert, Peter H., e Jeffrey G. Williamson. 1982. «Revising England's Social Tables, 1688–1812». *Explorations in Economic History* 19: 385–408.

Lindert, Peter H., e Jeffrey G. Williamson. 1983. «Reinterpreting Britain's Social Tables, 1688–1913». *Explorations in Economic History* 20: 94–109.

Lindert, Peter H., e Jeffrey G. Williamson. 1985. «Essays in Exploration: Growth, Equality, and History». *Explorations in Economic History* 22: 341–377.

Lindert, Peter H., e Jeffrey G. Williamson. 2012. «American Incomes 1774–1860». Documento de trabalho n.º 18396 do National Bureau of Economic Research, setembro. Disponível em http://www.nber.org/papers/w18396.

Lindert, Peter H., e Jeffrey G. Williamson. 2016. *Unequal Gains: American Growth and Inequality since 1700*. Princeton: Princeton University Press.

Lydall, Harold. 1968. *The Structure of Earnings*. Oxford: Clarendon Press.

Ma, Debin. 2011. «Rock, Scissors, Paper: The Problem of Incentives and Information in Traditional Chinese State and the Origin of Great Divergence». London School of Economics, Documentos de trabalho n.º 152/11 sobre História Económica, julho.

Disponível em http://eprints.lse.ac.uk/37569/1/Rock%2C_Scissors%2C_Paper_the_ Problemof_Incentives_and_Information_in_Traditional_Chinese_State_and_the_ Origin_of_Great_Divergence%28lsero%29.pdf.

Machiavelli, Niccolò. 1970. *The Discourses [on Livy]*. Traduzido por Leslie J. Walker e Brian Richardson. Editado por Bernard Crick. Harmondsworth: Penguin Books.

Maddison, Angus. 2007. *Contours of the World Economy, 1–2030 AD: Essays in Macro-Economic History*. Oxford: Oxford University Press.

Maddison, Angus. 2008. «World Population, GDP and Per Capita GDP, 1–2008 AD». Disponível em http://www.ggdc.net/MADDISON/oriindex.htm.

Maddison Project. 2013. Disponível em http://www.ggdc.net/maddison/maddison-project/home.htm.

Mankiw, N. Gregory. 2015. «Yes, r > g. So What?» *American Economic Review* 105(5): 43–47.

Marshall, Alfred. 1961. *Principles of Economics*, 9.ª ed. (*variorum*), com anotações de C. W. Guillebaud. Londres and Nova Iorque: Macmillan, para a Royal Economic Society.

Marx, Karl. (1894) 1991. *Capital: A Critique of Political Economy*, vol. 3. Penguin Classics.

Marx, Karl. 1965. *Pre-capitalist Economic Formations*. Traduzido por Jack Cohen. Editado e com introdução de E. J. Hobsbawm. Nova Iorque: International Publishers. Originalmente publicado com o título *Grundrisse der Kritik der politischen Ökonomie (Rohentwurf)*. Moscovo: Verlag für Fremdsprachige Literatur, 1939.

Marx, Karl. 1973. *Grundrisse: Foundations of the Critique of Political Economy*. Traduzido e com introdução de Martin Nicolaus. Londres: Penguin Classics.

McGuire, Martin C., e Mancur Olson. 1996. «The Economics of Autocracy and Majority Rule: The Invisible Hand and the Use of Force». *Journal of Economic Literature* 34(1): 72–96.

Meadows, Donella H., Dennis L. Meadows, Jørgen Randers, e William W. Behrens III. 1972. *The Limits to Growth: A Report for the Club of Rome's Project on the Predicament of Mankind*. Nova Iorque: Universe Books.

Mendershausen, Horst. 1946. *Changes in Income Distribution during the Great Depression*. Studies in Income and Wealth, vol. 7. Nova Iorque: National Bureau of Economic Research.

Mesarovic, Mihajlo, e Eduard Pestel. 1974. *Mankind at the Turning Point: The Second Report to the Club of Rome*. Nova Iorque: Dutton.

Milanovic, Branko. 1994. «The Gini-type Functions: An Alternative Derivation». *Bulletin of Economic Research* 46(1): 81–90.

Milanovic, Branko. 1998. *Income, Inequality, and Poverty during the Transition from Planned to Market Economy*. Washington, DC: Banco Mundial.

Milanovic, Branko. 2000. «The Median Voter Hypothesis, Income Inequality and Income Redistribution: An Empirical Test with the Required Data». *European Journal of Political Economy* 16(3): 367–410.

Milanovic, Branko. 2002a. «True World Income Distribution, 1988 and 1993: First Calculations Based on Household Surveys Alone». *Economic Journal* 112(476): 51–92.

REFERÊNCIAS | 277

Milanovic, Branko. 2002b. «The Two Faces of Globalization: Against Globalization as We Know It». *World Development* 31(4): 667–683.

Milanovic, Branko. 2005. «Globalization and Goals: Does Soccer Show the Way?» *Review of International Political Economy* 12(5): 829–850.

Milanovic, Branko. 2010a. «Four Critiques of the Redistribution Hypothesis: An Assessment». *European Journal of Political Economy* 26(1): 147–154.

Milanovic, Branko. 2010b. «Income Level and Income Inequality in the Euro-Mediterranean Region: From the Principate to the Islamic Conquest». Manuscrito não publicado. Disponível em https://www.gc.cuny.edu/CUNY_GC/media/CUNY-Graduate-Center/PDF/Centers/LIS/Milanovic/papers/2010/Euro_mediterranean4.pdf.

Milanovic, Branko. 2011a. *The Haves and the Have-nots: A Short and Idiosyncratic History of Global Inequality.* Nova Iorque: Basic Books.

Milanovic, Branko. 2011b. «A Short History of Global Inequality: The Past Two Centuries». *Explorations in Economic History* 48: 494–506.

Milanovic, Branko. 2012a. «Evolution of Global Inequality: From Class to Location, from Proletarians to Migrants». *Global Policy* 3(2): 124–133.

Milanovic, Branko. 2012b. «Global Inequality Recalculated and Updated: The Effect of New PPP Estimates on Global Inequality and 2005 Estimates». *Journal of Economic Inequality* 10(1): 1–18.

Milanovic, Branko. 2015. «Global Inequality of Opportunity: How Much of Our Income Is Determined by Where We Live». *Review of Economics and Statistics* 97(2): 452–460.

Milanovic, Branko, Peter H. Lindert, e Jeffrey G. Williamson. 2007. «Measuring Ancient Inequality» Documento de trabalho n.º 13550 do National Bureau of Economic Research, outubro. Disponível em http://www.nber.org/papers/w13550.

Milanovic, Branko, Peter H. Lindert, e Jeffrey G. Williamson. 2011. «Pre-Industrial Inequality». *Economic Journal* 121(551), 255–272.

Miller, David. 2005. «Against Global Egalitarianism». *Journal of Ethics* 9: 55–79.

Minami, Ryoshin. 1998. «Economic Development and Income Distribution in Japan: An Assessment of the Kuznets Hypothesis». *Cambridge Journal of Economics* 22: 39–58.

Minami, Ryoshin. 2008. «Income Distribution in Japan: Historical Perspective and Its Implications». *Japan Labor Review* 5(4): 5–20.

Minter, William. 2011. «Africa Migrations, Global Inequalities and Human Rights: Connecting the Dots». Nordiska Afrikainstitutet, Uppsala, Current African Issues, n.º 48.

Mistiaen, Johan, e Martin Ravallion. 2006. «Survey Nonresponse and the Distribution of Income». *Journal of Economic Inequality* 4: 33–55.

Moellendorf, Darrel. 2009. *Global Inequality Matters.* Londres: Palgrave Macmillan.

Myrdal, Gunnar. 1968. *Asian Drama: An Inquiry into the Poverty of Nations.* Nova Iorque: Pantheon.

National Bureau of Statistics of China. 2014. *China Statistical Yearbook 2013.* Disponível em http://www.stats.gov.cn/tjsj/ndsj/2014/indexeh.htm.

OCDE. 2008. *Growing Unequal? Income Distribution and Poverty in OECD Countries.* Paris: OCDE. Disponível em http://dx.doi.org/10.1787/9789264044197-en.

OCDE. 2011. *Divided We Stand: Why Inequality Keeps Rising*. Paris: OCDE. Disponível em http://dx.doi.org/10.1787/9789264119536-en.

OCDE. 2012. *Closing the Gender Gap: Act Now*. Paris: OCDE. Disponível em http://dx.doi.org/10.1787/9789264179370-en.

OCDE. 2013. *International Migration Outlook 2013*. Paris: OCDE. Disponível em http://www.oecd-ilibrary.org/social-issues-migration-health/international-migration-outlook-2013_migr_outlook-2013-en.

OCDE. 2015. *In It Together: Why Less Inequality Benefits All*. Paris: OCDE, 2015. Disponível em http://dx.doi.org/10.1787/9789264235120-en.

Özden, Çağlar, Christopher R. Parsons, Maurice Schiff, e Terrie L. Walmsley. 2011. «Where on Earth Is Everybody? The Evolution of Global Bilateral Migration, 1960–2000». *World Bank Economic Review* 25(1): 12–56.

Page, Benjamin I., Larry M. Bartels, e Jason Seawright. 2013. «Democracy and the Policy Preferences of Wealthy Americans». *Perspectives on Politics* 11(1): 51–73.

Pamuk, Şevket. 2007. «The Black Death and the Origins of the "Great Divergence" across Europe, 1300–1600». *European Review of Economic History* 11(3): 289–317.

Pareto, Vilfredo. 1966. *Vilfredo Pareto: Sociological Writings*, editado por S. E. Finer. Nova Iorque: Praeger.

Piketty, Thomas. 2001a. *Les Hauts revenus en France au 20ᵉ siècle: inégalités et redistribution, 1901–1998*. Paris: B. Grasset.

Piketty, Thomas. 2001b. «Income Inequality in France 1901–98». Documento de discussão n.º 2876 do Centre for Economic Policy Research, julho. Disponível em http://piketty.pse.ens.fr/fichiers/public/Piketty2001a.pdf

Piketty, Thomas. 2003. «Income Inequality in France, 1901–1998». *Journal of Political Economy* 111(5): 1004–1042.

Piketty, Thomas. 2014. *Capital in the Twenty-First Century*. Traduzido por Arthur Goldhammer. Cambridge, MA: Harvard University Press.

Piketty, Thomas, e Emmanuel Saez. 2003. «Income Inequality in the United States, 1913–1998». *Quarterly Journal of Economics* 118(1): 1–39.

Pogge, Thomas. 1994. «An Egalitarian Law of Peoples». *Philosophy and Public Affairs* 23: 193–224.

Polak, Ben, e Jeffrey G. Williamson. 1993. «Poverty, Policy, and Industrialization in the Past». *In Including the Poor*, editado por Michael Lipton e Jacques van der Gaag. Washington, DC: Banco Mundial.

Posner, Eric, e Glen Weyl. 2014. «A Radical Solution to Global Income Inequality: Make the US More Like Qatar». *New Republic*, 6 de novembro. Disponível em http://www.newrepublic.com/article/120179/how-reduce-global-income-inequality-open--immigration-policies.

Prados de la Escosura, Leandro. 2007. «Inequality, Poverty and the Kuznets Curve in Spain: 1850–2000», Documentos de trabalho sobre história económica, Universidad Carlos III, WP 07-13.

Prados de la Escosura, Leandro. 2008. «Inequality, Poverty and the Kuznets Curve in Spain, 1850–2000». *European Review of Economic History* 12: 287–324.

REFERÊNCIAS | 279

Pritchett, Lant. 2006. *Let Their People Come: Breaking the Gridlock on International Labor Mobility.* Washington, DC: Center for Global Development. Disponível em http://www.cgdev.org/sites/default/files/9781933286105-Pritchett-let-their-people-come.pdf.

Prokopovitch, Sergey N. 1926. «The Distribution of National Income». *Economic Journal* 36: 69–82.

Quah, Danny. 2011. «The Global Economy's Shifting Centre of Gravity». *Global Policy* 2(1): 3–9.

Radner, Daniel B., e John C. Hinrichs. 1974. «Size Distribution of Income in 1964, 1970, and 1971». *Survey of Current Business* 54(10): 19–30.

Rawls, John. 1971. *A Theory of Justice.* Cambridge, MA: Belknap Press of Harvard University Press.

Rawls, John. 1999. *The Law of Peoples.* Cambridge, MA: Harvard University Press.

Redor, Dominique. 1992. *Wage Inequalities in East and West.* Cambridge: Cambridge University Press.

Reshef, Ariell. 2013. «Is Technological Change Biased Towards the Unskilled in Services? An Empirical Investigation». *Review of Economic Dynamics* 16: 312–331.

Rodríguez Weber, Javier E. 2014. «La Economía Política de la Desigualdad de Ingreso en Chile, 1850–2009». Dissertação de doutoramento, Universidad de la República, Montevideo.

Roemer, John. 2000. *Equality of Opportunity.* Cambridge, MA: Harvard University Press.

Rosen, Sherwin. 1981. «The Economics of Superstars». *American Economic Review* 71(5): 845–858.

Rosenzweig, Mark R. 2010. «Global Wage Inequality and the International Flow of Migrants». Universidade de Yale, Documento de discussão n.º 983 do Economic Growth Center, janeiro. Disponível em http://www.econ.yale.edu/growth_pdf/cdp983.pdf.

Ryckbosch, Wouter. 2014. «Economic Inequality and Growth before the Industrial Revolution: A Case Study of the Low Countries (14th–19th century)». Documento de trabalho n.º 67 de Dondena, Universidade Bocconi, Milão, novembro. Disponível em ftp://ftp.dondena.unibocconi.it/WorkingPapers/Dondena_WP067.pdf.

Sahota, Gian S. 1977. «Personal Income Distribution Theories of the Mid-1970s». *Kyklos* 30: 724–740.

Sakharov, Andrei. 1968. *Progress, Coexistence and Intellectual Freedom.* Nova Iorque: W. W. Norton.

Sauvy, Alfred. 1976. *Zero Growth?* Nova Iorque: Praeger.

Say, Jean-Baptiste. (1821) 1971. *A Treatise on Political Economy or the Production, Consumption and Distribution of Wealth.* Nova Iorque: Augustus M. Kelly, 1971. (Edição original francesa publicada em 1804.)

Scheidel, Walter, e Steven J. Friesen. 2009. «The Size of the Economy and the Distribution of Income in the Roman Empire». *Journal of Roman Studies* 99: 61–91.

Schiavone, Aldo. 2002. *The End of the Past: Ancient Rome and the Modern West.* Traduzido por Margaret J. Schneider. Cambridge, MA: Harvard University Press. (Edição original italiana publicada em 1996.)

Shachar, Ayelet. 2009. *The Birthright Lottery: Citizenship and Global Inequality*. Cambridge, MA: Harvard University Press.

Singer, Peter. 2004. *One World: The Ethics of Globalization*. New Haven, CT: Yale University Press.

Slaughter, Matthew J. 1999. «Globalisation and Wages: A Tale of Two Perspectives». *World Economy* 22(5): 609–629.

Slaughter, Matthew J., e Phillip Swagel. 1997. «The Effect of Globalization on Wages in the Advanced Economies». International Monetary Fund Staff Studies for the World Economic Outlook, dezembro.

Smolensky, Eugene, e Robert Plotnick. 1992. «Inequality and Poverty in the United States: 1900 to 1990». Universidade de Wisconsin–Madison, Documento de discussão n.º 998-93 do Institute for Research on Poverty. Disponível em http://www.irp.wisc. edu/publications/dps/pdfs/dp99893.pdf.

Soltow, Lee, e Jan Luiten van Zanden. 1998. *Income and Wealth Inequality in the Netherlands 16th–20th Century*. Amsterdão: Het Spinhuis.

Sumarto, Sudarno, Asep Suryahadi, e Lant Pritchett. 2003. «Safety Nets or Safety Ropes? Dynamic Benefit Incidence of Two Crisis Programs in Indonesia». *World Development* 31(7): 1257–1277.

Tachibanaki, Toshiyaki, e Tadashi Yagi. 1997. «Distribution of Economic Well-Being in Japan: Towards a More Unequal Society». *In Changing Patterns in the Distribution of Economic Welfare: An International Perspective*, editado por Peter Gottschalk, Björn Gustaffson e Edward Palmer, 108–131. Cambridge: Cambridge University Press.

Taleb, Nassim N. 2007. *The Black Swan: The Impact of the Highly Improbable*. Nova Iorque: Random House.

Tan, Kok-Chor. 2006. «The Boundary of Justice and the Justice of Boundaries: Defending Global Egalitarianism». *Canadian Journal of Law and Jurisprudence* 19(2): 319–344.

Tinbergen, Jan. 1961. «Do Communist and Free Economies Show a Converging Pattern?» *Soviet Studies* 12(4): 333–341.

Tinbergen, Jan. 1975. *Income Distribution: Analysis and Policies*. Amsterdão: North Holland.

Todd, Emmanuel. 1998. *L'Illusion économique: Essai sur la stagnation des sociétés developpées*. Paris: Gallimard.

Turchin, Peter, e Sergey Nefedov. 2009. *Secular Cycles*. Princeton: Princeton University Press.

UBS. 2009. *Prices and Earnings: A Comparison of Purchasing Power around the Globe*. Zurique: UBS AG.

van der Weide, Roy, e Branko Milanovic. 2014. «Inequality Is Bad for the Growth of the Poor (But Not for That of the Rich)». Documento de trabalho n.º 6963 do Banco Mundial, julho. Disponível em http://elibrary.worldbank.org/doi/pdf/10.1596/1813-9450-6963.

van Zanden, Jan Luiten. 1995. «Tracing the Beginning of the Kuznets Curve: Western Europe during the Early Modern Period». *Economic History Review* 48(4): 1–23.

van Zanden, Jan Luiten, Joerg Baten, Peter Foldvari, e Bas van Leeuwen. 2014. «The Changing Shape of Global Inequality, 1820–2000». *Review of Income and Wealth* 60(2): 279–297.

Varoufakis, Yanis. 2014. «Egalitarianism's Latest Foe: A Critical Review of Thomas Piketty's *Capital in the 21st Century*». *Real-World Economics Review* 69: 18–35.

Večernik, Jiři. 1994. «Changing Earnings Inequality under the Economic Transformation. The Czech and Slovak Republics in 1984–92». Manuscrito não publicado. Instituto de Sociologia, Praga.

Vries, Peer. 2013. *Escaping Poverty: The Origins of Modern Economic Growth*. Göttingen: Vandenhoeck and Ruprecht.

Ward-Perkins, Bryan. 2005. *The Fall of Rome and the End of Civilization*. Oxford: Oxford University Press.

Wesseling, H. L. 1996. *Divide and Rule: The Partition of Africa, 1880–1914*. Traduzido por Arnold J. Pomerans. Westport, CT: Praeger.

Wieland, Volker, e Maik Wolters. 2012. «Macroeconomic Model Comparisons and Forecast Competition». EU Vox, 13 de fevereiro. Disponível em http://www.voxeu.org/article/failed-forecasts-and-financial-crisis-how-resurrect-economic-modelling.

Williamson, Jeffrey G. 2011. *Trade and Poverty*. Cambridge, MA: MIT Press.

Williamson, Jeffrey G., e Peter H. Lindert. 1980. *American Inequality: A Macroeconomic History*. Série de monografias do Institute for Research on Poverty. Nova Iorque: Academic Press.

Wolf, Martin. 2004. *Why Globalization Works*. New Haven: Yale University Press.

Wolff, Edward. 2010. «Recent Trends in Household Wealth in the United States: Rising Debt and the Middle-Class Squeeze–an Update to 2007». Documento de trabalho n.º 589 do Levy Economics Institute of Bard College, março. Disponível em http://www.levyinstitute.org/publications/recent-trends-in-household-wealth-in-the-united--states-rising-debt-and-the-middle-class-squeezean-update-to-2007.

Xu, Chenggang. 2015. «China's Political-Economic Institutions and Development». *Cato Journal* 35(3): 525–545.

Zhang, Wenjie. 2014. «Has China Crossed the Threshold of the Kuznets Curve? New Measures from 1987 to 2012 Show Declining Pay Inequality in China after 2008». Documento de trabalho n.º 67 do University of Texas Inequality Project, 21 de abril. Disponível em http://utip.gov.utexas.edu/papers/UTIP_67.pdf.

Zucman, Gabriel. 2013. «The Missing Wealth of Nations: Are Europe and the U.S. Net Debtors or Net Creditors?» *Quarterly Journal of Economics* 128(3): 1321–1364.

Zucman, Gabriel. 2015. *The Hidden Wealth of Nations: The Scourge of Tax Havens*. Chicago: Chicago University Press.